Christoph Wille

Operations Research mit Excel und VBA

Christoph Wille

Operations Research mit Excel und VBA

Leitfaden für die Erstellung von Software-Tools mit Heuristiken zur Standort- und Tourenplanung

VDM Verlag Dr. Müller

Impressum/Imprint (nur für Deutschland/ only for Germany)

Bibliografische Information der Deutschen Nationalbibliothek: Die Deutsche Nationalbibliothek verzeichnet diese Publikation in der Deutschen Nationalbibliografie; detaillierte bibliografische Daten sind im Internet über http://dnb.d-nb.de abrufbar.

Alle in diesem Buch genannten Marken und Produktnamen unterliegen warenzeichen-, marken- oder patentrechtlichem Schutz bzw. sind Warenzeichen oder eingetragene Warenzeichen der jeweiligen Inhaber. Die Wiedergabe von Marken, Produktnamen, Gebrauchsnamen, Handelsnamen, Warenbezeichnungen u.s.w. in diesem Werk berechtigt auch ohne besondere Kennzeichnung nicht zu der Annahme, dass solche Namen im Sinne der Warenzeichen- und Markenschutzgesetzgebung als frei zu betrachten wären und daher von jedermann benutzt werden dürften.

Coverbild: www.purestockx.com

Verlag: VDM Verlag Dr. Müller Aktiengesellschaft & Co. KG
Dudweiler Landstr. 99, 66123 Saarbrücken, Deutschland
Telefon +49 681 9100-698, Telefax +49 681 9100-988, Email: info@vdm-verlag.de

Herstellung in Deutschland:
Schaltungsdienst Lange o.H.G., Berlin
Books on Demand GmbH, Norderstedt
Reha GmbH, Saarbrücken
Amazon Distribution GmbH, Leipzig
ISBN: 978-3-8364-7334-7

Imprint (only for USA, GB)

Bibliographic information published by the Deutsche Nationalbibliothek: The Deutsche Nationalbibliothek lists this publication in the Deutsche Nationalbibliografie; detailed bibliographic data are available in the Internet at http://dnb.d-nb.de.

Any brand names and product names mentioned in this book are subject to trademark, brand or patent protection and are trademarks or registered trademarks of their respective holders. The use of brand names, product names, common names, trade names, product descriptions etc. even without a particular marking in this works is in no way to be construed to mean that such names may be regarded as unrestricted in respect of trademark and brand protection legislation and could thus be used by anyone.

Cover image: www.purestockx.com

Publisher:
VDM Verlag Dr. Müller Aktiengesellschaft & Co. KG
Dudweiler Landstr. 99, 66123 Saarbrücken, Germany
Phone +49 681 9100-698, Fax +49 681 9100-988, Email: info@vdm-publishing.com

Copyright © 2009 by the author and VDM Verlag Dr. Müller Aktiengesellschaft & Co. KG and licensors
All rights reserved. Saarbrücken 2009

Printed in the U.S.A.
Printed in the U.K. by (see last page)
ISBN: 978-3-8364-7334-7

Inhaltsverzeichnis

Inhaltsverzeichnis I
Abbildungsverzeichnis V
Tabellenverzeichnis IX
Abkürzungsverzeichnis XI
1 Einleitung 1
   1.1 Motivation und Ziel des Buches 1
   1.2 Aufbau des Buches 2
2 Definitionen 3
   2.1 Visual Basic for Applications unter Microsoft Excel 3
   2.2 Exakte und heuristische Verfahren 3
      2.2.1 Exakte Verfahren 3
      2.2.2 Heuristische Verfahren und Approximationsalgorithmen 5
   2.3 Graphentheoretische Definitionen 7
3 Grundlagen von Excel und VBA 9
   3.1 Sprachenunterschiede in Excel und VBA 9
      3.1.1 FormulaLocal und Formula 9
      3.1.2 Schreibweise von Trennzeichen in Funktionsargumenten 10
      3.1.3 R1C1-Bezugsart 10
   3.2 Umschalten der Z1S1-Bezugsart 11
   3.3 Fixe und relative Zellbezüge in Verbindung mit der R1C1-Bezugsart .. 12
      3.3.1 Fixe Zellbezüge 12
      3.3.2 Relative Zellbezüge 12
   3.4 VBA und Matrizen 13
   3.5 Zugriff auf Excel-Funktionen mit VBA 13
   3.6 Ereignisse 14
   3.7 Benutzerdefinierte Funktionen 14
      3.7.1 Beispiel für die Ausgabe des Farbindex einer Zelle 15
      3.7.2 Die Methode Intersect 16
   3.8 Zuweisen von Objekten zu einer Objektvariablen 16
   3.9 Variablendeklarationen 17
      3.9.1 Obligatorische Variablendeklaration 17
      3.9.2 Untere Grenze von Arrays 17

3.9.3 Dynamische Arrays 18
3.10 Globale Variablen 19
3.11 Anführungszeichen 19
3.12 Der Separator „_" 19
3.13 Der Konnektor „&" 19
3.14 For Each-Next-Struktur 20
3.15 Namensbereiche 20
    3.15.1 Erstellen und Löschen von Namensbereichen unter VBA 21
    3.15.2 Zugriff auf Namensbereiche unter VBA 22
3.16 Allgemeine Restriktionen in Excel 22
3.17 Allgemeiner Programmaufbau 23
3.18 Verweise unter VBA 23
3.19 Excel-Datei defragmentieren 24
3.20 Debugging-Techniken 25
    3.20.1 Verwenden des VBA Debuggers 25
    3.20.2 Abfrage von Variablen mit dem Befehl debug.Print 26
3.21 Schützen von VBA-Code 27

4 Hilfsmittel für die Programmierung und Dokumentation 29
    4.1 Das Add-in MZ-Tools 29
    4.2 Der Syntax-Highlighter 32
    4.3 Der hus Struktogrammer 33
    4.4 Der XY Chart Labeler 36

5 Der klassische kontinuierliche Steiner-Weber-Ansatz 39
    5.1 Ökonomische Problembeschreibung 39
    5.2 Mathematische Formulierung 39
    5.3 Mathematisches Modell 40
    5.4 Iterativer Lösungsansatz 40
    5.5 Übertragen des mathematischen Modells auf Excel 41
        5.5.1 Eingabe der Daten 41
        5.5.2 Definition der Namensbereiche 42
        5.5.3 Eingabe der Formeln 45
            5.5.3.1 Obere Tabelle 45
            5.5.3.2 Untere Tabelle 45
        5.5.4 Die Funktionsweise der Funktion SUMMENPRODUKT 46

5.6	Übertragen des mathematischen Modells auf VBA	48
	5.6.1 Die Variablen	48
	5.6.2 Zuordnen der Namen zu den Bereichen	48
	5.6.3 Zuordnen der Formeln zu den Namen	50
5.7	Programmierung	52
	5.7.1 Starten von VBA in Excel	52
	5.7.2 Vorbereiten der Tabellenblätter	54
	5.7.3 Die Prozedur Workbook_Open	56
	5.7.4 Die Lösungsheuristik für das Tabellenblatt „Lösung"	56
	5.7.5 Die Prozedur cmd_Berechnen_Click	61
	5.7.6 Das Modul1	61
6	**Das Savingsverfahren nach Clarke und Wright**	**63**
6.1	Ökonomische Problembeschreibung	63
6.2	Mathematische Formulierung	63
6.3	Iterativer Lösungsansatz	64
6.4	Übertragen des mathematischen Modells auf Excel und VBA	70
	6.4.1 Der Savings-Algorithmus	72
	6.4.2 Globale Variablen und Arrays	76
	6.4.3 Konzept 1: Ausführliche Anzeige	79
	6.4.4 Konzept 2: Benutzerdefinierte Funktionen	82
	6.4.4.1 Beispiel für das Konzept 2	83
	6.4.4.2 Die benutzerdefinierte Funktion CVRP	84
	6.4.4.3 Die benutzerdefinierte Funktion ERSPARNIS	85
	6.4.4.4 Die benutzerdefinierte Funktion PALETTEN	86
	6.4.4.5 Die benutzerdefinierte Funktion KDNAMEN	88
	6.4.5 Vergleich beider Konzepte	89
7	**Die Christofides-Heuristik**	**91**
7.1	Ökonomische Problembeschreibung	91
7.2	Mathematische Formulierung	91
7.3	Beweis für die Güte der Christofides-Heuristik	94
7.4	Algorithmen für die Christofides Heuristik	95
	7.4.1 Algorithmus zur Berechnung des MST	95
	7.4.1.1 Mathematische Formulierung	95
	7.4.1.2 Beispiel für Minimalen Spannbaum	97

7.4.2 Algorithmus zur Berechnung des leichtesten Matchings 101
    7.4.2.1 Mathematische Formulierung 101
    7.4.2.2 Beispiel für leichtestes Matching 102
7.4.3 Algorithmus zur Berechnung der Eulertour 104
7.5 Implementierung in Excel und VBA 106
    7.5.1 Visuelle Ausgabe der (Zwischen)-Lösung(en) 108
    7.5.2 Aktualisierung der Lösung 110
7.6 Modifikation der Christofides-Heuristik 112

8 Quellen für die Problemlösung im Umgang mit VBA 119
8.1 VBA-Hilfesystem 119
8.2 Microsoft-Produktunterstützung 119
8.3 Newsgroups 120
8.4 Websites 120
8.5 Suchmaschinen 121
8.6 Benutzergruppen 121
8.7 Bücher und wissenschaftliche Arbeiten im Internet 121
8.8 Objektbrowser 122
8.9 Automatische Vervollständigung 123
8.10 Makro-Rekorder 123

9 Fazit 125

Anhang 127
A Anhang zum Steiner-Weber-Ansatz 127
B Anhang zum Savingsverfahren 131
C Anhang zum Christofides-Algorithmus 179
D Anhang zur verwendeten Software 235

Literaturverzeichnis 237

Abbildungsverzeichnis

Abbildung 1 Polynomiales und exponentielles Wachstum von Funktionen 4
Abbildung 2 Excel Optionen 11
Abbildung 3 Excel-Sheet mit A1-Option 12
Abbildung 4 Excel-Sheet mit Z1S1-Option 12
Abbildung 5 Ereignisse für Befehlsschaltflächen 14
Abbildung 6 Ereignisse für Worksheets 14
Abbildung 7 Deklaration von globalen Variablen 19
Abbildung 8 Namen 20
Abbildung 9 Definition von Namensbereichen 21
Abbildung 10 Zuweisen von Namensbereichen unter VBA 22
Abbildung 11 Verweise 24
Abbildung 12 Debug während der Programmausführung 26
Abbildung 13 VBA-Direktbereich 26
Abbildung 14 Sperren von VBA-Projekten für die Anzeige 27
Abbildung 15 Symbolleiste des Add-in MZ-Tools 29
Abbildung 16 Symbolleiste Andere Hilfsmittel der MZ-Tools 31
Abbildung 17 Fenster Übersicht Programmcode MZ-Tools 32
Abbildung 18 Programmfenster SyntaxHighlighter 33
Abbildung 19 Programmfenster hus Struktogrammer 34
Abbildung 20 Optionen für Datenbeschriftungen in Excel 36
Abbildung 21 Aufruf des XY Chart Labelers 37
Abbildung 22 Auswahl des Zellbereichs für die Beschriftung 37
Abbildung 23 Diagramm mit korrekten Beschriftungen 38
Abbildung 24 SteinerWeber: Eingabe der Quelldaten 42
Abbildung 25 SteinerWeber: Lösungstabelle Iterationen 42
Abbildung 26 SteinerWeber: Bereichszuordnungen 44
Abbildung 27 Starten des Visual Basic-Editors 52
Abbildung 28 Das VisualBasic Programmfenster 53
Abbildung 29 Einfügen eines neuen Moduls 54
Abbildung 30 SteinerWeber: Tabellenblatt Dateneingabe 55
Abbildung 31 SteinerWeber: Tabellenblatt Lösung 55
Abbildung 32 Aufrufen der Steuerelement-Toolbox 57
Abbildung 33 Die Steuerelement-Toolbox 57

Abbildungsverzeichnis

Abbildung 34 Hinzufügen von Befehlsschaltflächen 58
Abbildung 35 Das Eigenschaften-Fenster 59
Abbildung 36 Savingsverfahren: Skizze Standorte 66
Abbildung 37 Savingsverfahren: Skizze Standorte/Pendeltouren 67
Abbildung 38 Savingsverfahren: Skizze Tourenplan 70
Abbildung 39 Savingsverfahren: Eingabe der Quelldaten 71
Abbildung 40 Funktionsweise des Savings-Algorithmus 72
Abbildung 41 Savingsverfahren Dateneingabe Konzept 1 80
Abbildung 42 Savingsverfahren: Anzeige der Lösung - Konzept 1 81
Abbildung 43 Savingsverfahren: Anzeige der Lösung - Konzept 2 83
Abbildung 44 Savingsverfahren: Syntax benutzerdefinierte Funktion CVRP 85
Abbildung 45 Savingsverfahren: Syntax benutzerdefinierte Funktion ERSPARNIS 86
Abbildung 46 Savingsverfahren: Syntax benutzerdefinierte Funktion PALETTEN 87
Abbildung 47 Savingsverfahren: Syntax benutzerdefinierte Funktion KDNAMEN 88
Abbildung 48 Christofides-Heuristik für das metrische TSP 94
Abbildung 49 Christofides-Algorithmus: Graph für Knoten 98
Abbildung 50 Christofides-Algorithmus: Graph MST 101
Abbildung 51 Christofides-Algorithmus: Graph MMG 103
Abbildung 52 Christofides-Algorithmus: Graph MST+MMG 104
Abbildung 53 Christofides-Algorithmus: Graph Eulertour 105
Abbildung 54 Christofides-Algorithmus: Hamiltonscher Kreis 105
Abbildung 55 Modul-Struktur Christofides-Programm 106
Abbildung 56 Tabellenblatt Christofides 108
Abbildung 57 Diagramme Christofides-Algorithmus 110
Abbildung 58 Schaltflächen für den Christofides-Algorithmus 111
Abbildung 59 Christofides-Modifikation: Graph 113
Abbildung 60 Christofides-Modifikation: MST 114
Abbildung 61 Christofides-Modifikation: MMG 115
Abbildung 62 Christofides-Modifikation: MST+MMG 116
Abbildung 63 Christofides-Modifikation: Eulertour 116
Abbildung 64 Christofides-Modifikation: Hamiltonscher Kreis 117
Abbildung 65 VBA Objektkatalog 122
Abbildung 66 Automatisches Vervollständigen 123
Abbildung 67 Struktogramm Funktion createsort_savings 132

Abbildungsverzeichnis

Abbildung 68 Struktogramm Funktion check_saving 135
Abbildung 69 Struktogramm Funktion check_endpoint 138
Abbildung 70 Struktogramm Funktion check_kapbesch 140
Abbildung 71 Struktogramm Prozedur create_tour 142
Abbildung 72 Struktogramm Prozedur add_saving 143
Abbildung 73 Struktogramm Prozedur merge_tours 147
Abbildung 74 Struktogramm Funktion finalise_tours 152
Abbildung 75 Struktogramm Prozedur berechnen Teil 1 154
Abbildung 76 Struktogramm Prozedur berechnen Teil 2 155
Abbildung 77 Struktogramm benutzerdefinierte Prozedur CVRP 162
Abbildung 78 Struktogramm benutzerdefinierte Funktion ERSPARNIS 169
Abbildung 79 Struktogramm benutzerdefinierte Funktion PALETTEN 173
Abbildung 80 Struktogramm benutzerdefinierte Funktion KDNAMEN 176
Abbildung 81 Struktogramm Funktion distanzmatrix 179
Abbildung 82 Struktogramm benutzerdefinierte Funktion MST 184
Abbildung 83 Struktogramm Funktion check_kante 188
Abbildung 84 Struktogramm Prozedur new_group 190
Abbildung 85 Struktogramm Prozedur append_knoten 192
Abbildung 86 Struktogramm Prozedur merge_groups 195
Abbildung 87 Struktogramm benutzerdefinierte Funktion MMG 198
Abbildung 88 Struktogramm benutzerdefinierte Funktion eulermatrix 202
Abbildung 89 Struktogramm rekursive Funktion nächster_knoten 205
Abbildung 90 Struktogramm Funktion nächster_verfügbarer_knoten 209
Abbildung 91 Struktogramm Funktion sackgasse_zurück 211
Abbildung 92 Struktogramm Prozedur umgekehrte_reihenfolge 213
Abbildung 93 Struktogramm Funktion mergetours 215
Abbildung 94 Struktogramm Prozedur kleinste_tour 217
Abbildung 95 Struktogramm benutzerdefinierte Funktion eulertour 219

Tabellenverzeichnis

Tabelle 1 Einige mögliche Laufzeitfunktionen und die Anzahl der Operationen	5
Tabelle 2 Elemente eines Struktogramms	35
Tabelle 3 SteinerWeber: Eingabe der Quelldaten	41
Tabelle 4 SteinerWeber: Zuordnung Namen - Zellbereich	43
Tabelle 5 SteinerWeber: Formeln obere Tabelle	45
Tabelle 6 SteinerWeber: Formeln untere Tabelle	45
Tabelle 7 SteinerWeber: Variablendeklaration	48
Tabelle 8 SteinerWeber: Programmcode für Zuordnung Name - Zellbereich	49
Tabelle 9 SteinerWeber: Zuordnung Namen - Formeln	50
Tabelle 10 SteinerWeber: Zuordnung Zellen - Formeln	51
Tabelle 11 Savingsverfahren: Kundenbedarf Beispiel	65
Tabelle 12 Savingsverfahren: Entfernungsmatrix Beispiel	66
Tabelle 13 Savingsverfahren: Globale Variablen und Arrays	76
Tabelle 14 Savingsverfahren: Array für Kundenbedarf	79
Tabelle 15 Savingsverfahren: Funktionen Konzept 2	83
Tabelle 16 Savingsverfahren: Vergleich Konzept 1 und Konzept 2	89
Tabelle 17 Christofides-Heuristik: Koordinaten für MST	97
Tabelle 18 Christofides-Algorithmus: Distanzmatrix für MST	98
Tabelle 19 Christofides-Algorithmus: Sortierte Kantenliste für MST	99
Tabelle 20 Christofides-Algorithmus: Abarbeiten der Kantenliste	100
Tabelle 21 Christofides-Algorithmus: Matrix für MST	102
Tabelle 22 Christofides-Algorithmus: Paarkombinationen für MMG	103
Tabelle 23 Einrichtung Tabellenblatt Christofides	107
Tabelle 24 Christofides-Modifikation: Sortierte Kantenliste	112
Tabelle 25 Websites mit Anleitungen zu VBA	120
Tabelle 26 Variablen Funktion createsort_savings	131
Tabelle 27 Variablen Funktion check_saving	134
Tabelle 28 Variablen Funktion check_endpoint	137
Tabelle 29 Variablen Funktion check_kapbesch	139
Tabelle 30 Variablen Prozedur create_tour	141
Tabelle 31 Variablen Prozedur add_saving	143

Tabelle 32 Variablen Prozedur add_saving	145
Tabelle 33 Variablen Funktion finalise_tours	151
Tabelle 34 Variablen Prozedur berechnen	153
Tabelle 35 Variablen Funktion CVRP	161
Tabelle 36 Variablen Funktion ERSPARNIS	168
Tabelle 37 Variablen Funktion PALETTEN	172
Tabelle 38 Variablen Funktion KDNAMEN	175
Tabelle 39 Variablen Funktion distanzmatrix	179
Tabelle 40 Variablen Modul_MST	181
Tabelle 41 Variablen benutzerdefinierte Funktion MST	183
Tabelle 42 Variablen Funktion check_kante	187
Tabelle 43 Variablen Prozedur new_group	189
Tabelle 44 Variablen Prozedur append_knoten	191
Tabelle 45 Variablen Prozedur merge_groups	194
Tabelle 46 Variablen benutzerdefinierte Funktion MMG	197
Tabelle 47 Variablen Modul_Eulermatrix	201
Tabelle 48 Variablen benutzerdefinierte Funktion eulermatrix	202
Tabelle 49 Variablen benutzerdefinierte Funktion eulermatrix	204
Tabelle 50 Variablen Funktion nächster_verfügbarer_knoten	208
Tabelle 51 Variablen Funktion sackgasse_zurück	210
Tabelle 52 Variablen Prozedur umgekehrte_reihenfolge	212
Tabelle 53 Variablen Funktion mergetours	214
Tabelle 54 Variablen Prozedur kleinste_tour	217
Tabelle 55 Variablen Funktion Eulertour	218
Tabelle 56 Variablen Prozedur renew_matrizen	224
Tabelle 57 Variablen Prozedur renew_diagrams	227

Abkürzungsverzeichnis

API	Application Programming Interface (engl. Programmierschnittstelle)
bspw.	beispielsweise
bzw.	beziehungsweise
d. h.	das heißt
engl.	englisch
entspr.	entsprechend
etc.	Lat. *et cetera*: und so weiter
Fa.	Firma
gem.	gemäß
LE	Längeneinheiten
LKW	Lastkraftwagen
ME	Mengeneinheiten
MMG	Matching Minimalen Gewichts
MST	Minimal Spanning Tree (Minimaler Spannbaum)
mTSP	metrisches Traveling Salesman Problem
NP	Klasse nichtdeterministisch polynomial lösbarer Probleme
o. g.	oben genannt
P	Klasse polynomial lösbarer Probleme
TSP	Traveling Salesman Problem
u. a.	unter anderem
u. g.	unten genannt
URL	Uniform Resource Locator (Website oder Internetadresse)
usw.	und so weiter
u. U.	unter Umständen
VBA	Visual Basic for Applications
vgl.	vergleiche
z. B.	zum Beispiel

1 Einleitung

Eine der bedeutendsten Entwicklungen und wirtschaftlichen Werttreiber des 21. Jahrhunderts ist die Globalisierung. Die allgemeine Verknappung von Ressourcen wie Erdöl, aber auch die Notwendigkeit von wirtschaftlichem Handeln im mikro- und makroökonomischen Kontext stellt die Logistik im Zuge der internationalen Arbeitsteilung vor besondere Herausforderungen.[1]
Sei es die Planung und Kontrolle von Warenströmen im Straßen-, Schienen- oder Luftverkehr oder ein Navigationssystem im Auto – Standort- und Tourenplanung ist nicht nur für große Unternehmen von enormer Bedeutung. Sie gewinnt auch zunehmend in kleinen und mittelständischen Betrieben an Aufmerksamkeit. Gerade vor dem Hintergrund zunehmender Konkurrenz aus Schwellenländern und der Verkürzung von Produktlebenszyklen sind die Einsparpotenziale, die sich durch eine optimierte Logistik auch für kleinere Betriebe erschließen lassen, von existenzieller Bedeutung.[2] Eine effiziente Standort- und Tourenplanung ist ein sehr wichtiges Element dieser optimierten Logistik.

1.1 Motivation und Ziel des Buches

Obwohl es eine große Zahl von kommerzieller Standort- und Tourenplanungssoftware auf dem Markt gibt,[3] sind für viele Betriebe aufgrund von besonderen Rahmenbedingungen oft maßgeschneiderte Anpassungen dieser Software nötig. Der finanzielle Aufwand hierfür ist jedoch oft zu hoch. In diesen Fällen ist zu prüfen, ob die Erstellung einer selbstprogrammierten Softwarelösung sinnvoll ist.
Bei vielen Unternehmen wird ohnehin das Microsoft Office-Paket mit der Software Excel eingesetzt.[4] Deshalb wird in diesem Buch dargelegt, wie der mitgelieferte VBA-Editor zur Erstellung von entsprechenden Tools genutzt werden kann.

In diesem Rahmen findet, grundlegende Programmierkenntnisse vorausgesetzt, eine Einführung in die Programmierung mit Microsoft Excel VBA statt. Es werden dabei Aufgaben behandelt, die im Zusammenhang mit der Lösung von Heuristiken für logistische Probleme auftreten. Durch die schrittweise und ausführliche Dokumentation von

---

[1] Vgl. Göpfert (2008), S. 292
[2] Vgl. Pfohl (1997), S. 4
[3] Unter folgender URL lässt sich eine Liste von entspr. Software abrufen:
   http://www.software-marktplatz.de/26000300-software-transportoptimierung-tourenplanung.html
[4] Vgl. Barreto und Howland (2005), S. 4

Beispielprogrammen für bestimmte Probleme der Standort- und Tourenplanung soll der Leser für die Besonderheiten in der Excel-Programmierung sensibilisiert werden. Dabei wird er in die Lage versetzt, eigene Programme mit VBA zu erstellen.

1.2 Aufbau des Buches

Dieses Buch ist in neun Kapitel untergliedert.

Nach der Einleitung werden in Kapitel 2 Definitionen bzgl. Tourenplanung und VBA aufgezeigt.

Kapitel 3 stellt wichtige Unterschiede dar, die sich grundsätzlich bei der VBA-Programmierung unter Excel im Unterschied zu anderen Programmiersprachen eröffnen.

Kapitel 4 stellt vier Softwaretools vor, die nicht nativ in Excel VBA integriert sind, jedoch den Programmieralltag erleichtern.

In Kapitel 5 wird die grundlegende Erstellung eines Excel VBA-Programmes Schritt für Schritt anhand einer einfachen Heuristik für die Standortplanung erläutert.

Kapitel 6 geht mit der Erstellung von eigenen Excel-Funktionen tiefer auf die Excel-spezifische Programmierung ein, dargestellt am Beispiel des Savings-Algorithmus nach Clarke und Wright.

Der Fokus von Kapitel 7 liegt in der Implementierung von komplexen Algorithmen für die Tourenplanung, gezeigt am Beispiel der Christofides-Heuristik.

In Kapitel 8 werden Quellen aufgelistet, die beim Auftreten von Problemen bei der Programmierung als Lösungshilfe konsultiert werden können.

Kapitel 9 beendet dieses Buch mit einem Fazit.

2 Definitionen

In diesem Kapitel werden Definitionen behandelt, die als Grundlage für die weitere Vorgehensweise in diesem Buch dienen.

2.1 Visual Basic for Applications unter Microsoft Excel

VBA ist eine objektorientierte Programmiersprache, die im Rahmen der Programme des Softwarepaketes Office standardmäßig mitinstalliert ist. Der Visual Basic-Editor ist jeweils ein Unterprogramm und wird innerhalb von Word, Excel, Access etc. aufgerufen. Insbesondere in Verbindung mit Excel eröffnen sich mithilfe von VBA umfassende Möglichkeiten zur Automatisierung von Standardabläufen. Nicht zuletzt durch die Möglichkeit des direkten Zugriffs auf Objekte und deren Methoden, Eigenschaften und Ereignisse kann der volle Funktionsumfang von Excel mit der Flexibilität einer modernen Programmiersprache kombiniert werden. Damit ist es möglich, umfangreiche Business-Tools zu erzeugen.

2.2 Exakte und heuristische Verfahren

Die in diesem Buch behandelten logistischen Problemstellungen sind Optimierungsprobleme, d. h., es ist ein logistischer Sachverhalt gegeben, der sich mathematisch beschreiben lässt. Gesucht ist eine Lösung, die bestimmten Kriterien entspricht. So kann es z. B. Aufgabe sein, einen Standort für ein Zentrallager oder eine Rundreisetour zu finden, wobei die Distanz oder die Kosten für eine bestimmte zurückzulegende Wegstrecke zu minimieren sind.[5]

Eine Beispielanwendung ist das Traveling Salesman Problem (TSP). Dabei ist es Aufgabe, verschiedene Stationen in einer möglichst kurzen Rundreise anzufahren, wobei keine Station zweimal angefahren werden darf und am Schluss zur Ausgangsstation zurückgekehrt wird.

2.2.1 Exakte Verfahren

Exakte Verfahren produzieren beweisbar optimale Lösungen für ein Optimierungsproblem.[6] Dank immer schneller fortschreitenden Rechnergenerationen ist es möglich, viele dieser Optimierungsaufgaben zu lösen. Bei der Ausführung von Algorithmen

---

[5] Vgl. Heun (2003), S. 340ff.
[6] Vgl. Ohrt (2008), S. 58

zur Lösung von exakten Verfahren kann es jedoch sehr schnell zu einer exponentiell ansteigenden Anzahl von benötigten Operationen kommen,[7] da alle möglichen Kombinationen systematisch durchlaufen werden, um an das globale Optimum bzw. die globalen Optima zu gelangen. Beim TSP ergibt sich eine Anzahl aller möglichen Lösungen von

$$N = \frac{1}{2}(n-1)!^{[8]},$$

wobei n die Anzahl der Knoten definiert. Die folgende Abbildung veranschaulicht diese Thematik grafisch für unterschiedliche Funktionen. Auf der Abszissenachse ist die Anzahl der Knoten und auf der Ordinatenachse die Anzahl der möglichen Kombinationen verzeichnet.

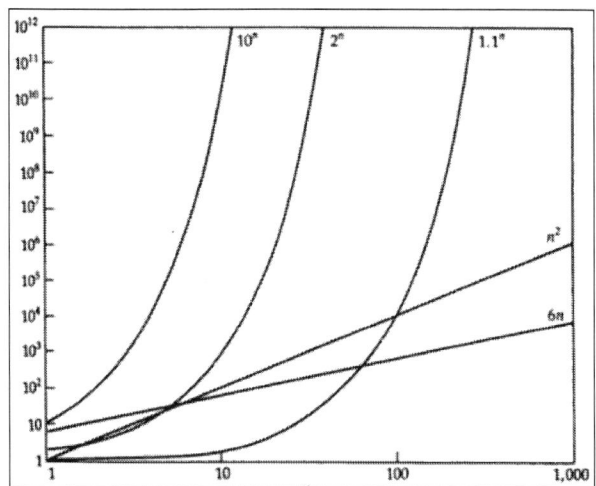

Abbildung 1 Polynomiales und exponentielles Wachstum von Funktionen[9]

Tabelle 1 verdeutlicht diese Problemstellung weiter. Die Funktionen oberhalb des vertikal fett gedruckten Striches verlaufen *polynomial*, diejenigen unterhalb *exponentiell*. Bei den Letzten spricht man auch von *kombinatorischer Explosion*.[10]

Dabei nennt man Algorithmen, die *polynomial* (P) lösbar sind, auch *effizient*. Algorithmen, die *exponentielle* Funktionen verwenden, lösen Probleme, die *NP-schwer* sind.[11] NP steht

---

[7] Vgl. Casti (2007), S. 164ff.
[8] Vgl. Weber (2007), S. 12
[9] Casti (2008), S. 166
[10] Vgl. Gritzmann und Brandenberg (2005), S. 340
[11] Vgl. Arnold *et al.* (2003), S. A 2-15

dabei für *nichtdeterministisch polynomial*.[12] Bisher ist es nicht gelungen, für ein NP-schweres Problem einen effizienten Algorithmus zu finden.[13]

Tabelle 1 Einige mögliche Laufzeitfunktionen und die Anzahl der Operationen[14]

n	20	60	100	300	1.000
$5n$	100	300	500	1.500	5.000
$n * \log n$	86	354	665	2.469	9.966
n^2	400	3.600	10.000	90.000	1.000.000
n^3	8.000	216.000	1.000.000	27.000.000	1.000.000.000
2^n	1.048.576	19 Stellen	31 Stellen	91 Stellen	302 Stellen
$n!$	19 Stellen	82 Stellen	161 Stellen	623 Stellen	unvorstellbar
n^n	27 Stellen	107 Stellen	201 Stellen	744 Stellen	unvorstellbar

Exakte Verfahren lassen sich bspw. mit dem *Excel-Solver* lösen. Es handelt sich hierbei um ein Plug-in, das beim Excel-Setup explizit mitinstalliert werden muss. Der Solver löst nicht-lineare Optimierungsprobleme mit Beschränkungen bzw. Nebenbedingungen.[15] Des Weiteren ist es möglich, von der Fa. Frontline Systems einen kostenpflichtigen *Premium Solver*[16] mit höherem Funktionsumfang zu beziehen. Exakte Verfahren und die Verwendung des Solvers werden in diesem Buch nicht behandelt.

2.2.2 Heuristische Verfahren und Approximationsalgorithmen

Heuristiken können für ähnliche Problemstellungen angewendet werden wie die exakten Optimierungsverfahren. Die Idee dabei ist es, nicht sämtliche Kombinationen möglicher Lösungen zu untersuchen, um eine optimale Lösung zu bekommen. Vielmehr werden hier „Daumenregeln" angewendet, die sich u.U. nicht analytisch fassen lassen.[17] Mit einem vertretbaren Rechenaufwand werden dabei möglichst gute Lösungen ermittelt.

Approximationsalgorithmen sind heuristische Verfahren, bei denen Qualitätsaussagen bzgl. der Lösungsgüte getroffen werden können.[18] Der Christofides-Algorithmus ist ein

---

[12] Vgl. Ferschl (9915), S. 21f.
[13] Vgl. Gritzmann und Brandenburg (2005)
[14] In Anlehnung an Harel und Feldman (2004), S. 163
[15] Vgl. Kuncicka und Larsen (2009), S. 247
[16] Downloadadresse: http://www.solver.com
[17] Vgl. Suhl und Mellouli (2006), S. 12
[18] Vgl. Wanka (2006), S. 10f.

solcher Algorithmus, weil sich beweisen lässt, dass dessen Lösung maximal um die Hälfte schlechter ist als das Optimum.[19]
Heuristische Verfahren werden unterteilt in Eröffnungsverfahren und Verbesserungsverfahren.

Eröffnungsverfahren ermitteln eine oder mehrere Lösung(en), indem eine Teil-Lösung nach und nach mit weiteren Teil-Lösungen ergänzt wird, bis alle Elemente (z. B. Knoten eines Graphen) abgearbeitet sind. Der in diesem Buch behandelte *Savings-Algorithmus*[20] ist ein solches Verfahren. Weitere Beispiele für Eröffnungsverfahren sind der *Sweep-Algorithmus* oder *Bester Nachfolger*.[21] Hier wird lediglich kurz das Verfahren des besten Nachfolgers beschrieben: Von einem Startknoten wird der nächstgelegene Knoten bestimmt. Dieser wird als der zweite Knoten in der Tour definiert. Der, vom zweiten Knoten ausgehend, am nächsten zu erreichende Knoten wird als der dritte Knoten in der Tour definiert. Dieses Verfahren wird so lange fortgesetzt, bis alle Knoten auf der Reise zugeordnet sind. Vom letzten Knoten aus erfolgt eine direkte Rückkehr zum Startpunkt.[22]

Verbesserungsverfahren optimieren eine schon bestehende zulässige Gesamtlösung schrittweise durch kleine Veränderungen. Hierbei besteht jedoch die Gefahr, dass sich diese Verfahren in einem lokalen Optimum festfahren.[23] Beispiele für Verbesserungsverfahren sind Iterationsverfahren wie das *2-opt-, 3-opt- und k-opt-Verfahren*, die schon bestehende Traveling-Salesman-Touren weiter verbessern.[24] Beim 2-opt-Verfahren werden in jeder Iteration 2 Kanten ausgetauscht. Falls dies zu einer Optimierung der Route geführt hat, so bleibt die Veränderung bestehen und es wird zur nächsten Iteration übergegangen. 3-opt- und k-opt-Verfahren verhalten sich analog zum 2-opt-Verfahren, mit dem Unterschied, dass jeweils 3 bzw. k Kanten ausgetauscht werden.[25]

---

[19] Vgl. Kapitel 7
[20] Vgl. Kapitel 6
[21] Vgl. Hompel und Schmidt (2008), S. 153
[22] Vgl. Boysen (2005), S. 249
[23] Vgl. Arnold *et al.* (2003), S. A2-16
[24] Vgl. Vahrenkamp (2005), S. 464
[25] Vgl. Vahrenkamp (2005), S. 464 ff.

2.3 Graphentheoretische Definitionen[26]

Graph

Ein *Graph* $G = (V, E)$ dient der Abstraktion der Wirklichkeit von geografischen Gegebenheiten. Er besteht aus V, einer endlichen Menge von *Knoten*, sowie aus E, einer Menge zwei-elementiger Teilmengen von V, den Kanten. „Bei den unmittelbaren Routenplanungsproblemen, bei denen eine Route zwischen verschiedenen Orten bestimmt werden soll, stellen die Knoten die Orte dar".[27] In diesem Buch wird vorausgesetzt, dass die verwendeten Graphen zusammenhängend sind. Es ist also möglich, über die vorhandenen Kanten von einem beliebigen Knoten zu jedem anderen beliebigen Knoten zu kommen.

Multigraph

Besagt, dass ein oder mehrere Knotenpaare durch mehr als eine Kante verbunden sein können.

Gerichteter Graph

Auch unter der Bezeichnung *Digraph* bekannt. Bei gerichteten Graphen haben alle Kanten eine Richtung. Diese Kanten bezeichnet man bei gerichteten Graphen als *Bögen*.

Kanten- oder Bogengewicht

Bezeichnet die Distanz zwischen zwei Knoten. Je nach betriebswirtschaftlicher Problemstellung können Gewichte auch die Kosten für den Transport zwischen zwei Knoten darstellen.

Bipartiter Graph

„Ein Graph wird dann *bipartit* genannt, wenn sich seine Knoten so in zwei disjunkte Teilmengen[28] aufteilen lassen, dass zwischen den Knoten jeder Teilmenge keine Kanten verlaufen."[29]

---

[26] Vgl. Arnold, *et al.* (2008), S. 44
[27] Gritzmann und Brandenberg (2005), S. 24
[28] Anmerkung: Disjunkte Teilmengen besitzen kein gemeinsames Element.
[29] Feige und Klaus (2008), S. 297

Baum

Beschreibt einen zusammenhängenden, kreislosen Graphen.[30]

Adjazenzmatrix

Eine Adjazenzmatrix eines Graphen $G = (V, E)$ ist definiert als $A = (a_{uv})$, wobei $u, v \in V$. Ein Eintrag a_{uv} ist genau dann 1, wenn im Graphen die Knoten u und v mit einer Kante verbunden sind. Adjazenzmatrizen sind symmetrisch.[31]

---

[30] Vgl. Arnold, et al. (2008), S. 44
[31] Vgl. Steger (2007), S. 70

3 Grundlagen von Excel und VBA

Die in diesem Abschnitt behandelten Grundlagen erheben nicht den Anspruch einer umfassenden Einführung in VBA. Es werden vielmehr bestimmte Aspekte behandelt, die insbesondere zur Programmierung der Lösungsheuristiken und der damit verbundenen dynamischen Formeln von Wichtigkeit sind. Grundlegende Kenntnisse der Programmierung, wie z. B. die Datentypen von Variablen oder Schleifen, werden vorausgesetzt.

3.1 Sprachenunterschiede in Excel und VBA

Bei der VBA-Programmierung unter Excel ist es sehr wichtig zu beachten, dass je nach verwendeter Excel-Übersetzung nicht unerhebliche Unterschiede bestehen. Es kann also vorkommen, dass ein VBA-Programm, welches unter einer deutschen Excel-Version programmiert wurde, auch nur mit deutschen Excel-Versionen fehlerfrei läuft. Ursachen hierfür sind länderspezifische Unterschiede wie die unterschiedliche Nomenklation von Befehlen oder verschiedene Dezimaltrennzeichen.

3.1.1 FormulaLocal und Formula

Ein Beispiel für Sprachenunterschiede ist der deutsche Befehl SUMME. Dieser lautet in der englischen Excel-Version SUM. Beim Arbeiten mit der Excel-Oberfläche ohne VBA-Programmierung stellt diese Tatsache kein Problem dar, denn intern werden Begriffe automatisch ins Englische übersetzt. Dagegen müssen beim Einfügen von Formeln mittels VBA in eine Zelle die sprachlichen Unterschiede beachtet werden.
Der Befehl

```
ActiveCell.FormulaLocal = "=SUMME(A1:A2)"
```

würde ohne Probleme bei deutschen Excel-Versionen funktionieren, jedoch nicht in einer englischen oder anderssprachigen Version.
Deshalb ist es grundsätzlich empfehlenswert, die für alle Excel-Sprachversionen allgemeingültigen englischsprachigen Befehle zu verwenden. Bei der Eigenschaft des o.g. Zellobjektes ist dies lediglich Formula, ohne Anhängsel Local:

```
ActiveCell.Formula = "=SUM(A1:A2)"
```

Eine Übersetzung der deutschen und englischen Excel-Befehle befindet sich bei der Excel 2003-Version in der Datei

```
C:\Programme\Microsoft Office\OFFICE11\1031\VBALISTE.XLS.
```

3.1.2 Schreibweise von Trennungszeichen in Funktionsargumenten

Des Weiteren sind bei den Sprachunterschieden die unterschiedlichen Trennungszeichen zu beachten. Als Beispiel lässt sich der Befehl SUMMENPRODUKT anführen.
Der Befehl

```
ActiveCell.FormulaLocal = "=SUMMENPRODUKT(A1:A2;B1:B2)"
```

funktioniert ohne Probleme in einer deutschen Excel-Version. Beim Übersetzen in die sprachneutrale Form muss jedoch zusätzlich darauf geachtet werden, dass anstelle des Semikolons (;) als Trennzeichen ein Komma (,) verwendet wird. Die Schreibweise ist dann die folgende:

```
ActiveCell.Formula = "=SUMPRODUCT(A1:A2,B1:B2)"
```

Dieses Problem kann auch vermieden werden durch die Verwendung eines Multiplikationszeichens (*) anstelle des Semikolons oder Kommas in den Argumenten von SUMMENPRODUKT bzw. SUMPRODUKT:

```
ActiveCell.Formula = "=SUMPRODUCT(A1:A2*B1:B2)"
```

In diesem Buch wird ausschließlich die Schreibweise mit Multiplikationszeichen verwendet, denn diese funktioniert allgemeingültig für die sprachabhängige und die sprachneutrale Form.

3.1.3 R1C1-Bezugsart

Einen weiteren Sprachenunterschied gibt es im Zusammenhang mit relativen Zellbezügen. Bei VBA gibt es sowohl für die Eigenschaft Formula, als auch FormulaLocal noch eine andere Variante: FormulaR1C1 und LormulaR1C1Local.
Hierbei steht der Bezug nicht auf eine absolute Zelle, sondern auf eine Zelle mit relativer Position zur aktuellen Zelle.

```
ActiveCell.FormulaR1C1Local = "=SUMME(Z(-2)S:Z(-1)S)"
```

Kapitel 3 - Grundlagen von Excel und VBA

In diesem Beispiel wird in der ausgewählten Zelle die Summe von den zwei über der selektierten Zelle liegenden Zellen gebildet. `Z(-2)S` steht für: „Gehe zwei Zeilen nach oben und bleibe in derselben Spalte". `Z(-1)S` steht für: „Gehe eine Zeile nach oben und bleibe in derselben Spalte". Der Bezug gilt jeweils für diejenige Zelle, in der die Formel geschrieben wird.[32]

Bei der sprachneutralen Variante sind eckige Klammern für die relativen Zell- und Spaltenbezüge zu verwenden. Des Weiteren ist anstelle von `Z` wie „Zeile" `R` wie „Row" sowie anstelle von `S` wie „Spalte" `C` wie „Column" zu verwenden:

```
ActiveCell.FormulaR1C1 = "=SUM(R[-2]C:R[-1]C)"
```

3.2 Umschalten der Z1S1-Bezugsart

Für eine bessere Übersicht über die Spalten kann es sinnvoll sein, temporär auf die Z1S1-Darstellung umzuschalten, um die Übersichtlichkeit zu erhöhen und den Wert direkt ablesen zu können.

Diese Funktion befindet sich im Menüpunkt „Extras→Optionen" unter dem Reiter „Allgemein".

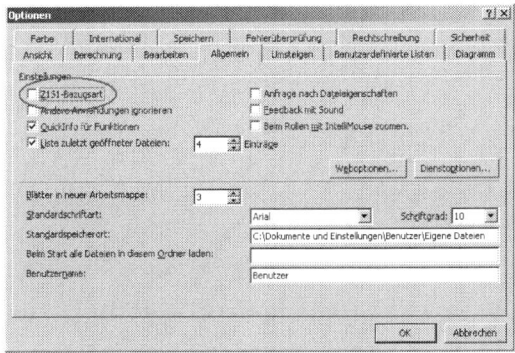

Abbildung 2 Excel Optionen

Bei den folgenden Abbildungen sind die Unterschiede in den Spaltenüberschriften bei beiden Einstellungen zu sehen.

---

[32] Vgl. Martin (2000), S. 239f.

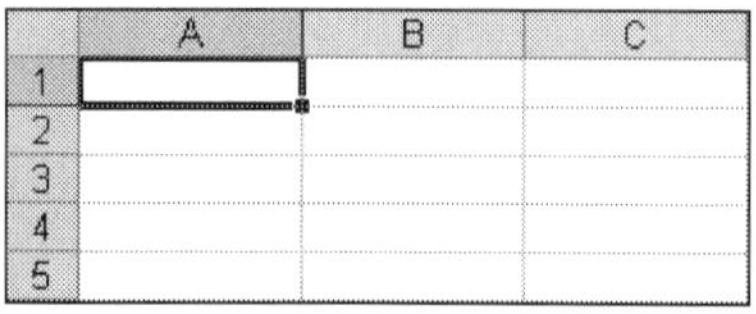

Abbildung 3 Excel-Sheet mit A1-Option

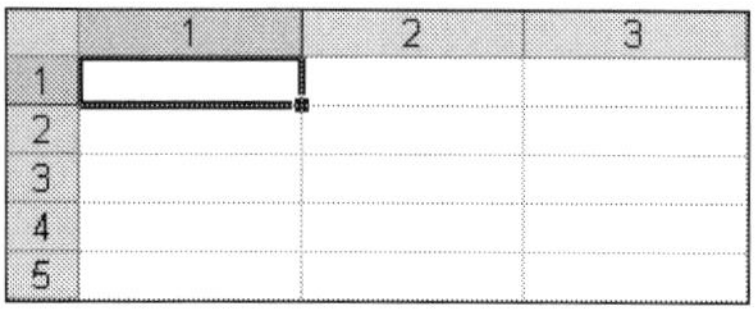

Abbildung 4 Excel-Sheet mit Z1S1-Option

3.3 Fixe und relative Zellbezüge in Verbindung mit der R1C1-Bezugsart

Bei Excel gibt es zwei verschiedene Bezugsarten von Zellen: Fixe und relative Zellbezüge.

3.3.1 Fixe Zellbezüge

Bei der A1-Bezugsart steht bei fixen Zellbezügen ein Dollarzeichen vor der Zellenangabe. Beim automatischen Ausfüllen von Reihen verändern sich die Zellbezüge nicht - weder die Zeilen noch die Spalten werden weitergezählt.

```
SUMME($A$1:$A$2)
```

Mit VBA lässt sich ein solcher Bezug folgendermaßen in eine Zelle schreiben:

```
ActiveCell.FormulaR1C1Local = "=SUMME(Z1S1:Z2S1)"
```

3.3.2 Relative Zellbezüge

Relative Zellbezüge haben kein vorangestelltes Dollarzeichen bei der A1-Bezugsart. Beim automatischen Ausfüllen von Reihen passen sich die Zellbezüge der aktuellen Zelle dabei jeweils an:[33]

```
SUMME(A1:A2)
```

---

[33] Vgl. Noack (2008), S.12ff.

Kapitel 3 - Grundlagen von Excel und VBA

Eine Kombination von fixen und relativen Zellbezügen ist möglich:

```
SUMME(A$1:B$2)
```

Der obige Befehl lautet für VBA folgendermaßen:

```
ActiveCell.FormulaR1C1Local = "=SUMME(Z(-2)S1:Z(-1)S1)"
```

Für die sprachneutrale Schreibweise ergibt sich:

```
ActiveCell.FormulaR1C1 = "=SUM(R[-2]C1:R[-1]C1)"
```

3.4 VBA und Matrizen

Matrizen werden in VBA mit der Eigenschaft `.FormulaArray` im Tabellenblatt erstellt. Beispiel:

```
Sheets("Tabelle 1").Range("A1:B2").FormulaArray = _ "=TRANSPOSE(R3C1:R4C2)"
```

Dieser Befehl transponiert den Bereich A3:B4 und schreibt ihn in die Matrix A1:B2.

3.5 Zugriff auf Excel-Funktionen mit VBA

Auch innerhalb von VBA ist es möglich, auf die Excel-Funktionen eines Tabellenblattes zuzugreifen.[34] Dieses kann u.U. die Programmierung erheblich vereinfachen. Um beispielsweise den Mittelwert aus dem Zellbereich A1:B2 in die Variable x zu schreiben, genügt folgende Anweisung:

```
x = Application.WorksheetFunction.Average(Range("A1:B2"))
```

Die Matrixfunktionen von Excel erweisen sich hierbei als außerordentlich nützlich. Beispielsweise lässt sich die Zeilensumme der dritten Zeile eines zweidimensionalen Arrays `array_x` folgendermaßen bestimmen:

```
x = Application.WorksheetFunction.Sum(Application. _
WorksheetFunction.index(array_x, 3))
```

---

[34] Vgl. Breden und Schwimmer (2007), S. 195

3.6 Ereignisse

Mit Ereignissen können Benutzeraktionen überwacht werden. Die Auswahl von Ereignissen erfolgt im Visual Basic-Editor aus einem Dropdown-Feld heraus.[35]

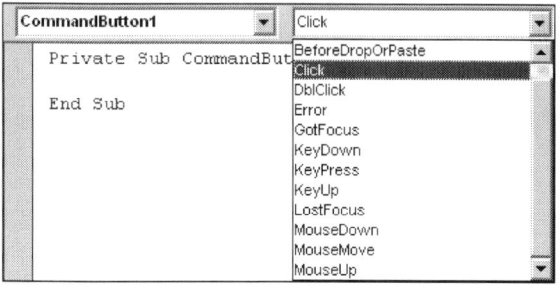

Abbildung 5 Ereignisse für Befehlsschaltflächen

U.a. ist es möglich, Programmcode bei jeder Änderung des Worksheets[36] auszuführen. Hierzu gibt es das Ereignis Worksheet_Change.

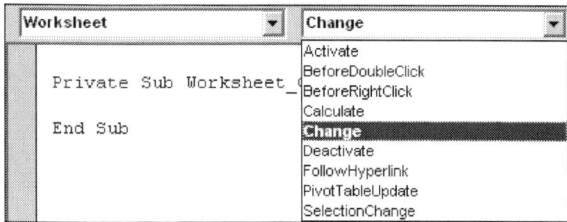

Abbildung 6 Ereignisse für Worksheets

Der Funktion wird dabei mit dem Ereignis eine Variable Target übergeben. Sie enthält die Zellenbereiche der geänderten Zellen.

3.7 Benutzerdefinierte Funktionen

Excel enthält bereits zahlreiche Standardfunktionen wie z. B. SUMME. Es gibt jedoch Aufgaben, die nicht oder nur sehr umständlich mit diesen vorhandenen Funktionen realisierbar sind.[37] Diesem Umstand kann mit der Programmierung von eigenen benutzerdefinierten Funktionen Abhilfe geschaffen werden. Benutzerdefinierte Funktionen

---

[35] Vgl. Held (2005a), S. 209 und Körn und Weber (2002), S. 96ff.
[36] Engl. für Tabellenblatt
[37] Vgl. Held (2005a), S. 143

Kapitel 3 - Grundlagen von Excel und VBA

müssen in einem separaten VBA-Modul gespeichert werden. Das Speichern in einem Modul eines Arbeitsblattes ist hingegen nicht möglich. Im Visual Basic-Editor wird über das „Menü Einfügen→Modul" ein neues Modul hinzugefügt.[38]
Benutzerdefinierte Funktionen haben folgende Syntax:

```
Public Function {Funktionsname} ({Argumente}) {Datentyp des _
Rückgabewerts}
```

Wird der Datentyp des Rückgabewerts als Variant deklariert, so ist es auch möglich, Funktionen zu erstellen, die eine Matrix als Rückgabewert liefern.[39]

3.7.1 Beispiel für die Ausgabe des Farbindex einer Zelle

Jede Farbe ist in Excel einer Farbindex-Zahl zugeordnet. Mit dieser Funktion kann herausgefunden werden, welche Farbe der Hintergrund bzw. die Schrift einer Zelle hat, die der Funktion als Argument übergeben wird. Diese Zelle wird in die Variable zelle geschrieben. Zum Ausgeben des Farbindexes der Schrift kann als zweites Argument eine 1 angegeben werden. Für die Ausgabe des Farbindex der Hintergrundfarbe der Zelle muss eine 2 als zweites Argument gesetzt werden. Durch das Argument Optional ist das zweite Argument dabei jedoch grundsätzlich optional.[40] Wird nichts angegeben, so wird die Variable wert standardmäßig auf 1 gesetzt. Hinter der Klammer mit den Argumenten befindet sich der Datentyp des Rückgabewerts der Funktion. Ein Farbindex ist immer eine Zahl, für die der Datentyp Integer ausreichend ist.

```
Public Function FARBIG(zelle As Range, Optional wert As Integer = 1) As
Integer
    If wert = 1 Then
        Farbig = zelle.Font.ColorIndex
    ElseIf wert = 2 Then
        Farbig = zelle.Interior.ColorIndex
    End If
End Function
```

Die obige Funktion wird folgendermaßen in einer Zelle aufgerufen:

```
= FARBIG(A1)
```

bzw.

```
= FARBIG(A1,2)
```

---

[38] Vgl. Walkenbach (2008), S. 371
[39] Vgl. Kofler (2004), S. 302 und Kapitel 7.5
[40] Vgl. Walkenbach (2008), S. 348

3.7.2 Die Methode Intersect

Mit der Funktion `Intersect` lässt sich überprüfen, ob eine Zelle oder ein Zellbereich innerhalb eines anderen Zellbereiches liegt.[41]
Sie wird in diesem Buch unter Kapitel 6.4.4 für die Fehlerkorrektur verwendet: Es wird eine Fehlermeldung ausgegeben, sobald sich Matrix-Bereiche überschneiden, die einer benutzerdefinierten Funktion als Argumente übergeben, z. B. bei Entfernungs- und Kundenbedarfsmatrizen.
Entsprechender Programmcode könnte folgendermaßen implementiert werden:

```
If Intersect (matrix_entfernung, matrix_bedarf Is Not Nothing Then
    'Fehlerbehandlung
End If
```

3.8 Zuweisen von Objekten zu einer Objektvariablen

Bei VBA als objektorientierter Programmiersprache[42] kann es sehr nützlich sein, ein Objekt einer Objektvariablen zuzuweisen, um Programmcode einzusparen. Diese kann als „Abkürzung" für das eigentliche Objekt verwendet werden.

Dies geschieht in zwei Schritten:[43]

```
Dim Bereich as Range
Set Bereich = Sheets("Tabelle2").Range("A1:A2")
```

Zuerst wird die Objektvariable `Bereich` als ein Zellbereich deklariert. Im zweiten Schritt wird der Objektvariable das Objekt zugewiesen.
Nun kann in gewohnter Weise auf das Objekt zugegriffen werden, z. B.

```
Bereich.Value="Test"
```

---

[41] Vgl. Held(2005b), S. 563
[42] Vgl. Cummings (2002), S. 339ff.
[43] Vgl. Walkenbach (2008), S. 240

3.9 Variablendeklarationen

Bei den Variablendeklarationen gilt es in Excel VBA einige Besonderheiten zu beachten, die im Folgenden aufgeführt werden.

3.9.1 Obligatorische Variablendeklaration

Standardmäßig wird in VBA der Befehl `Option Explicit` im Deklarationsbereich eines Objektes oder Moduls eingefügt. Hierdurch wird eine genaue Deklaration aller Variablen in diesem Modul obligatorisch.[44] Da es sich bei VBA um eine Basic-Programmiersprache handelt, ist dies nicht zwingend erforderlich und dieser Befehl könnte ebenso gut wieder entfernt werden. Ohne diese Option wird allerdings automatisch für sämtliche verwendete Variablen der Standarddatentyp `Variant` gewählt, was zu höherem Speicherbedarf führt. Dieses stellt zwar bei aktuellen Systemspeicherkonfigurationen kein Problem dar, jedoch kann es bei größeren Programmen zu Verzögerungen in der Ausführung kommen. Deshalb ist es zu empfehlen, diesen Befehl so beizubehalten.

3.9.2 Untere Grenze von Arrays

Mit dem Befehl `Option Base` kann die untere Grenze von Arrays definiert werden.[45] Der Befehl `Option Base 0` legt bspw. fest, dass der Zähler bei 0 anfangen soll.

Danach ist folgende Zuweisung möglich:

```
Dim testarray(3) As Boolean
testarray(0) = True
```

Bei der Einstellung `Option Base 1` im Deklarationsteil des Moduls würde der zweite Befehl zu einem Fehler führen, da das Array dann bei 1 anfängt.
Durch die Zuweisung einer Untergrenze kann diese Option jedoch nachträglich umgangen werden. Beispiel:

```
Dim testarray (5 to 10) As Boolean
```

---

[44] Vgl. Held (2005b), S. 58
[45] Vgl. Green et al. (2007), S. 55

Um Einheitlichkeit und Übersichtlichkeit im Programm zu wahren, sollte in allen Modulen eine einheitliche Konvention befolgt werden.

Mit den Befehlen LBound (testarray) und UBound (testarray) kann die untere und obere Indexgrenze ermittelt werden.[46]

3.9.3 Dynamische Arrays

Einmal unter VBA dimensionierte Arrays lassen sich nachträglich in ihrer Größe ändern.[47] Dieses kommt in den im Rahmen dieses Buches erstellten Programmen für Lösungsheuristiken regelmäßig vor, da die Anzahl der Kunden variabel ist und das entsprechende Array nach deren Ermittlung zu Beginn der Programme hinreichend redimensioniert werden muss.

Dieses lässt sich mit folgendem Befehl bewirken:

```
ReDim testarrray (5)
```

Dabei wird allerdings der Inhalt des kompletten Arrays gelöscht. Um diesen beizubehalten, gibt es folgenden Befehl:

```
ReDim Preserve testarray (5)
```

---

[46] Vgl. Kofler (2004), S. 108f.
[47] Vgl. Cummings (2002), S. 368f.

Kapitel 3 - Grundlagen von Excel und VBA

3.10 Globale Variablen

Wird eine Variable in mehreren Prozeduren verwendet, so ist diese im Deklarationsteil eines Moduls als global zu definieren.[48]

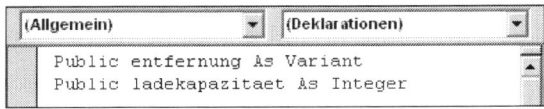

Abbildung 7 Deklaration von globalen Variablen

3.11 Anführungszeichen

Um ein Anführungszeichen in einen String einzufügen, wird ein doppeltes Anführungszeichen verwendet.[49]
Beispiel:

```
Sheets("Tabelle1").Range("A1").Value="""Test"""
```

fügt folgenden Text in die Zelle ein: „Test".

3.12 Der Separator „_"

Um den Programmcode bei langen Zeilen übersichtlich und auf den ersten Blick plausibel zu gestalten, ist es möglich, diese mit dem Separator in zwei Zeilen zu trennen. Der VBA-Compiler behandelt dabei beide Zeilen wie eine.
Beispiel:

```
MsgBox ("Hallo _
Welt")
```

3.13 Der Konnektor „&"

Beim Zuweisen von Formeln in Zellen mit VBA kommt es oft vor, dass Text und Variablen bzw. Rechenoperationen miteinander kombiniert werden müssen. Dies geschieht mit dem Konnektor "&".

---

[48] Vgl. Shepherd (2004), S. 15
[49] Vgl. Breden und Schwimmer (2007), S. 135

Beispiel:

```
Sheets("Tabelle1").Range("A1").FormulaR1C1 = "=SUM(R1C1:R" & _ zeile_ende &
_ "C" & spalte_ende & ")"
```

3.14 For Each-Next-Struktur

Neben den bekannten Schleifen wie beispielsweise `for x=1 to 10`, oder `do…loop` besteht unter VBA die Möglichkeit, mehrere vorher ausgewählte Objekte auf einfache und effiziente Weise anzusprechen.[50]

Beispiel: Es sollen sämtliche Zellen mit Zahlen im Tabellenblatt `Tabelle1` und im Bereich A1:E10 darauf überprüft werden, ob die enthaltene Zahl positiv ist. Falls nicht, soll eine Fehlermeldung ausgegeben werden.

```
Dim cell as Range, bereich as range
Set bereich=Sheets("Tabelle1").Range("A1:E10")

For each cell in bereich
        If IsNumeric(cell) then
                If cell.Value < 0 then MsgBox "Fehler"
        End if
Next cell
```

3.15 Namensbereiche

In Excel können einzelnen Zellen oder Zellbereichen Namen zugewiesen werden. Auf diese kann in einer dem Benutzer verständlicheren und übersichtlicheren Weise Bezug genommen werden. Dies geschieht durch Auswahl der Zelle oder des Zellbereichs und anschließender Eingabe des gewünschten Namens in das Namensfeld auf der linken Seite oberhalb des Tabellenblattes:[51]

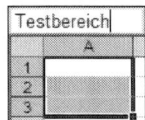

Abbildung 8 Namen

---

[50] Vgl. Körn und Weber (2002), S. 80f. und Walkenbach(2008), S. 177f.
[51] Vgl. RRZN (2008), S. 14 f.

Kapitel 3 - Grundlagen von Excel und VBA

Im Menü „Einfügen→Namen→Definieren" sind alle definierten Namen aufgelistet:

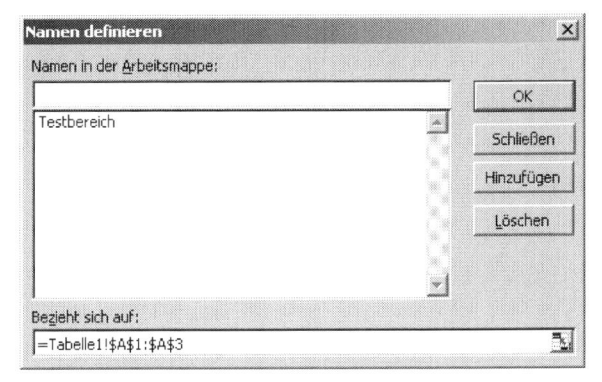

Abbildung 9 Definition von Namensbereichen

Anmerkung:
Einem Namen zugewiesene Zellen oder Zellbereiche können nicht ohne Weiteres durch Überschreiben des bestehen Namensbereiches geändert werden. Dazu müssen sie erst im o.g. Menü gelöscht und anschließend neu definiert werden.

3.15.1 Erstellen und Löschen von Namensbereichen unter VBA

Auch die Arbeit mit VBA kann durch die Verwendung von Namen erheblich erleichtert werden.[52]

Um mit VBA Namen hinzuzufügen, gibt es folgenden Befehl (hier für das obere Beispiel):

```
Sheets("Tabelle1").Names.Add Name: = "Testbereich", RefersTo:= "A1:B2"
```

bzw. in R1C1-Schreibweise:

```
Sheets("Tabelle1").Names.Add Name: = "Testbereich", RefersToR1C1:= _
"R1C1:R2C2"
```

Namen werden mit diesem Befehl gelöscht:

```
Sheets("Tabelle1").Names ("Testbereich").Delete
```

---

[52] Vgl. Held(2005c), S. 80ff.

Anmerkung:

Im Gegensatz zum manuellen Zuweisen von Namen durch den Anwender ist es innerhalb des VBA-Programmcodes nicht notwendig, bereits bestehende Namen vor dem erneuten Zuweisen zu löschen. Bei einer neuerlichen Zuweisung werden schon bestehende Namen automatisch mit den neuen Werten überschrieben.

3.15.2 Zugriff auf Namensbereiche unter VBA

Um auf Namensbereiche unter VBA zuzugreifen, hilft die Funktion Evaluate, um den Namen in ein Objekt des Typs Range zu konvertieren.[53]
Beispiel:

    Evaluate(Sheets("Tabelle1").Names("Testbereich").Value).Value="Test"

Dieser Befehl erzeugt folgende Ausgabe:

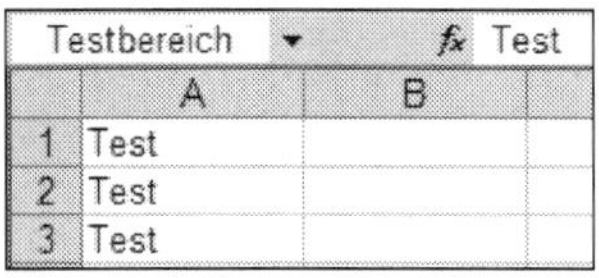

Testbereich		f_x Test
	A	B
1	Test	
2	Test	
3	Test	

Abbildung 10 Zuweisen von Namensbereichen unter VBA

3.16 Allgemeine Restriktionen in Excel

In Excel 2003 ist die maximale Anzahl der Zeilen auf 2^{16}=65536 und die maximale Anzahl der Spalten auf 2^{8}=256 begrenzt.[54] Aus diesem Grunde ist es wichtig, bereits in der Entwurfsphase eines Programms mit dynamisch expandierender Zeilen- oder Spaltenanzahl innerhalb dieser Grenzen zu planen.

---

[53] Vgl. Martin (2000), S. 238
[54] Vgl. Held (2005b), S. 28

Kapitel 3 - Grundlagen von Excel und VBA

3.17 Allgemeiner Programmaufbau

Ein möglichst zügiger Programmablauf von VBA-Programmen ist anzustreben. Um dies zu erreichen, ist eine hohe Anzahl von Schleifen zu vermeiden. Um z. B. einen Zellbereich mit Farbe zu füllen, ist es ratsam, keine Schleifen zu bilden, bei denen jede Zelle einzeln gefärbt wird. Effizienter ist es, mit dem `Range`-Befehl in einem Schritt den kompletten Bereich zu färben. Dieses verkürzt die Zeit, die das Programm zum Ablaufen benötigt. Weiterhin wird sowohl die automatische Aktualisierung der Anzeige als auch die Neuberechnung der Funktionen im Tabellenblatt für die Zeit des Programmablaufs ausgeschaltet, um diesen zu beschleunigen. Am Ende des Programms werden beide Funktionen wieder eingeschaltet.[55]

3.18 Verweise unter VBA

Verweise ermöglichen das Verwenden von Objekten einer anderen Anwendung. Sie werden im Programmcode verfügbar gemacht, indem ein solcher Verweis auf die Objektbibliothek der betreffenden Anwendung eintragen wird. Die Einstellungen finden sich im VBA Editor-Fenster im Menü „Extras→Verweise…".[56] Zum reibungslosen Ablauf des Programms ist eine Auswahl von folgenden Verweisen erforderlich:

- Visual Basic for Applications
- Microsoft Excel 11.0 Object Library
- OLE Automation
- Microsoft Office 11.0 Object Library
- Microsoft Forms 2.0 Object Library

---

[55] Vgl. Kapitel 7.5.2
[56] Vgl. Breden und Schwimmer (2007), S. 889ff.

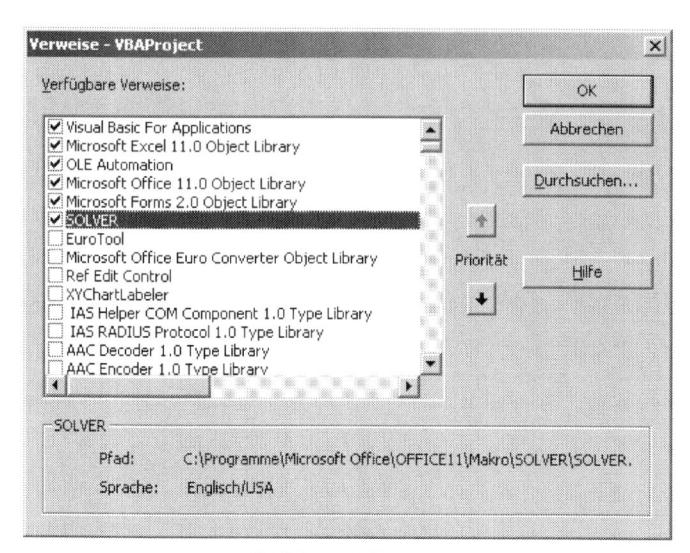

Abbildung 11 Verweise

Um aus VBA heraus den Zugriff auf die Objekte des Solvers zu gestatten, muss zusätzlich der Verweis auf *SOLVER* aktiviert werden. Befindet sich dieser Verweis nicht in der Liste, so kann er mit dem Button „Durchsuchen" im Installationsverzeichnis des Solvers ausgewählt werden. Voraussetzung ist dabei die Installation des Solvers im Excel-Setup.

Hinweis: Insbesondere bei Excel-Versionen, die in verschiedenen Ländern vertrieben werden, unterscheiden sich die voreingestellten Verweise.

3.19 Excel-Datei defragmentieren

Bei der Programmierung eines VBA-Tools mit Excel kann es leicht vorkommen, dass die entsprechende Excel-Datei durch Weiterentwicklung und Tests sehr oft geändert und gespeichert wird. Die Dateigröße wird dadurch künstlich aufgebläht.

Deshalb ist es empfehlenswert, nach der Fertigstellung des Programms als letzten Schritt eine neue Excel-Datei anzulegen und sämtlichen Inhalt in diese neue Excel-Datei zu kopieren. Diese ist nun defragmentiert und hat die kleinstmögliche Größe.

3.20 Debugging-Techniken

Da VBA-Programme während ihrer Ausführung kompiliert werden, besteht die Möglichkeit, während des Programmablaufs ein Debug durchzuführen. Hierfür bestehen verschiedene Möglichkeiten, z. B.:

- Setzen von Stoppmarken
- Springen zwischen Stoppmarken mit F5
- Schrittweise Ausführung mit F8
- Abfrage von Variablen mit dem Befehl `debug.Print` im Direktfenster

3.20.1 Verwenden des VBA Debuggers

Setzen von Stoppmarken

Diese werden durch Klick in das graue Feld links neben dem Programmcode gesetzt. Der aktuelle Programmschritt wird dadurch mit einem dunkelroten Punkt ① markiert. Die Ausführung des Programms wird nun an diesem Punkt gestoppt.

Springen zwischen Stoppmarken

Wird mehr als eine Stoppmarke gesetzt, so besteht die Möglichkeit, mit der Taste F5 direkt zur nächsten Stoppmarke zu springen. Durch Drücken dieser Taste bei der letzten Stoppmarke wird das Programm bis zum Ende ausgeführt.

Schrittweise Ausführung

Mit der Taste F8 springt die Codeausführung zum Programmschritt in der nächsten Zeile. Es erscheint ein gelber Pfeil ② in dem grauen Feld links neben dem Programmcode, der die aktuelle Position im Programmcode anzeigt.[57]

---

[57] Vgl. Walkenbach (2008), S. 218

Die folgende Abbildung zeigt den Debugger bei einem Beispielcode in Aktion:

```
'X-Zähler
    column_count = 6
    If iterations_nr = 0 Then
①       With lo.Range(lo.Cells(anfangszeile,iterationen
            .NumberFormat = "0.000"
②           .FormulaArray = "=TRANSPOSE(C" & anfangszei
        End With
        column_count = column_count + anz_standorte
①   Else
```

Abbildung 12 Debug während der Programmausführung

3.20.2 Abfrage von Variablen mit dem Befehl debug.print

Im Direktbereich-Fenster (Aufruf über Menü „Ansicht→Direktfenster" oder Strg+G) besteht die Möglichkeit, während des Debuggens VBA-Befehle einzugeben. Variablen werden dabei mit dem Befehl debug.Print abgefragt.[58] Beispiel:

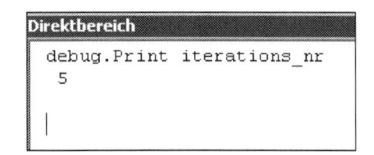

```
Direktbereich
debug.Print iterations_nr
 5
|
```

Abbildung 13 VBA-Direktbereich

---

[58] Vgl. Walkenbach (2008), S. 217

3.21 Schützen von VBA-Code

Beim Rollout von VBA-Tools muss u.U. für Benutzer die Anzeige des VBA-Codes verwehrt werden. Dazu wird im Visual Basic-Editor das Menü „Extras→Eigenschaften von [VBA-Projekt][59]" gewählt. Unter der Registerkarte „Schutz" kann nun das Kontrollkästchen „Projekt für die Anzeige sperren" gewählt und ein Passwort vergeben werden.[60]

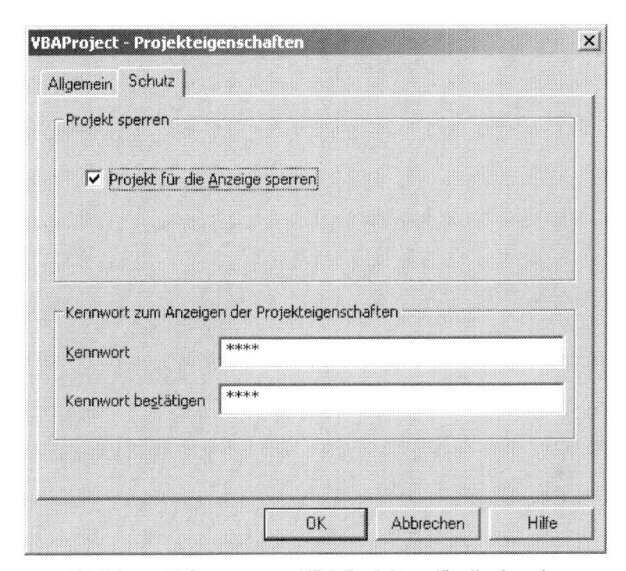

Abbildung 14 Sperren von VBA-Projekten für die Anzeige

---

[59] Der Name in eckigen Klammern richtet sich nach dem Namen des Projektes.
[60] Vgl. Walkenbach (2008), S. 371

4 Hilfsmittel für die Programmierung und Dokumentation

VBA unter Excel beinhaltet standardmäßig zahlreiche Hilfsmittel und Tools zur Vereinfachung des Programmierens. Im Rahmen dieses Buches wird zusätzlich mit Add-ins und Zusatzsoftware gearbeitet. Hierdurch wird der Programmieralltag für die erforderlichen Zwecke erheblich erleichtert.

4.1 Das Add-in MZ-Tools[61]

Nach erfolgreicher Installation dieses Add-ins befindet sich im VisualBasic-Editor eine weitere Symbolleiste:

Abbildung 15 Symbolleiste des Add-in MZ-Tools

Sämtliche Funktionen des Add-ins zu erklären, würde über den Rahmen dieses Buches hinausgehen. Daher werden im Folgenden diejenigen Erweiterungen vorgestellt, die in diesem Buch eingesetzt wurden:

- **Modulkopf hinzufügen**

  Es werden oberhalb des Programmcodes im Modul allgemeine Informationen hinzugefügt: Modulname, Autor, Datum und Zweck.

  Besonders hilfreich ist hierbei das Datum. Bei mehreren Versionen des gleichen Projektes kann für jedes Modul der Stand des vorliegenden Programmcodes nachvollzogen werden.

  Dieser Button erzeugt folgende beispielhafte Ausgabe:

  ```
  '---------------------------------------------------------------
  ' Module    : Tabelle1
  ' Author    : Christoph Wille
  ' Date      : 03.04.2009
  ' Purpose   : Programmcode für Tabelle1 (Dateneingabe)
  '---------------------------------------------------------------
  '
  ```

---

[61] Downloadadresse: Siehe Anhang D Anhang zu den verwendeten Software-Tools

- **Prozedurkopf hinzufügen**

  Hierbei werden oberhalb des Programmcodes der aktuellen Prozedur allgemeine Informationen hinzugefügt: Prozedurname, Autor, Datum und Zweck.

  ```
  ' Procedure : Worksheet_Change
  ' Author    : Christoph Wille
  ' Date      : 03.04.2009
  ' Purpose   : Automatische Formatierung im Tabellenblatt"Dateneingabe"
  '
  ```

- **Zeilennummern hinzufügen und Zeilennummern entfernen**

  Für Zwecke der Übersichtlichkeit oder Dokumentation werden Zeilennummern in Zehnerschritten links neben dem Code eingefügt, wobei Variablendeklarationen und Kommentare bei der Nummerierung ignoriert werden.

  Beispiel:

  ```
  Sub Prozedur1()
          'Variablendeklaration
          Dim Variable1 As Integer

          'Berechnung
  10      Variable1 = Variable1 + 1
  20      MsgBox (Variable1)

  End Sub
  ```

  Anmerkung: Wird der Programmcode durch weitere Zeilen erweitert, so ist es sinnvoll, die Zeilennummern vorher wieder zu entfernen, da das Add-in neue Zeilen nicht automatisch nummeriert.

- **Zeilen trennen und Zeilen hinzufügen**

  Für bessere Übersichtlichkeit können lange Zeilen auf mehrere Zeilen aufgeteilt werden. Dem VisualBasic-Compiler wird dabei mit dem Verbindungszeichen „_" mitgeteilt, dass mehrere Zeilen als eine Codezeile betrachtet werden sollen.[62] Das Add-in MZ-Tools erledigt diesen Vorgang automatisch für alle Zeilen, die eine bestimmte Zeichenanzahl überschreiten. Dieser Wert kann in den Optionen beliebig angepasst werden.

  Beispiel:

---

[62] Vgl. Kapitel 3.12

Kapitel 4 - Hilfsmittel für die Programmierung und Dokumentation

```
Sub Prozedur1()
            'Variablendeklaration
            Dim Variable1 As Integer, Variable2 As Long, Variable3 As _
String, Variable4 As Boolean, Variable5 As Boolean

            'Berechnung
10          Variable1 = Variable1 + 1
20          MsgBox (Variable1)

End Sub
```

- **Identifikation von nicht verwendeten Variablen**
Eine weitere nützliche Funktion des Add-ins MZ-Tools befindet sich unter dem Menüpunkt „Andere Hilfsmittel" in der Symbolleiste.

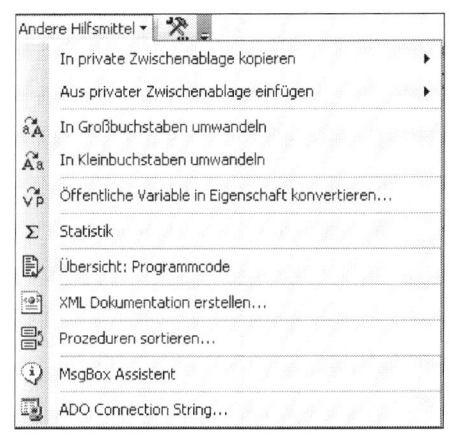

Abbildung 16 Symbolleiste Andere Hilfsmittel der MZ-Tools

Mithilfe der Funktion „Übersicht Programmcode" lassen sich u.a. Variablen identifizieren, die zwar im Programmcode deklariert, jedoch nicht verwendet werden. Beispielhafte Abbildung:

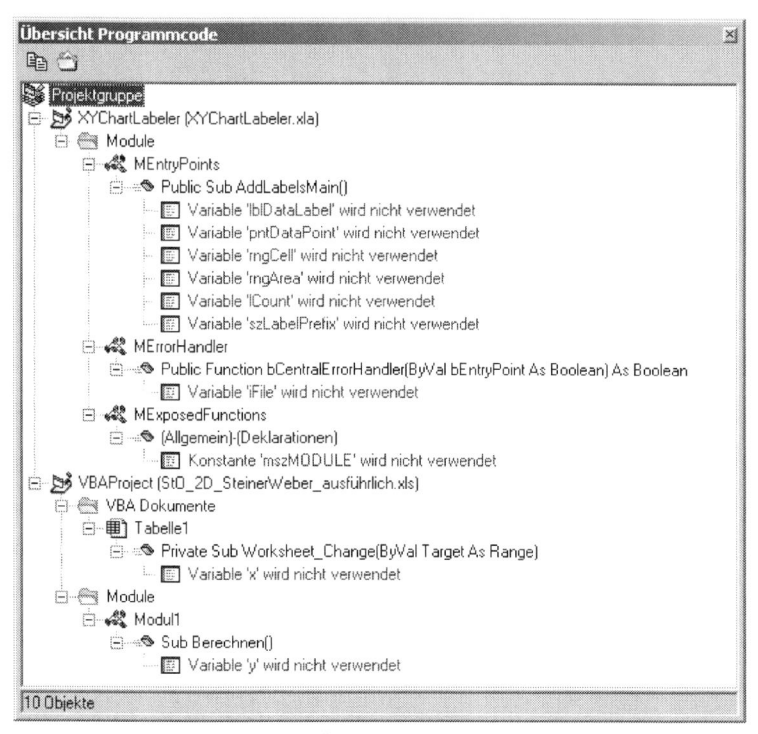

Abbildung 17 Fenster Übersicht Programmcode MZ-Tools

4.2 Der Syntax-Highlighter

Der „Syntax-Highlighter" ist ein nützliches Tool für die Dokumentation von Programmen. Beim direkten Kopieren des Programmcodes aus dem VBA-Editor in die Zwischenablage - um ihn danach bspw. in Word wieder einzufügen - geht die farbliche Hervorhebung (blau und grün) verloren. Mit diesem Tool lässt sich diese wiederherstellen, um den Programmcode auch in der Dokumentation farblich hervorzuheben.[63]

---

[63] Downloadadresse: Siehe   Anhang   D
D Anhang zur verwendeten Software

Kapitel 4 - Hilfsmittel für die Programmierung und Dokumentation 33

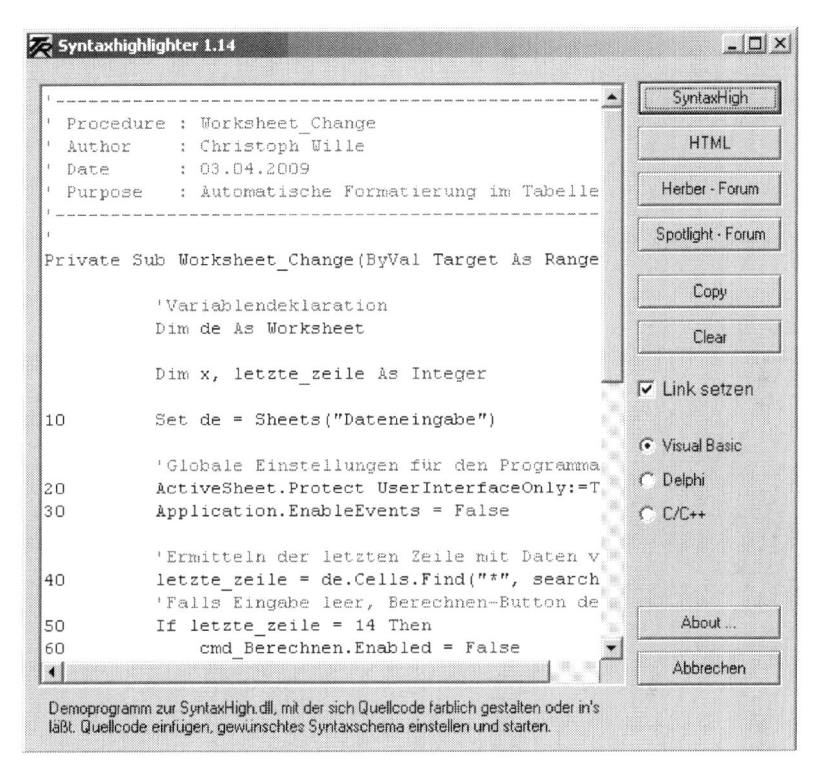

Abbildung 18 Programmfenster SyntaxHighlighter

4.3 Der hus Struktogrammer

Der Programmcode der in diesem Buch erstellten Programme wird mithilfe von Struktogrammen visualisiert. Diese sind auch unter dem Begriff *Nassi-Shneiderman-Diagramm* nach DIN 66261[64] bekannt.

Sie lassen sich mit wenig Aufwand mithilfe des Programms *hus Struktogrammer* erstellen.[65]

---

[64] Vgl. Bartnick (2003)
[65] Downloadadresse: Siehe Anhang

D Anhang zur verwendeten Software

Beispielhafte Abbildung:

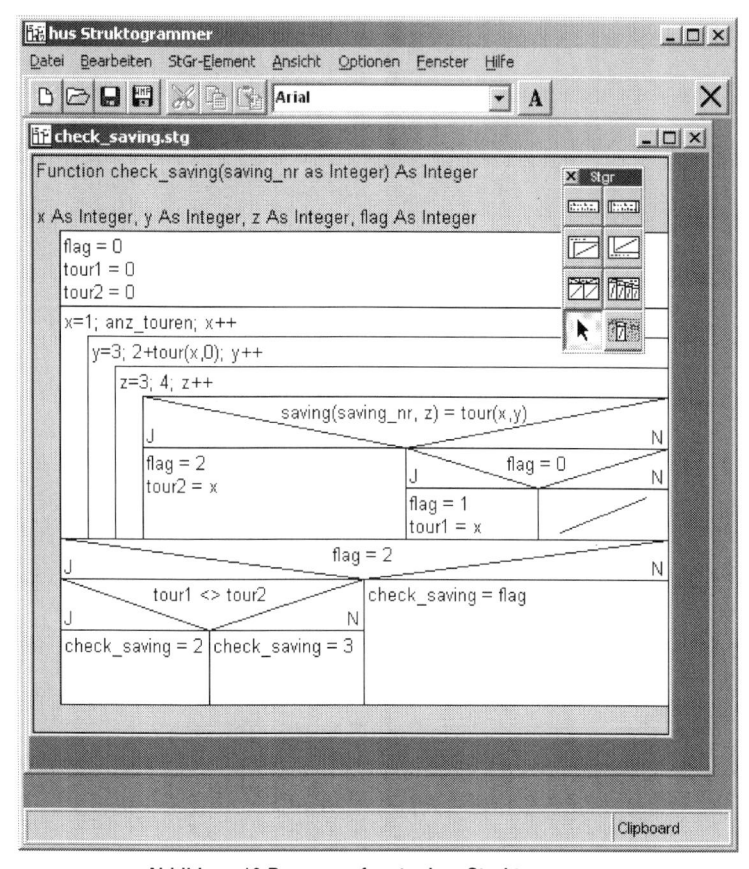

```
hus Struktogrammer                                    _ □ x
Datei  Bearbeiten  StGr-Element  Ansicht  Optionen  Fenster  Hilfe
  ▯  ▱  ▤  ▦  ✂  ▤  ▤   Arial              ▼  A              X

  check_saving.stg                                    _ □ x
  Function check_saving(saving_nr as Integer) As Integer    x  StGr
  x As Integer, y As Integer, z As Integer, flag As Integer
  ┌─────────────────────────────────────────────────┐
  │ flag = 0                                        │
  │ tour1 = 0                                       │
  │ tour2 = 0                                       │
  ├─────────────────────────────────────────────────┤
  │ x=1; anz_touren; x++                            │
  │ ┌─────────────────────────────────────────────┐ │
  │ │ y=3; 2+tour(x,0); y++                       │ │
  │ │ ┌─────────────────────────────────────────┐ │ │
  │ │ │ z=3; 4; z++                             │ │ │
  │ │ │        saving(saving_nr, z) = tour(x,y) │ │ │
  │ │ │      J /                          \ N   │ │ │
  │ │ │ ┌────────────┐  ┌──────────┬──────────┐ │ │ │
  │ │ │ │ flag = 2   │  │ flag = 0 │          │ │ │ │
  │ │ │ │ tour2 = x  │  │ J       N│          │ │ │ │
  │ │ │ │            │  │ flag = 1 │   /      │ │ │ │
  │ │ │ │            │  │ tour1 = x│          │ │ │ │
  │ │ └─┴────────────┴──┴──────────┴──────────┘ │ │ │
  │ │                 flag = 2                    │ │
  │ │            J /              \ N             │ │
  │ │ ┌────────────────────┐  ┌─────────────────┐ │ │
  │ │ │  tour1 <> tour2    │  │ check_saving=flag│ │ │
  │ │ │ J /         \ N    │  │                 │ │ │
  │ │ │check_saving=2│check_saving=3│            │ │ │
  │ │ └──────────────┴──────────────┴───────────┘ │ │

                                         Clipboard
```

Abbildung 19 Programmfenster hus Struktogrammer

Kapitel 4 - Hilfsmittel für die Programmierung und Dokumentation

Ein Struktogramm ist dabei von oben nach unten zu lesen[66] und beinhaltet folgende Elemente:[67]

Tabelle 2 Elemente eines Struktogramms

Anweisung(en)	**Anweisung** Anweisungen stehen einzeln in einem rechteckigen Block.
Bedingung(en) J / N Anweisung(en) | Anweisung(en)	**Bedingung** Verzweigungen in einem Struktogramm sind in der Regel an eine Bedingung geknüpft. Ist die Bedingung erfüllt, werden die Anweisungen unter „J", andernfalls die Anweisungen unter „N" ausgeführt.
Schleifenbedingung(en) Anweisung(en)	**Kopfgesteuerte Schleife** Der Anweisungsblock wird erst ausgeführt, wenn die Bedingung erfüllt ist und dann solange wie die Bedingung erfüllt bleibt. Bsp. 1: `x=1; x=5; x++` Die Variable `x` startet mit dem Wert 1, wird solange im Anweisungsblock wiederholt, bis der Wert 5 erreicht ist und bei jeder Wiederholung um 1 erhöht. Bsp. 2: `x < wert` Der Anweisungsblock wird erst und solange ausgeführt, bis `x` kleiner `wert` ist.
Anweisung(en) Schleifenbedingung(en)	**Fußgesteuerte Schleife** Der Anweisungsblock wird einmalig ausgeführt. Danach wird die Bedingung geprüft und anschließend wird der Anweisungsblock so lange ausgeführt, wie die Bedingung erfüllt ist.
Prozedurname	**Aufruf einer Funktion oder Prozedur** Die Prozedur `Prozedurname` wird aufgerufen.

---

[66] Vgl. auch Koster (1986)
[67] In Anlehnung an Nahrstedt (2008), S. 27

4.4 Der XY Chart Labeler

Insbesondere im Zusammenhang mit der Visualisierung von Tourenplanungsaufgaben ist es wünschenswert, die Position von Knoten in einem Koordinatensystem darstellen zu können. Dies ist in Excel zwar grundsätzlich möglich, jedoch bestehen für die Beschriftung der Knoten lediglich die Optionen „Datenreihenname", „X Wert" und „Y Wert". Somit werden die Knoten mit ihren Koordinaten beschriftet:

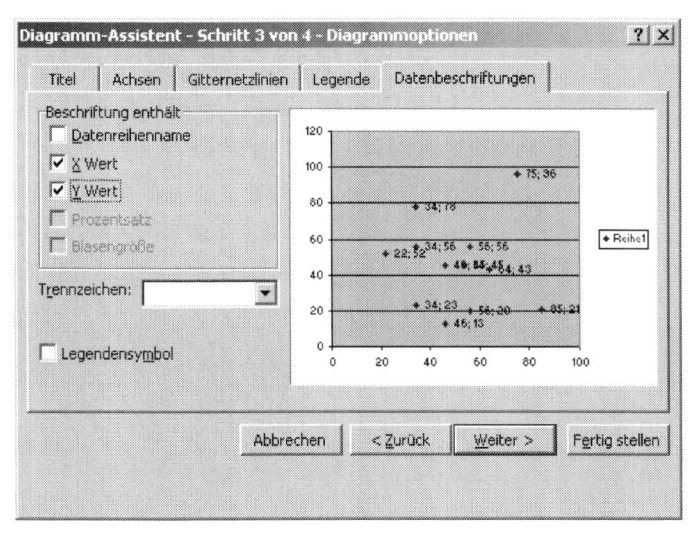

Abbildung 20 Optionen für Datenbeschriftungen in Excel

Damit ist es nur manuell und mit erhöhtem Aufwand möglich, die Punkte mit einem gewünschten Namen zu versehen.

In diesem Fall hilft das Freeware-Tool *XY Chart Labeler*[68] weiter. Das Programm ermöglicht es, Punkte automatisch zu beschriften.

Nach der Installation taucht in Excel ein zusätzlicher Menüpunkt auf:

„Extras→XY Chart Labels".

---

[68] Downloadadresse: Siehe D Anhang zu den verwendeten Software-Tools

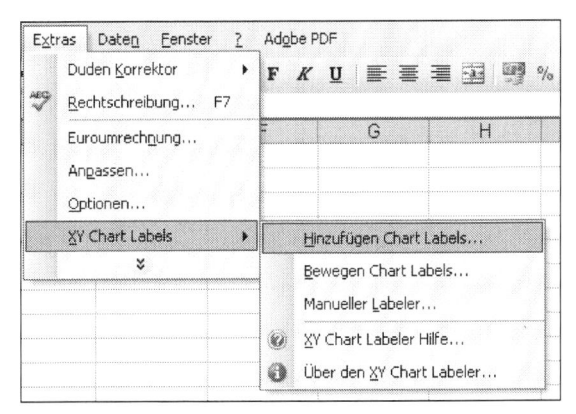

Kapitel 4 - Hilfsmittel für die Programmierung und Dokumentation 37

Abbildung 21 Aufruf des XY Chart Labelers

Nach einem Klick auf „Hinzufügen Chart Labels..." wird das zu ändernde Diagramm ausgewählt. Nun wird der Zellbereich mit den Labels für die Beschriftung selektiert:

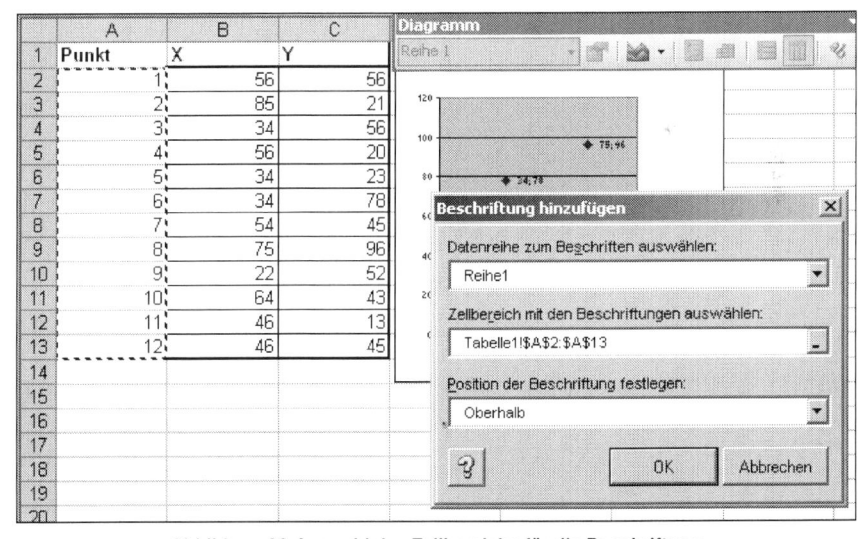

Abbildung 22 Auswahl des Zellbereichs für die Beschriftung

Nach einem Klick auf den Button „OK" sind die Punkte korrekt beschriftet:

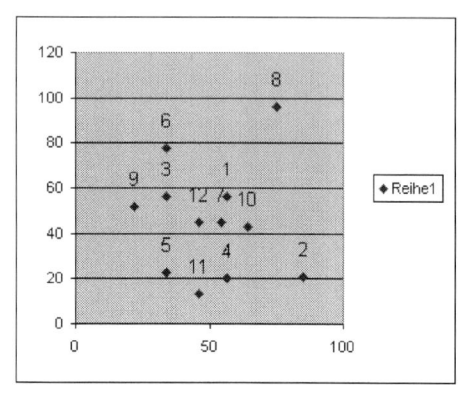

Abbildung 23 Diagramm mit korrekten Beschriftungen

5 Der klassische kontinuierliche Steiner-Weber-Ansatz

5.1 Ökonomische Problembeschreibung

Der klassische kontinuierliche Steiner-Weber-Ansatz ist auch als das 1-Median-Problem in der Ebene bekannt.
Auf einer Ebene (z. B. Landkarte) befinden sich n Standorte (z. B. Absatz-, Beschaffungs- oder andere Standorte), die durch ihre X-Y-Koordinaten bekannt sind. Für die Standorte sind die Liefermengen b_i zu befördern. Der Transportkostensatz c gilt für den Transport einer Einheit der zu befördernden Ware. Er ist für alle Orte gleich, und unabhängig von der Entfernung konstant. Die Realität wird hierbei vereinfacht modelliert, denn die Entfernungen zwischen den Orten werden geradlinig als Luftlinie dargestellt, die sich als euklidische Entfernungen messen lassen.

Gesucht werden die X-Y-Koordinaten einer zu errichtenden Produktions- oder Lagerstätte, bei denen die Transportkosten zu und von den Lieferorten minimal sind.[69]

5.2 Mathematische Formulierung

Innerhalb eines X-Y-Koordinatensystems seien n Standorte durch ihre Koordinaten (x_i , y_i) i = 1 , … , n gegeben.

Ferner seien:
c : Transportkostensatz [€ / kg / km]
b_i : Liefermenge [kg] für Standort i

Gesucht sind Koordinaten (x , y) mit:

$$c \bullet \sum_{i=1}^{n} b_i \bullet \sqrt{(x-x_i)^2 + (y-y_i)^2} \rightarrow \min!\text{[70]}$$

---

[69] Vgl. Winkels (2009), S. 244
[70] Vgl. Winkels (2009) , S. 245f.

5.3 Mathematisches Modell

Indizes:

i = 1, ..., n Vorgegebene Standorte

Gegebene Daten:

(x_i , y_i) Koordinaten des Standortes i = 1 , ... , n
c Transportkostensatz [€ / kg / km]
b_i Liefermenge [kg] für Standort i

Entscheidungsvariable:

(x , y) Koordinaten des gesuchten zentralen Standortes

Zielfunktion:

$$c \bullet \sum_{i=1}^{n} b_i \bullet \sqrt{(x - x_i)^2 + (y - y_i)^2} \to \min!$$

Minimiere die gesamten Transportkosten!

Restriktionen

- Beim Steiner-Weber-Modell werden die Transportkosten als einzige Standortfaktoren berücksichtigt. Qualitative Faktoren wie Arbeitskräftepotenzial, Verkehrsanbindung oder Infrastruktur werden nicht berücksichtigt.
- Die Transportmengen sind unabhängig vom Standort.
- Es gibt keine Kostenunterschiede für die verschiedenen Orte.[71]

5.4 Iterativer Lösungsansatz

Bei dem verwendeten Verfahren handelt es sich um ein nichtlineares Optimierungsmodell. Es wird nicht die optimale Lösung gefunden, sondern ein Näherungswert, der jedoch als hinreichend genau betrachtet wird. Je mehr Iterationen berechnet werden, desto weiter nähert sich das Ergebnis dem Optimum an.

---

[71] Vgl. Winkels (2009), S. 246

Kapitel 5 - Der klassische kontinuierliche Steiner-Weber-Ansatz

0-te Iteration

$$x_s = \frac{\sum_{i=1}^{n} b_i x_i}{\sum_{i=1}^{n} b_i}; \qquad y_s = \frac{\sum_{i=1}^{n} b_i y_i}{\sum_{i=1}^{n} b_i};$$

k-te Iteration, k>0

$$x^{(k)} = \frac{\sum_{i=1}^{n} \frac{b_i x_i}{\sqrt{(x^{(k-1)} - x_i)^2 + (y^{(k-1)} - y_i)^2 + \varepsilon}}}{\sum_{i=1}^{n} \frac{b_i}{\sqrt{(x^{(k-1)} - x_i)^2 + (y^{(k-1)} - y_i)^2 + \varepsilon}}} \qquad y^{(k)} = \frac{\sum_{i=1}^{n} \frac{b_i y_i}{\sqrt{(x^{(k-1)} - x_i)^2 + (y^{(k-1)} - y_i)^2 + \varepsilon}}}{\sum_{i=1}^{n} \frac{b_i}{\sqrt{(x^{(k-1)} - x_i)^2 + (y^{(k-1)} - y_i)^2 + \varepsilon}}}$$

Dabei ist ε ein klein gewählter Parameter (z. B. ε = 0,001), der eine Division durch Null verhindern soll.[72]

5.5 Übertragen des mathematischen Modells auf Excel

Die Funktionsweise der Formeln wird im Folgenden anhand eines Beispiels mit sechs Standorten s[1;6] und 14 Iterationen n[1;14] dargestellt.

5.5.1 Eingabe der Daten

Folgende Beispieldaten sollen verwendet werden:

Tabelle 3 SteinerWeber: Eingabe der Quelldaten

Koordinaten	X	Y	Liefermenge
Hamburg	2	2	10
Hannover	2	3	20
Berlin	4	3	15
Freiburg	1	5	5
Nürnberg	3	5	10
Frankfurt/Main	2	4	20

---

[72] Vgl. Winkels (2009), S. 246f.

Diese Daten werden gem. Abbildung 24 in ein Excel-Tabellenblatt übertragen (eine Zelle für ε wird ebenfalls hinzugefügt). Die Zeilen 1 bis 11 sind für Überschriften reserviert und wurden hier ausgeblendet.

	A	B	C	D	E	F
12		EPS	0,001			
13						
14		Koordinaten	X	Y	Liefermenge	Zielwert
15		Hamburg	2	2	10	1,563
16		Hannover	2	3	20	,664
17		Berlin	4	3	15	1,641
18		Freiburg	1	5	5	2,078
19		Nürnberg	3	5	10	1,602
20		Frankfurt/Main	2	4	20	,664
21		Schwerpunkt	2,4375	3,5		93,2166118

Abbildung 24 SteinerWeber: Eingabe der Quelldaten

5.5.2 Definition der Namensbereiche

Die Lösungstabelle wird unterhalb der Quelldaten im Excel-Tabellenblatt erstellt. Sie soll nach den Berechnungen wie in der nachfolgenden Abbildung aussehen.

	A	B	C	D	E
27		Schritt k	x(k)	y(k)	Zielwert
28		0	2,438	3,500	93,217
29		1	2,262	3,486	91,439
30		2	2,213	3,477	91,286
31		3	2,201	3,470	91,274
32		4	2,199	3,464	91,270
33		5	2,198	3,459	91,268
34		6	2,198	3,455	91,267
35		7	2,197	3,452	91,266
36		8	2,197	3,450	91,265
37		9	2,197	3,448	91,265
38		10	2,197	3,447	91,265
39		11	2,197	3,445	91,265
40		12	2,197	3,444	91,265
41		13	2,197	3,444	91,264
42		14	2,197	3,443	91,264

Abbildung 25 SteinerWeber: Lösungstabelle Iterationen

Damit die Formeln, insbesondere die relativen Zellbezüge, nicht zu lang werden und Übersichtlichkeit gewahrt wird, werden die Zellbereiche mit Namen versehen.
Die Namen werden dabei für die Beispielaufgabe wie folgt vergeben:

Tabelle 4 SteinerWeber: Zuordnung Namen - Zellbereich

Name	Zellbereich*
e	=Lösung!$C$12
Bereich_x	=Lösung!$C$15:$C$20
Bereich_y	=Lösung!$D$15:$D$20
Bereich_Liefermenge	=Lösung!$E$15:$E$20
Schwerpunkt_x	=Lösung!$C$21
Schwerpunkt_y	=Lösung!$D$21
Schwerpunkt_Zielwert	=Lösung!$F$21
Bereich_Zielwert	=Lösung!$F$15:$F$20
Bereich_Schritte_Iterationen	=Lösung!$B$29:$B$42
Bereich_x_k	=Lösung!$C$29:$C$42
Bereich_y_k	=Lösung!$D$29:$D$42
Bereich_Zielwert_Iterationen	=Lösung!$E$28:$E$42

* Der Name des Tabellenblattes lautet „Lösung".

Die Definition der Namen wird in der folgenden Abbildung grafisch dargestellt. Die fett gedruckten Umrandungen gelten als Grenze für die Namensbereiche.

	A	B	C	D	E	F
12		EPS	e 0,001			
13						
14		Koordinaten	X	Y	Liefermenge	Zielwert
15		Hamburg	2	2	10	1,563
16		Hannover	2	3	20	,664
17		Berlin	4	3	15	1,641
18		Freiburg	1	5	5	2,078
19		Nürnberg	3	5	10	1,602
20		Frankfurt/Main	2	4	20	,664
21		Schwerpunkt	2,4375	3,5		93,21661179
22						
23			Schwerpunkt_x	Schwerpunkt_y	Schwerpunkt_ Zielwert	
24						
25						
26						
27		Schritt k	x(k)	y(k)	Zielwert	
28			0	2,438	3,500	93,217
29			1	2,262	3,486	91,439
30			2	2,213	3,477	91,286
31			3	2,201	3,470	91,274
32			4	2,199	3,464	91,270
33			5	2,198	3,459	91,268
34			6	2,198	3,455	91,267
35			7	2,197	3,452	91,266
36			8	2,197	3,450	91,265
37			9	2,197	3,448	91,265
38			10	2,197	3,447	91,265
39			11	2,197	3,445	91,265
40			12	2,197	3,444	91,265
41			13	2,197	3,444	91,264
42			14	2,197	3,443	91,264
43						

Abbildung 26 SteinerWeber: Bereichszuordnungen

5.5.3 Eingabe der Formeln

Im Tabellenblatt befinden sich zwei Tabellen, denen jeweils Formeln zugewiesen werden.

5.5.3.1 Obere Tabelle

Tabelle 5 SteinerWeber: Formeln obere Tabelle

Name	1. Zelle	Formel
Zielwert*	$F$15	=WURZEL((C15-$C$21)^2+(D15-$D$21)^2)
Schwerpunkt_x	$C$21	=SUMMENPRODUKT(Bereich_x*Bereich_Liefermenge) /SUMME(Bereich_Liefermenge)
Schwerpunkt_y	$D$21	=SUMMENPRODUKT(Bereich_y*Bereich_Liefermenge) /SUMME(Bereich_Liefermenge)
Schwerpunkt_ Zielwert	$F$21	=SUMMENPRODUKT(Bereich_Liefermenge *Bereich_Zielwert)

5.5.3.2 Untere Tabelle

Wie im iterativen Lösungsansatz zu sehen ist, sind die Formeln für den ersten Schritt (Ausnahme: Zielwert) andere als für die restlichen Iterationen.

Tabelle 6 SteinerWeber: Formeln untere Tabelle

Name	1. Zelle	Formel
	$B$28	=0
	$C$28	=SUMMENPRODUKT(Bereich_x*Bereich_Liefermenge) /SUMME(Bereich_Liefermenge)
	$D$28	=SUMMENPRODUKT(Bereich_y*Bereich_Liefermenge) /SUMME(Bereich_Liefermenge)
Bereich_ Zielwert_ Iterationen*	$E$28	=SUMMENPRODUKT(Bereich_Liefermenge *WURZEL((C28-Bereich_x)^2+(D28-Bereich_y)^2))
Bereich_ Schritte_ Iterationen*	$B$29	=B28+1

Bereich_x_k*	$C$29	=SUMMENPRODUKT(Bereich_x*Bereich_Liefermenge /WURZEL((C28-Bereich_x)^2+(D28-Bereich_y)^2+e)) /SUMMENPRODUKT((Bereich_Liefermenge) /WURZEL((C28-Bereich_x)^2+(D28-Bereich_y)^2+e))
Bereich_y_k*	$C$29	=SUMMENPRODUKT(Bereich_y*Bereich_Liefermenge /WURZEL((C28-Bereich_x)^2+(D28-Bereich_y)^2+e)) /SUMMENPRODUKT((Bereich_Liefermenge) /WURZEL((C28-Bereich_x)^2+(D28-Bereich_y)^2+e))

Anmerkungen:

* Diese Formel kann für den gesamten Zellenbereich des Namens herunterkopiert werden.
Bei den fett gedruckten Zellenangaben sind die Zeilenbezüge nicht mehr fixiert, daher können die Formeln bis zur 14. Iteration kopiert werden.

5.5.4 Die Funktionsweise der Funktion SUMMENPRODUKT

Die Excel-Funktion SUMMENPRODUKT trägt dazu bei, dass die in der Datei SteinerWeber_ausführlich aufführlich dargestellten Berechnungen in der Datei SteinerWeber_minimal erheblich verkürzt dargestellt werden können.[73]

Die Funktionsweise der Excel-Funktion SUMMENPRODUKT ist folgendermaßen zu verstehen:

Bei zwei Bereichen (zwei Matrizen) multipliziert die Funktion die Matrizen positionsbezogen und summiert die Ergebnisse dieser Produkte.

Beispiel:

SUMMENPRODUKT(Bereich_X * Bereich_Liefermenge)

Hierbei wird folgende Rechnung ausgeführt:

2*10+2*20+4*15+1*5+3*10+2*20

Ist jedoch lediglich ein einziger Bereich als Argument angegeben, so werden alle Elemente der Matrix summiert:

SUMMENPRODUKT(Bereich_X)

---

[73] Vgl. hierzu auch Kapitel 3.16

Kapitel 5 - Der klassische kontinuierliche Steiner-Weber-Ansatz

Dabei wird folgende Rechnung ausgeführt:

```
2+2+4+1+3+2
```

Ist nur eine Zelle als Argument angegeben, so wird nur der Wert der Zelle ausgegeben:

```
SUMMENPRODUKT(e)
```

Dabei wird folgende Rechnung ausgeführt:

```
0,001
```

Die Zelle

$C$29=SUMMENPRODUKT(**Bereich_X*****Bereich_Liefermenge**)

/WURZEL(($C28-**Bereich_X**)^2+($D28-**Bereich_Y**)^2+$C$12))

/SUMMENPRODUKT((**Bereich_Liefermenge**)

/WURZEL(($C28-**Bereich_X**)^2+($D28-**Bereich_Y**)^2+$C$12))

ist somit eine kürzere Schreibweise für folgende ausführliche Rechnung:

$C$29=((**$C$15*$E$15**)/WURZEL(($C28-**$C$15**)^2+($D28-**$D$15**)^2+$C$12)
+(**$C$16*$E$16**)/WURZEL(($C28-**$C$16**)^2+($D28-**$D$16**)^2+$C$12)
+(**$C$17*$E$17**)/WURZEL(($C28-**$C$17**)^2+($D28-**$D$17**)^2+$C$12)
+(**$C$18*$E$18**)/WURZEL(($C28-**$C$18**)^2+($D28-**$D$18**)^2+$C$12)
+(**$C$19*$E$19**)/WURZEL(($C28-**$C$19**)^2+($D28-**$D$19**)^2+$C$12)
+(**$C$20*$E$20**)/WURZEL(($C28-**$C$20**)^2+($D28-**$D$20**)^2+$C$12))
/(**$E$15**/WURZEL(($C28-**$C$15**)^2+($D28-**$D$15**)^2+$C$12)
+**$E$16**/WURZEL(($C28-**$C$16**)^2+($D28-**$D$16**)^2+$C$12)
+**$E$17**/WURZEL(($C28-**$C$17**)^2+($D28-**$D$17**)^2+$C$12)
+**$E$18**/WURZEL(($C28-**$C$18**)^2+($D28-**$D$18**)^2+$C$12)
+**$E$19**/WURZEL(($C28-**$C$19**)^2+($D28-**$D$19**)^2+$C$12)
+**$E$20**/WURZEL(($C28-**$C$20**)^2+($D28-**$D$20**)^2+$C$12))

Dabei werden innerhalb des Summenproduktes nur die Zellbereiche (fett gedruckt) bei der aufgeschlüsselten Darstellung weitergezählt. Die einzelnen Zellen (normal gedruckt) bleiben auch in der aufgeschlüsselten Darstellung bei den Summen unverändert.

Die Verwendung von SUMMENPRODUKT ist für die Auswertung des 1-Median-Problems mithilfe von VBA unabdingbar, da sonst bei einer höheren Zahl von Standorten die bei Excel maximal erlaubte Anzahl von Zeichen in einer Zelle überschritten wird. Eine Alternative ist die Aufteilung der einzelnen Summen auf mehrere Zellen und eine anschließende Summierung dieser Zellen. Diese Methode nimmt jedoch mehr Platz auf dem Tabellenblatt in Anspruch und kann je nach Komplexität des Problems und der Rechnung u.u. dazu führen, dass die maximale Anzahl von Zeilen und/oder Spalten von Excel überschritten wird.[74]

5.6 Übertragen des mathematischen Modells auf VBA

Das mathematische Modell soll nun mithilfe von VBA automatisiert werden, ohne dass die Daten und Formeln manuell in Excel eingegeben werden müssen. Die Anzahl der Standorte mit X-Y-Koordinaten, die Liefermenge sowie die Anzahl der zu berechnenden Iterationen soll flexibel sein und vom Benutzer frei gewählt werden können.

5.6.1 Die Variablen

Der Programmcode soll übersichtlich gestaltet und eventuelle spätere Änderungen an den Bezügen im Tabellenblatt sollen ohne großen Aufwand vorgenommen werden können. Daher werden Variablen für dynamische Bereiche definiert. Diese werden aus den Eingabebereichen berechnet und sind wie folgt definiert:

Tabelle 7 SteinerWeber: Variablendeklaration

Variablenname	Typ	Definition
anz_standorte	Integer	Anzahl der Standorte
anz_iterationen	Integer	Anzahl der Iterationen
anfangszeile_de	Integer	Erste Zeile mit Daten im Tabellenblatt „Dateneingabe"
anfangszeile_lo	Integer	Erste Zeile mit Daten im Tabellenblatt „Lösung"
anfangszeile_iterationen_lo	Integer	Erste Zeile mit Iterationen im Tabellenblatt „Lösung"

5.6.2 Zuordnen der Namen zu den Bereichen

Die Namen, in deren Zellbereiche später die Formeln einzufügen sind, werden den Bereichen in der R1C1-Notation und unter Verwendung der Variablen anfangszeile_lo und anz_standorte wie in der folgenden Tabelle zugeordnet.

---

[74] Zur Veranschaulichung vgl. Datei Zum Download: SteinerWeber_ausführlich.xls (siehe Anhang D)

Kapitel 5 - Der klassische kontinuierliche Steiner-Weber-Ansatz

Tabelle 8 SteinerWeber: Programmcode für Zuordnung Name - Zellbereich

Name	Zuweisen durch Programmcode
e	RefersToR1C1:="=R12C3"
Schwerpunkt_x	RefersToR1C1:="=R" & anfangszeile_lo + anz_standorte & "C3"
Schwerpunkt_y	RefersToR1C1:="=R" & anfangszeile_lo + anz_standorte & "C4"
Schwerpunkt_ Zielwert	RefersToR1C1:="=R" & anfangszeile_lo + anz_standorte & "C6"
Bereich_x	RefersToR1C1:="=R" & anfangszeile_lo & "C3:R" & anfangszeile_lo + anz_standorte - 1 & "C3"
Bereich_y	RefersToR1C1:="=R" & anfangszeile_lo & "C4:R" & anfangszeile_lo + anz_standorte - 1 & "C4"
Bereich_ Liefermenge	RefersToR1C1:="=R" & anfangszeile_lo & "C5:R" & anfangszeile_lo + anz_standorte - 1 & "C5"
Bereich_ Zielwert	RefersToR1C1:="=R" & anfangszeile_lo & "C6:R" & anfangszeile_lo + anz_standorte - 1 & "C6"
Bereich_ Schritte_ Iterationen	RefersToR1C1:="=R" & anfangszeile_iterationen_lo + 1 & "C2:R" & anfangszeile_iterationen_lo + anz_iterationen & "C2"
Bereich_x_k	RefersToR1C1:="=R" & anfangszeile_iterationen_lo + 1 & "C3:R" & anfangszeile_iterationen_lo + anz_iterationen & "C3"
Bereich_y_k	RefersToR1C1:="=R" & anfangszeile_iterationen_lo + 1 & "C4:R" & anfangszeile_iterationen_lo + anz_iterationen & "C4"
Bereich_ Zielwert_ Iterationen	RefersToR1C1:="=R" & anfangszeile_iterationen_lo & "C5:R" & anfangszeile_iterationen_lo + anz_iterationen & "C5"
*Kein Name**	Cells(anfangszeile_iterationen_lo, 2)
*Kein Name**	Cells(anfangszeile_iterationen_lo, 3)
*Kein Name**	Cells(anfangszeile_iterationen_lo, 4)

*Auf Namen für die Zellen der 0. Iteration (Schrittindex, x(k) und y(k)) wird verzichtet.

50   Kapitel 5 - Der klassische kontinuierliche Steiner-Weber-Ansatz

5.6.3 Zuordnen der Formeln zu den Namen

Dank der R1C1-Schreibweise, die relative Zellbezüge erlaubt, können die Zellbereiche mit Namen nun in einem Schritt und mit nur einer Befehlszeile gemäß dem mathematischen Modell mit Formeln versehen werden.

Tabelle 9 SteinerWeber: Zuordnung Namen - Formeln

Name	Formel
Bereich_Zielwert	=WURZEL((RC[-3]-R21C3)^2+(RC[-2]-R21C4)^2)
Schwerpunkt_x	=SUMMENPRODUKT(Bereich_x*Bereich_Liefermenge) /SUMME(Bereich_Liefermenge)
Schwerpunkt_y	=SUMMENPRODUKT(Bereich_y*Bereich_Liefermenge) /SUMME(Bereich_Liefermenge)
Schwerpunkt_ Zielwert	=SUMMENPRODUKT(Bereich_Liefermenge*Bereich_Zielwert)
Schwerpunkt_x	=SUMMENPRODUKT(Bereich_x*Bereich_Liefermenge) /SUMME(Bereich_Liefermenge)
Schwerpunkt_y	=SUMMENPRODUKT(Bereich_y*Bereich_Liefermenge) /SUMME(Bereich_Liefermenge)
Schwerpunkt_ Zielwert	=SUMMENPRODUKT(Bereich_Liefermenge*Bereich_Zielwert)
Bereich_Schritte_ Iterationen	=R[-1]C+1
Bereich_x_k	=SUMMENPRODUKT(Bereich_x*Bereich_Liefermenge /WURZEL((R[-1]C-Bereich_x)^2+(R[-1]C[1]-Bereich_y)^2+e)) /SUMMENPRODUKT((Bereich_Liefermenge) /WURZEL((R[-1]C-Bereich_x)^2+(R[-1]C[1]-Bereich_y)^2+e))
Bereich_y_k	=SUMMENPRODUKT(Bereich_y*Bereich_Liefermenge /WURZEL((R[-1]C-Bereich_x)^2+(R[-1]C[1]-Bereich_y)^2+e)) /SUMMENPRODUKT((Bereich_Liefermenge) /WURZEL((R[-1]C-Bereich_x)^2+(R[-1]C[1]-Bereich_y)^2+e))
Bereich_Zielwert_ Iterationen	=SUMMENPRODUKT(Bereich_Liefermenge *WURZELSQRT((RC[-2]-Bereich_x)^2+(RC[-1]-Bereich_y)^2))

Kapitel 5 - Der klassische kontinuierliche Steiner-Weber-Ansatz

Auf einen Namen für die Zellen der 0. Iteration (Schrittindex, x(k) und y(k)) wurde im vorhergehenden Schritt verzichtet. Diesen Zellen werden folgende Formeln zugewiesen:

Tabelle 10 SteinerWeber: Zuordnung Zellen - Formeln

Zelle	Formel
Schritt (im Beispiel $B$28)	0
x(k) (im Beispiel $C$28)	=SUMMENPRODUKT(Bereich_x*Bereich_Liefermenge /SUMME(Bereich_Liefermenge)
y(k) (im Beispiel $D$28)	=SUMMENPRODUKT(Bereich_y*Bereich_Liefermenge /SUMME(Bereich_Liefermenge)

5.7 Programmierung

Im nächsten Schritt kann die o.g. Theorie nun in die Praxis übertragen und mit der Programmierung begonnen werden.

5.7.1 Starten von VBA in Excel

Der Visual Basic-Editor wird innerhalb von Excel unter dem Menüpunkt „Extras→Makro→Visual Basic-Editor" bzw. mit der Tastenkombination Alt+F11 aufgerufen.

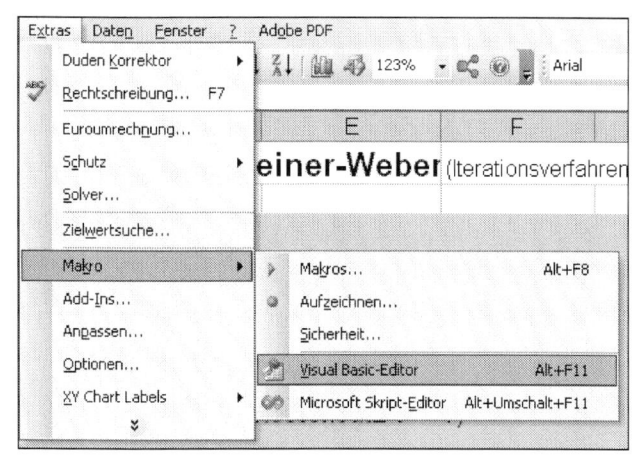

Abbildung 27 Starten des Visual Basic-Editors

Kapitel 5 - Der klassische kontinuierliche Steiner-Weber-Ansatz

Daraufhin öffnet sich die VBA-Entwicklungsumgebung. Das Visual Basic Entwicklungsfenster ist in drei Bereiche aufgeteilt. Oben links befindet sich eine Projektübersicht sämtlicher geöffneter Excel-Dateien mit deren Objekten, Modulen, Prozeduren etc. Darunter können die Eigenschaften des ausgewählten Objektes verändert werden. Der rechte Bereich enthält den Programmcode und ist beim ersten Start leer.

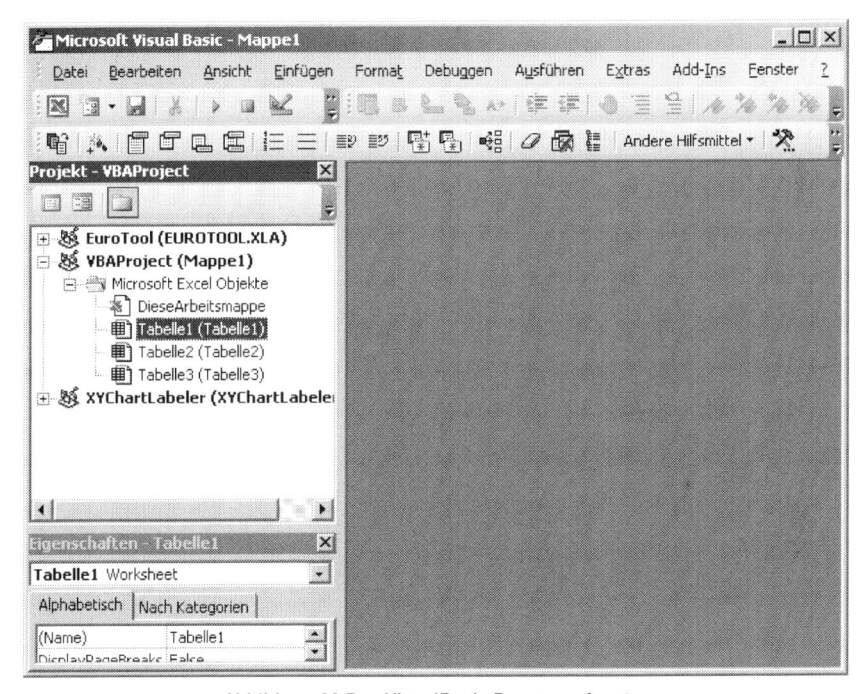

Abbildung 28 Das VisualBasic Programmfenster

Mit dem Menüpunkt „Einfügen→Modul" ist es möglich, ein neues Modul zur Excel-Mappe hinzuzufügen.

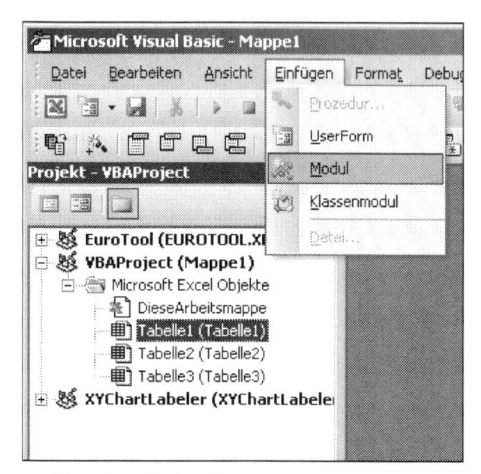

Abbildung 29 Einfügen eines neuen Moduls

In der Projektübersicht wird nun das Modul angezeigt und auf der rechten Seite öffnet sich ein leerer Bereich für den Programmcode.

5.7.2 Vorbereiten der Tabellenblätter

Zunächst werden zwei Tabellenblätter erstellt, wobei eines mit „Dateneingabe" und das andere mit „Lösung" benannt wird. Das Tabellenblatt „Dateneingabe" wird gem. der Problemstellung wie in der folgenden Abbildung eingerichtet.

Kapitel 5 - Der klassische kontinuierliche Steiner-Weber-Ansatz

	A	B	C	D	E	F	G
1	Standortplanung in der Ebene nach Steiner-Weber					(Iterationsverfahren nach Weiszfeld)	
2							
3	Problemstellung						
4	In einem x-y-Koordinatensystem (Landkarte) seien die Koordinaten von						
5	n Standorten gegeben sowie die Liefermengen						
6	Gesucht sind die Koordinaten für einen zentralen Standort,						
7	so dass die gesamten Transportkosten minimiert werden.						
8	(Steiner-Weber-Ansatz mit dem Transportkostensatz c = 1)						
9							
10					Anzahl Iterationen:	14	
11							
12						Berechnen	
13							
14		Koordinaten	X		Y	Liefermenge	
15							

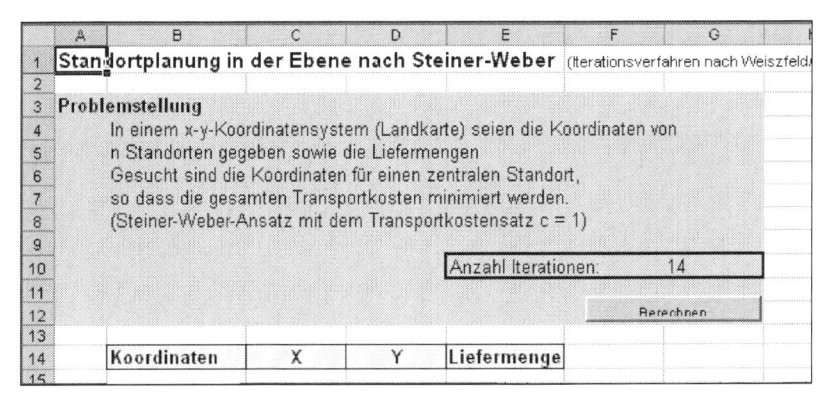

Abbildung 30 SteinerWeber: Tabellenblatt Dateneingabe

Das Tabellenblatt Lösung wird folgendermaßen gefüllt:

	A	B	C	D	E	F
1						(Iterationsverfa
2						
3	Problemstellung					
4	In einem x-y-Koordinatensystem (Landkarte) seien die Koordinaten von					
5	n Standorten gegeben sowie die Liefermengen					
6	Gesucht sind die Koordinaten für einen zentralen Standort,					
7	so dass die gesamten Transportkosten minimiert werden.					
8	(Steiner-Weber-Ansatz mit dem Transportkostensatz c = 1)					
9						
10						
11						
12		EPS		0,001		
13						
14		Koordinaten	X		Y	Liefermenge	Zielwert
15						

Abbildung 31 SteinerWeber: Tabellenblatt Lösung

5.7.3 Die Prozedur Workbook_Open

Beim Laden des Excel-Workbooks wird die Option `Application.EnableEvents` aktiviert. Diese Option aktiviert die Codeausführung bei Ereignissen wie z. B. `Worksheet_Change`.

Speicherort: Objekt: Tabelle1 (Dateneingabe)

```
'---------------------------------------------------------------
' Procedure : Workbook_Open
' Author    : Christoph Wille
' Date      : 06.04.2009
' Purpose   : Aktivierung der Option EnableEvents
'---------------------------------------------------------------

Private Sub Workbook_Open()
10          Application.EnableEvents = True
End Sub
```

5.7.4 Die Lösungsheuristik für das Tabellenblatt „Lösung"

Im oberen Teil wurde das Tabellenblatt „Dateneingabe" mit den Quelldaten fertiggestellt. Bevor der Programmcode für die Problemlösung erstellt wird, muss ein Ereignis definiert werden, das die eigentliche Problemabarbeitung startet. Dazu wird eine Befehlsschaltfläche in das Tabellenblatt eingefügt. Diese ruft eine Funktion auf, die sich im `Modul1` befindet und den Programmcode für die Erstellung der Lösung enthält.

Um die Befehlsschaltfläche hinzuzufügen, muss zunächst auf das Excel-Fenster gewechselt werden und im Menü „Ansicht→Symbolleisten" die Symbolleiste „Steuerelement-Toolbox" aktiviert werden.

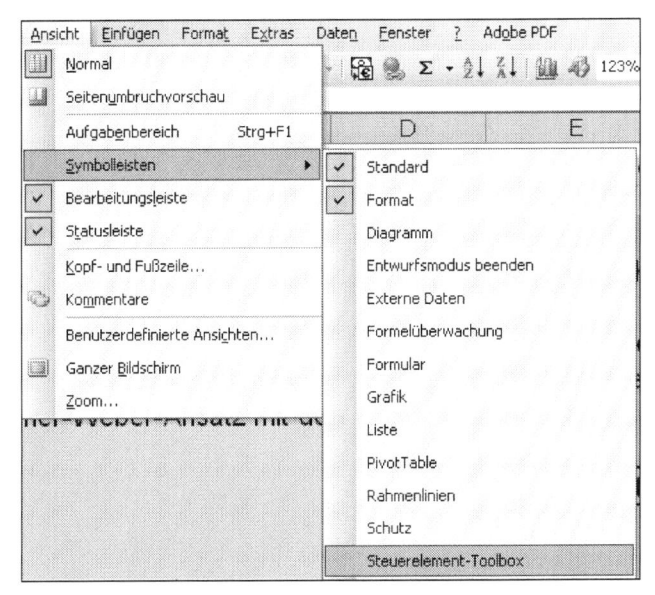

Kapitel 5 - Der klassische kontinuierliche Steiner-Weber-Ansatz

Abbildung 32 Aufrufen der Steuerelement-Toolbox

Daraufhin öffnet sich folgende Symbolleiste:

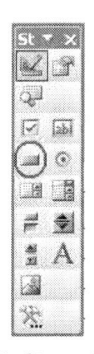

Abbildung 33 Die Steuerelement-Toolbox

Nach einem Klick auf die in der Abbildung Schaltfläche ① lässt sich die Befehlsschaltfläche auf dem Tabellenblatt hinzufügen:

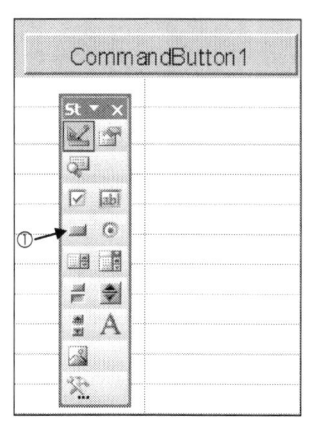

Abbildung 34 Hinzufügen von Befehlsschaltflächen

Dem Tabellenblatt wird dadurch ein neues Objekt mit dem Namen `CommandButton1` hinzugefügt. Mit einem Rechtsklick auf dieses Objekt und der Auswahl von „Eigenschaften" im Kontextmenü wird ein Fenster geöffnet, mit dem die Eigenschaften des gerade ausgewählten Objekts eingesehen und geändert werden können.

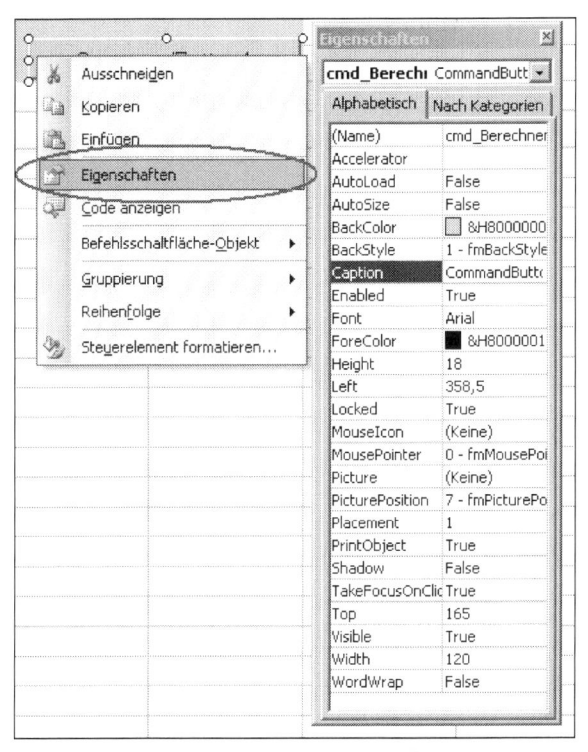

Kapitel 5 - Der klassische kontinuierliche Steiner-Weber-Ansatz 59

Abbildung 35 Das Eigenschaften-Fenster

Hier werden folgende Änderungen durchgeführt:

- `Name` ist der Objektname, durch den das Objekt im Programmcode angesprochen werden kann. Diesem wird ein aussagekräftiger Name verliehen: `cmd_Berechnen`. Die Abkürzung „cmd" steht hier für CommandButton. Dadurch bleibt auch im VisualBasic Editor noch erkennbar, dass es sich um eine Befehlsschaltfläche handelt.
- Der Wert für `Caption` wird geändert in „Berechnen".
- Mit einem Klick auf `Font` öffnet sich ein Schriftarten-Fenster, in dem die Schriftgröße auf 10 geändert wird.

Um in den Programmcode für das Ereignis Click zu gelangen, genügt ein Doppelklick auf die soeben erstellte Befehlsschaltfläche. Es öffnet sich der VisualBasic-Editor mit einer neuen Prozedur, die automatisch erstellt wird:

```
Private Sub cmd_Berechnen_Click()

End Sub
```

Hier kann nun der Programmcode eingetragen werden, der beim Klick auf die Schaltfläche „Berechnen" ausgeführt wird.
Generell könnte hier der gesamte Code für die Berechnung hinterlegt werden. Für eine bessere Strukturierung des Programms wird allerdings lediglich ein Befehl zum Aufruf einer Funktion eingetragen, die nachfolgend im Modul1 erstellt wird und den eigentlichen Programmcode zur Berechnung enthält. Die MZ-Tools verhelfen hier mit einem Klick auf die Schaltfläche 🗒 Prozedurkopf hinzufügen zum schnellen Erstellen einer Dokumentation und Orientierungshilfe innerhalb des Programmcodes.

```
'-----------------------------------------------------------
' Procedure : cmd_Berechnen_Click
' Author    : Christoph Wille
' Date      : 03.04.2009
' Purpose   : Aufruf der Funktion Berechnen im Modul1
'-----------------------------------------------------------
'
Private Sub cmd_Berechnen_Click()
    Call Berechnen
End Sub
```

Als Nächstes wird die Funktion im Modul1 erstellt. Dazu wird ein Doppelklick auf „Modul1" im linken Projektfenster des VisualBasic-Editors durchgeführt. Mit der Eingabe von

```
Sub Berechnen()
```

gefolgt von der Enter-Taste wird folgende Ausgabe erzeugt:

```
Sub Berechnen()

End Sub
```

Die leeren Klammern hinter dem Funktionsnamen bedeuten, dass beim Aufruf der Funktion keinerlei Argumente mitgegeben werden.
Mithilfe der MZ-Tools wird auch hier ein aussagekräftiger Modul- sowie Prozedurkopf eingefügt.

```
' Module   : Modul1
' Author   : Christoph Wille
' Date     : 03.04.2009
' Purpose  : Programmcode für Tabelle2 (Lösung)

Option Explicit

' Procedure : Berechnen
' Author    : Christoph Wille
' Date      : 03.04.2009
' Purpose   : Funktion zur Berechnung der Lösung
'             Wird aufgerufen von cmd_Berechnen

Sub Berechnen()

End Sub
```

5.7.5 Die Prozedur cmd_Berechnen_Click

Diese Prozedur wird ausgelöst, sobald auf den Button „Berechnen" geklickt wird. Für eine größere Übersichtlichkeit befindet sich der eigentliche Programmcode zum Berechnen der Lösung in der Prozedur Berechnen, die hier aufgerufen wird.

Speicherort: Objekt: Tabelle1 (Dateneingabe)

```
' Procedure : cmd_Berechnen_Click
' Author    : Christoph Wille
' Date      : 03.04.2009
' Purpose   : Aufruf der Funktion Berechnen im Modul1

Private Sub cmd_Berechnen_Click()
10      Call Berechnen
End Sub
```

5.7.6 Das Modul1

In diesem zuvor erstellten Modul befindet sich der Programmcode für die Erstellung des Tabellenblatts „Lösung". Dieser befindet sich im Anhang A.

6 Das Savingsverfahren nach Clarke und Wright

Das Savingsverfahren nach Clarke und Wright ist das am häufigsten in der Praxis eingesetzte Verfahren zur Lösung knotenorientierter Tourenplanungsprobleme.[75] Es handelt sich um ein *Parallel-* oder *Simultanverfahren*, da Erstellung und Modifizierung der Touren gleichzeitig erfolgen.[76] Ein Ansatz auf Basis dieses Verfahrens ist sehr gut dazu geeignet, „den Kern einer schnellen und flexiblen Tourenplanungsheuristik mit einer akzeptablen Lösungsqualität zu bilden".[77]

6.1 Ökonomische Problembeschreibung

Von einem zentralen Lieferdepot aus sollen n verschiedene Kunden mit Fahrzeugen beliefert werden, die nach der Belieferung wieder zum Depot zurückkehren. Bekannt sind die Ladekapazität des homogenen Fuhrparks, der Bedarf des Kunden sowie die Entfernungen zwischen Depot und Kunden sowie den Kunden untereinander. Gesucht ist eine geeignete Reihenfolge, in der die Fahrzeuge die Kunden anfahren sollen, wobei die Summe aller Touren minimal ist.

6.2 Mathematische Formulierung

Von einem zentralen Lieferdepot (i = 0) aus sollen n verschiedene Kunden (i=1, ..., n) angefahren werden, die verschiedene Bedarfe q_i haben. Die Auslieferung soll mittels Fahrzeugen erfolgen, die alle die gleiche Ladekapazität c aufweisen. Die Distanzen d_{ij} zwischen sämtlichen Knoten sind bekannt, dabei ist $d_{ij} = d_{ji}$.
Die Liefertouren sollen gebildet werden unter der Prämisse, dass alle Kunden angefahren werden, deren Bedarf gedeckt wird und die gesamte Fahrstrecke minimal ist.

---

[75] Vgl. Clarke und Wright (1964), S. 568ff.
[76] Vgl. Domschke(1997), S. 243ff.
[77] Gietz (1994), S. 251

6.3 Iterativer Lösungsansatz[78]

Indizes:

i = 0   Depot
i = 1, ..., n   Kunden
k = 1, ..., m   Fahrzeuge

Gegebene Daten:

$d_{ij} = d_{ji}$ Entfernung [LE] zwischen Knoten i und Knoten j
s_{ij} Ersparnis bei Zusammenfassung Kunde i und j
c   Ladekapazität [ME] eines Fahrzeugs
q_i Ladebedarf an Knoten i

Auch bei diesem Problem wird ein iterativer Lösungsansatz verwendet. Mithilfe einer Heuristik wird keine ideale Lösung gefunden, sondern eine mit hinreichender Güte. Die Verfahrensweise dabei ist folgende:

1. Erstellen einer Anfangslösung, bei der jeder Kunde für sich eine Tour (*Pendeltour*) bildet. Die Route der i-ten Tour ist [0, i, 0]. Die Länge der einzelnen Pendeltouren beträgt $2 * d_{oi}$. Die Gesamtlänge aller Pendeltouren ist

$$2 * \sum_{i=1}^{n} d_{0i}\,\text{[79]}.$$

2. Erstellen von *Kombinationstouren*[80], bei denen zwei unter (1) gebildete Pendeltouren unter Beachtung der Kapazitätsrestriktionen

$$q_i + q_j \leq c$$

miteinander verknüpft werden. Erster und letzter Kunde einer Tour werden *Randkunden*[81] genannt. Die Anzahl der Kombinationen ist dabei

$$n * \frac{n-1}{2}.$$

---

[78] Vgl. Domschke (1997), S. 243ff.
[79] Vgl. Larson/Odoni (1999)
[80] Vgl. Gietz (1994), S. 39
[81] Vgl. Gietz (1994), S. 39

Kapitel 6 - Das Savingsverfahren nach Clarke und Wright

Die Formel für die entstehende Ersparnis ist

$$s_{ij} = d_{0i} + d_{0j} - d_{ij}.\text{[82]}$$

Sie bildet das Kriterium für die weitere Vorgehensweise.

3. Sortieren der Savingswerte nach absteigender Größe. Die größte Ersparnis der Kombination von zwei Touren resultiert dabei aus dem ersten Savingswert der sortierten Liste.
4. Verbinden der Kundenpaare zu größeren Touren, beginnend mit dem höchsten Savingswert, endend beim niedrigsten Savingswert. Die Kapazitätsrestriktion wird bei jeder Tour eingehalten. Dabei können Kombinationstouren zu bereits zusammengefassten Touren hinzugefügt werden. Es wird vorausgesetzt, dass die Reihenfolge einer Tour bei Bedarf umgekehrt werden kann, damit eine Kombinationstour entstehen kann. Jede zulässige Verknüpfung spart genau eine Tour ein und bringt eine dem Savingswert entsprechende Streckenersparnis.
5. Kunden, die nach dem Abarbeiten aller Kombinationstouren keiner neuen, längeren Tour zugewiesen wurden, werden zu Einzeltouren hinzugefügt.

Beispiel

Es sollen 6 Kunden vom Depot ausgehend bedient werden. Der Bedarf der Kunden ist folgender:

Tabelle 11 Savingsverfahren: Kundenbedarf Beispiel

Kunde	A	B	C	D	E	F
Bedarf in Europaletten	5	1	3	3	2	6

Es steht ein homogener Fuhrpark von Fahrzeugen mit einer Ladekapazität von 15 Europaletten zur Verfügung. Die Entfernungen zwischen dem Depot und den Kunden sowie zwischen den einzelnen Kunden sind der folgenden Tabelle zu entnehmen.

---

[82] Vgl. Domschke (1997), S. 244

Kapitel 6 - Das Savingsverfahren nach Clarke und Wright

Tabelle 12 Savingsverfahren: Entfernungsmatrix Beispiel

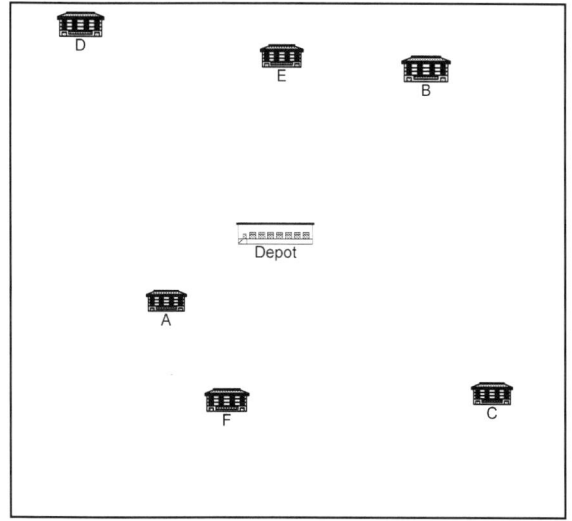

Entfernungen	Depot	A	B	C	D	E	F
Depot	0	3391	20171	30702	35447	24239	23522
A		0	18002	25513	33060	16401	25125
B			0	21255	51800	31901	20463
C				0	40310	40592	23452
D					0	22018	23453
E						0	12345
F							0

In folgender Abbildung befindet sich eine Skizze mit Depot und Kunden.

Abbildung 36 Savingsverfahren: Skizze Standorte

Für das skizzierte Beispiel verläuft der Algorithmus wie folgt:

(1) Berechnung der Pendeltouren:

[Depot, A, Depot] = 6.782

[Depot, B, Depot] = 40.342

[Depot, C, Depot] = 61.404

[Depot, D, Depot] = 70.894

[Depot, E, Depot] = 48.478

[Depot, F, Depot] = 47.044

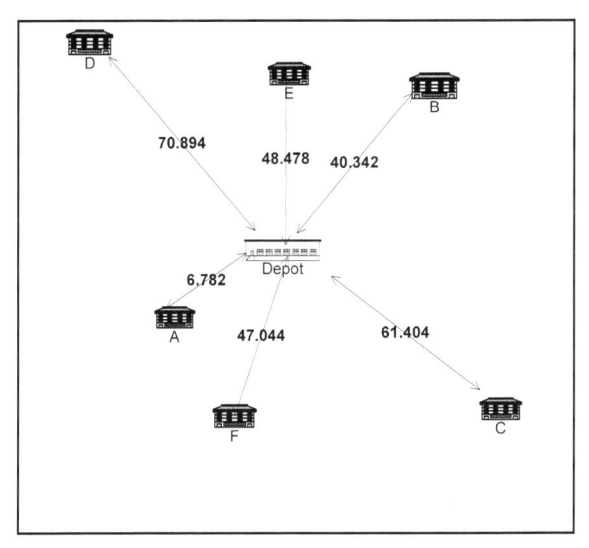

Kapitel 6 - Das Savingsverfahren nach Clarke und Wright

Abbildung 37 Savingsverfahren: Skizze Standorte/Pendeltouren

(2) Berechnung der Savingswerte:

S_{AB} = 3.391 + 20,171 - 18.002 = 5.560

S_{AC} = 3.391 + 30.702 - 25.513 = 8.850

S_{AD} = 3.391 + 35.447 - 33.060 = 5.778

S_{AE} = 3.391 + 24.239 - 16.401 = 11.229

S_{AF} = 3.391 + 23.522 - 25.125 = 1.788

S_{BC} = 20.171 + 30.702 - 21.255 = 29.618

S_{BD} = 20.171 + 35.447 - 51.800 = 3.818

S_{BE} = 20.171 + 24.239 - 31.901 = 12.509

S_{BF} = 20.171 + 23.522 - 20.463 = 23.230

S_{CD} = 30.702 + 35.447 - 40.310 = 25.839

S_{CE} = 30.702 + 24.239 - 40.592 = 14.349

S_{CF} = 30.702 + 23.522 - 23.452 = 30.772

S_{DE} = 35.447 + 24.239 - 22.018 = 37.668

S_{DF} = 35.447 + 23.522 - 23.453 = 35.516

S_{EF} = 24.239 + 23.522 - 12-345 = 35.416

(3) Absteigendes Sortieren der Savingswerte:

S_{DE} = 37.668
S_{DF} = 35.516
S_{EF} = 35.416
S_{CF} = 30.772
S_{BC} = 29.618
S_{CD} = 25.839
S_{BF} = 23.230
S_{CE} = 14.349
S_{BE} = 12.509
S_{AE} = 11.229
S_{AC} = 8.850
S_{AD} = 5.778
S_{AB} = 5.560
S_{BD} = 3.818
S_{AF} = 1.788

(4) Erstellung des Tourenplans

(A) Ausgangspunkt: Pendeltouren [Depot, A, Depot], [Depot, B, Depot], [Depot, C, Depot], [Depot, D, Depot], [Depot, E, Depot], [Depot, F Depot]

(B) Verbindung der Pendeltouren [Depot, D, Depot] und [Depot, E, Depot] zur neuen Tour [Depot, D, E, Depot]
Ersparnis: 37.668
Tourlänge: 81.704
Bedarf: 5 Paletten

(C) Verbindung der Touren [Depot, D, F, Depot] und [Depot, D, E, Depot] zur neuen Tour [Depot, F, D, E, Depot]
Ersparnis: 73.184
Tourlänge: 93.232
Bedarf: 11 Paletten

(D) Verbindung der Pendeltouren [Depot, E, Depot] und [Depot, F, Depot] nicht möglich, da beide Punkte bereits unter (C) angefahren werden.

(E) Verbindung der Touren [Depot, C, F, Depot] und [Depot, F, D, E, Depot] zur neuen Tour [Depot, C, F, D, E, Depot]
Ersparnis: 103.956
Tourlänge: 123.864
Bedarf: 14 Paletten

(F) Verbindung der Touren [Depot, B, C, Depot] und [Depot, C, F, D, E, Depot] zur neuen Tour [Depot, B, C, F, D, E, Depot]
Ersparnis: 133.574
Tourlänge: 134.588
Bedarf: 15 Paletten

(G) Verbindung der restlichen Touren ([Depot, C, D, Depot], [Depot, B, F, Depot], [Depot, C, E, Depot], [Depot, B, E, Depot], [Depot, A, E, Depot], [Depot, A, C, Depot], [Depot, A, D, Depot], [Depot, A, B, Depot], [Depot, B, D, Depot], sowie [Depot, A, F, Depot]) zur Tour [Depot, B, C, F, D, E, Depot] nicht möglich, da bereits die Ladekapazität von 15 Paletten ausgeschöpft ist.

(H) Kunde A wurde nach dem Abarbeiten aller Saving-Touren keiner neuen, längeren Tour zugewiesen, daher wird eine neue Pendeltour [Depot, A, Depot] gebildet.
Ersparnis: 0
Tourlänge: 6.782
Bedarf: 5 Paletten

Nach Abarbeitung des Algorithmus wird ein Tourenplan gem. folgender Skizze ermittelt:

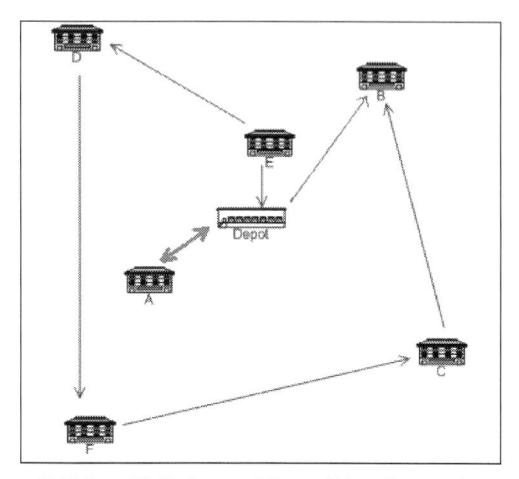

Abbildung 38 Savingsverfahren: Skizze Tourenplan

6.4 Übertragen des mathematischen Modells auf Excel und VBA

Beim Savingsverfahren nach Clarke und Wright wird ein komplexer Algorithmus verwendet. Dadurch ist es im Unterschied zu Kapitel 5 nicht möglich, eine Lösung mittels vorhandener Excel-Formeln zu konstruieren. Die Nutzung von VBA zur Berechnung des Algorithmus ist hier unumgänglich.

Um die Eingabe der Daten mit VBA zu verknüpfen, werden zunächst die zu verarbeitenden Daten in ein Excel-Sheet eingegeben. Die weitere Vorgehensweise beruht auf zwei unterschiedlichen Konzepten, wobei der zugrundeliegende Algorithmus derselbe bleibt.

Konzept 1

Die Eingabedaten werden beim Klicken des Buttons „Berechnen" aus den entsprechenden Feldern gelesen. Nach Durchlauf des Algorithmus wird anschließend unterhalb der Felder eine ausführliche Lösung mit sämtlichen Iterationen ausgegeben.

Kapitel 6 - Das Savingsverfahren nach Clarke und Wright

Konzept 2

Es werden benutzerdefinierte Funktionen programmiert, denen die Quelldaten als Argumente übergeben werden. Die Lösung wird als Rückgabewert dieser Funktion in einer Zelle ausgeben.

Bei beiden Konzepten wird zunächst ein Tabellenblatt mit dem Namen „CVRP" erstellt. Dieses hat folgenden Inhalt (entspr. dem oberen Beispiel):

	A	B	C	D	E	F	G	H
7								
8	Ladekapazität		15					
9								
10	Kunde	A	B	C	D	E	F	
11	Bedarf in Europaletten	5	1	3	3	2	6	
12								
18								
19	Entfernungen		Depot	A	B	C	D	E	F
20	Depot	0	3391	20171	30702	35447	24239	23522
21	A		0	18002	25513	33060	16401	25125
22	B			0	21255	51800	31901	20463
23	C				0	40310	40592	23452
24	D					0	22018	23453
25	E						0	12345
26	F							0

Abbildung 39 Savingsverfahren: Eingabe der Quelldaten

Die Quelldaten bestehen aus der Entfernungsmatrix (unten), dem Bedarfsskalar der Kunden (Mitte) und einer Zelle mit der Ladekapazität des Fahrzeugs. Diese Quelldaten werden mit dem Savings-Algorithmus verarbeitet, der die Lösungs-Touren ermittelt.

6.4.1 Der Savings-Algorithmus

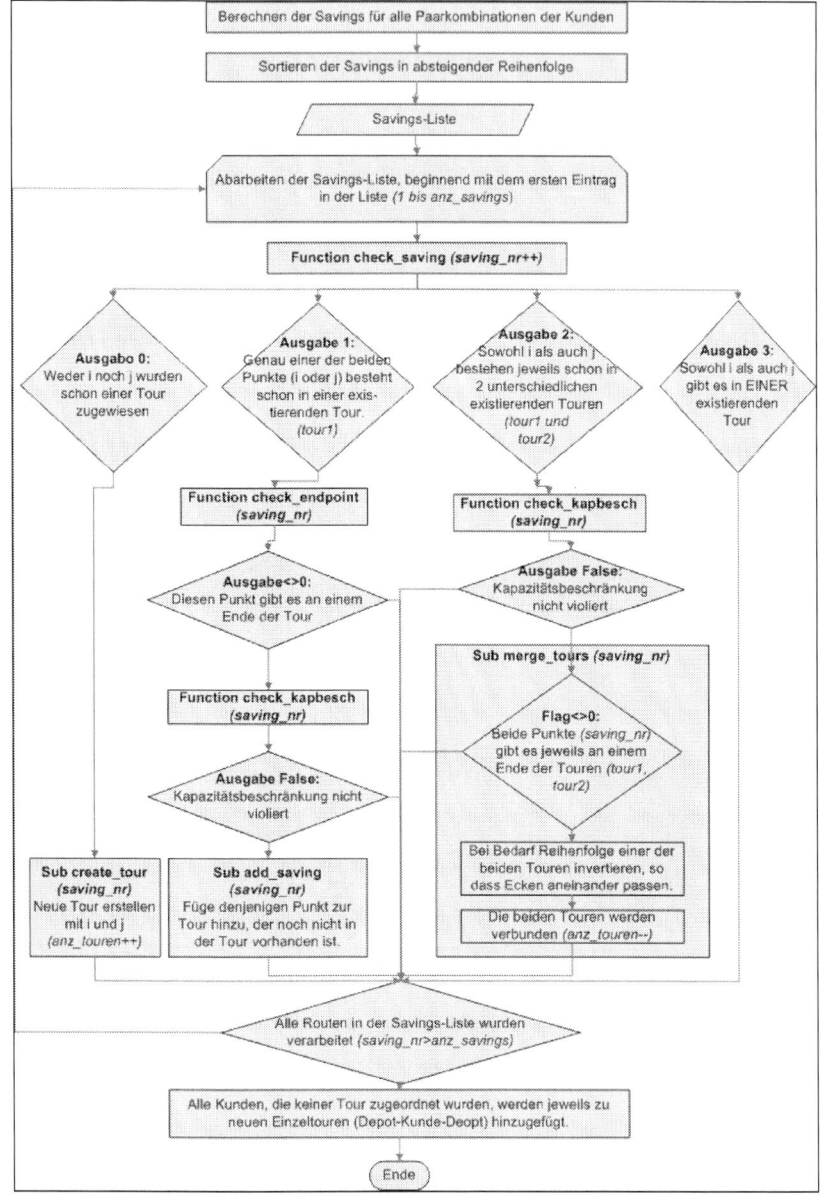

Abbildung 40 Funktionsweise des Savings-Algorithmus[83]

---

[83] Quelle: Darstellung erstellt vom Verfasser, in Anlehnung an Larson, R.C. und Amedeo, R.O. (1999)

Eine nähere Betrachtung der Variablen, Prozeduren und Funktionen findet in den Kapiteln 6.4.2ff. statt. Hier wird zunächst die grundlegende Funktionsweise des Algorithmus erläutert.

- Anfangs werden die Savings für alle Kundenpaarkombinationen gebildet und anschließend absteigend nach der Ersparnis sortiert. Diese Savings-Liste wird im Array `savings` gespeichert.

- In einer Schleife werden nun sämtliche Savings durchlaufen. Die Funktion `check_saving` überprüft diese dabei in Bezug auf die schon vorhandenen Touren. Abhängig vom Rückgabewert der Funktion werden verschiedene Aktionen durchgeführt:

Rückgabewert 0: Weder der erste noch der zweite Kunde des aktuell überprüften Savings wurde schon einer Tour zugewiesen. In diesem Fall wird die Prozedur `create_tour` aufgerufen und eine neue Tour mit den beiden Kunden des aktuellen Savings gebildet.

Rückgabewert 1: Genau einer der beiden Kunden des Kundenpaares (`saving`) besteht schon in einer existierenden Tour (`tour`). In diesem Fall wird der Variable `tour1` diese Tournummer zugewiesen. Die Funktion `check_endpoint` prüft nun, ob sich einer der beiden Kunden (`saving`) am Anfang oder am Ende der Tour (`tour1`) befindet. Ist dies nicht der Fall, so wird das Kundenpaar (`saving`) verworfen. Ist dies aber der Fall, so überprüft die Funktion `check_kapbesch`, ob derjenige Kunde des Kundenpaares (`saving`), der noch nicht in der Tour (`tour1`) vorhanden ist, dieser Tour hinzugefügt werden kann, ohne dass die Kapazitätsbedingung verletzt wird. Wird diese verletzt, so wird das Kundenpaar (`saving`) verworfen. Wird diese nicht verletzt, so fügt die Prozedur `add_saving` ebendiesen Punkt zur Tour (`tour1`) hinzu.

Rückgabewert 2: Beide Kunden des Kundenpaares (`saving`) bestehen jeweils schon in zwei unterschiedlichen existierenden Touren. In diesem Fall werden sie zunächst den Variablen `tour1` und `tour2` zugewiesen.

Die Funktion `check_kapbesch` prüft, ob die Kapazitätsbeschränkung bei einer Zusammenfassung von beiden Touren (`tour1` und `tour2`) verletzt würde. Ist dies der Fall, so wird das Kundenpaar (`saving`) verworfen. Ist dies nicht der Fall, so wird die Prozedur `merge_tours` aufgerufen. Diese Prozedur schreibt in die Variable `flag`, welches Ende des Savings an welchem Ende der beiden Touren liegt. Ist diese Variable gleich 0, so liegt mindestens ein Kunde des Kundenpaares (`saving`) nicht an einem Ende der Touren (`tour1` und `tour2`) und das Kundenpaar (`saving`) wird ebenfalls verworfen. Andernfalls wird die Reihenfolge des Kundenpaares (`saving`) und/oder einer/beider der Touren (`tour1` und `tour2`) so verändert, dass die Touren nach dem Dominosteinprinzip aneinander passen und die Touren (`tour1` und `tour2`) werden miteinander verbunden.

- Diese Schleife wiederholt sich solange, bis sämtliche Kundenpaare (`saving`) durchgelaufen sind. Abschließend werden alle Kunden, die noch keiner Tour zugeordnet wurden, jeweils zu neu erstellten Einzeltouren [Depot, Kunde, Depot] hinzugefügt.

- Die Abarbeitung des Algorithmus ist nun beendet.

Während der Abarbeitung des Algorithmus wird das Array `tour` sowie die Variable `anz_touren` immer wieder verändert und angepasst, je nach den Gegebenheiten des Arrays `saving`. Die Funktionsweise dieser Arrays wird im Kapitel 6.4.2 näher erläutert.

Wie bereits erwähnt, wird der Savings-Algorithmus in zwei verschiedenen Konzepten in Excel und VBA implementiert:

- **Konzept 1:** Durch Klicken auf eine Schaltfläche wird eine VBA-Prozedur ausgeführt. Die Quelldaten befinden sich in fest definierten Zellbereichen. Nach Durchlaufen des Algorithmus wird die Lösung in einem anderen festgelegten Zellbereich ausgegeben.
- **Konzept 2:** Es werden benutzerdefinierte Funktionen erstellt, denen die Position der Quelldaten im Excel-Tabellenblatt in Form von Argumenten übergeben werden. Diese Funktionen durchlaufen denselben Algorithmus wie bei Konzept 1. Dabei wird jedoch die Lösung in derselben Zelle ausgegeben, in der die Funktion aufgerufen wird. Sowohl die Position der Quelldaten als auch die der Lösung im Excel-Tabellenblatt ist hierbei flexibel.

Anmerkung: Das Konzept 1 verwendet bei der Ausgabe der Lösung ein Semikolon (;) zum Auseinanderhalten der Kunden einer Tour innerhalb einer Zelle. Das Konzept 2 verwendet zusätzlich zum Trennen der einzelnen Touren innerhalb einer Zelle einen Unterstrich (_).[84]

---

[84] Vgl. Abbildung 42 und Abbildung 43

6.4.2 Globale Variablen und Arrays

Folgende Variablen gelten global für alle Prozeduren und Funktionen sowie gleichermaßen für beide Konzepte:

Tabelle 13 Savingsverfahren: Globale Variablen und Arrays

Variablenname	Datentyp	Definition
entfernung	Variant	Array mit der Entfernungsmatrix
saving	Variant	Array mit den absteigend sortierten Savingswerten für die Kundenpaare
tour	Variant	Array, welches die gebildeten Touren enthält
bedarf	Variant	Array, welches den Bedarfsskalar enthält
ladekapazitaet	Integer	Erste Zeile mit Iterationen im Tabellenblatt „Lösung"
anz_kunden	Integer	Anzahl der Kunden
anz_touren	Integer	Anzahl der Touren
tour1	Integer	Erste zu verändernde Tour. Wird in folgenden Prozeduren bzw. Funktionen verwendet: • `add_saving` • `check_endpoint` • `check_kapbesch` • `check_saving` • `merge_tours`
tour2	Integer	Zweite zu verändernde Tour. Wird in der Prozedur `merge_tours` verwendet.

Erläuterung der Variablen vom Datentyp Variant

Diesen Variablen wird der Datentyp `Variant` zugewiesen, da es sich um mehrdimensionale Arrays handelt.

Entfernung

Dieses Array enthält die Entfernungsmatrix.
Beispiel:
Im oberen Beispiel beträgt die Entfernung zwischen Kunde B und C 21.255.
Entfernung(2,3) = 21.255

Saving

Die Werte der Kundenpaarkombinationen werden in das Array `saving` geschrieben, welches aus zwei Feldern besteht. Das erste Feld bezeichnet den Index des Savings, also eine Durchnummerierung sämtlicher Savingswerte.

Steht im zweiten Feld eine **0**, so nimmt der Wert des Arrays die Anzahl der angefahrenen Kunden an. Im Fall der Savings-Variable nimmt dieser Wert eine 2 an, da es sich um Kundenpaarkombinationen handelt.

Steht im zweiten Feld eine **1**, so nimmt der Wert des Arrays die Ersparnis an. Nach diesem Wert erfolgt die Sortierung der Arrays.

Steht im zweiten Feld eine **2**, so nimmt der Wert des Arrays den Gesamtbedarf an Paletten für die Saving-Tour an.

Steht im zweiten Feld eine **3**, so nimmt der Wert des Arrays den Kunden an, der als erstes in der Kundenpaarkombination angefahren wird.

Steht im zweiten Feld eine **4**, so nimmt der Wert des Arrays den Kunden an, der als zweites in der Saving-Tour angefahren wird.

Beispiel:
Im oberen Beispiel sind die ersten beiden Savingswerte folgende:

S_{DE} = 37.668   Saving mit der größten Ersparnis.
S_{DF} = 35.516   Saving mit der zweitgrößten Ersparnis.

Das Array saving für die ersten beiden Savingswerte:

saving(1,0) = 2	Zwei Kunden werden angefahren (D und E).
saving(1,1) = 37.668	Die Ersparnis beträgt 37.668.
saving(1,2) = 5	Kunde D und E benötigen zusammen 5 Paletten.
saving(1,3) = 4	Buchstabenindex Kunde D.
saving(1,4) = 5	Buchstabenindex Kunde E.
saving(2,0) = 2	Zwei Kunden werden angefahren (D und F).
saving(2,1) = 37.668	Die Ersparnis beträgt 35.516.
saving(2,2) = 5	Kunde D und F benötigen zusammen 9 Paletten.
saving(2,3) = 4	Buchstabenindex Kunde D.
saving(2,4) = 6	Buchstabenindex Kunde F.

Tour

Dieses Array verhält sich analog zum Array saving, jedoch kann die Anzahl der Angefahrenen Kunden einen höheren Wert als 2 annehmen.

Beispiel:

Im oberen Beispiel nimmt die erste Tour nach Anwendung des Savings-Algorithmus folgende Werte an:

[Depot, B, C, F, D, E, Depot], Ersparnis: 133.574, Tourlänge: 134.588, Bedarf: 15 Paletten.

Das Array tour für die erste Tour:

tour(1,0) = 5	Fünf Kunden werden angefahren (B, C, F, D, E).
tour(1,1) = 133.574	Die Ersparnis beträgt 133.574.
tour(1,2) = 15	Die Kunden benötigen zusammen 15 Paletten.
tour(1,3) = 2	Buchstabenindex Kunde B.
tour(1,3) = 3	Buchstabenindex Kunde C.
tour(1,3) = 6	Buchstabenindex Kunde F.
tour(1,3) = 4	Buchstabenindex Kunde D.
tour(1,3) = 5	Buchstabenindex Kunde E.

Bedarf

Dieses Array enthält den Kundenbedarf in Form eines Vektors.

Beispiel:

Im oberen Beispiel stehen in dem Array folgende Kundenbedarfe:

Tabelle 14 Savingsverfahren: Array für Kundenbedarf

Kunde	A	B	C	D	E	F
Bedarf in Europaletten	5	1	3	3	2	6

Das Array bedarf für Kunde E:

bedarf(1,5) = 2   Kunde E benötigt 2 Paletten.

Anmerkung: Obwohl es sich beim Array bedarf um einen Skalar handelt, ist es zweidimensional. Dies ist der Fall, weil es zuvor im Programmcode direkt aus einer Range generiert wurde, d. h. der Zeilenindex bleibt bei allen Werten 1.

6.4.3 Konzept 1: Ausführliche Anzeige

Dieser Lösungsweg entspricht demjenigen des 1-Median-Problems in der Ebene bzgl. der Eingabe der Quelldaten und der Ausgabe der Lösungen.

Durch Klicken auf die Schaltfläche „Berechnen" wird die Funktion Berechnen ausgeführt, die sich im Modul1 befindet.

Wie in Kapitel 6.4.1 erwähnt, sind die Zellbereiche für die Quelldaten und für die Ausgabe der Lösung im Voraus definiert. Diese Bereiche sind folgende (bedingt durch die Kundenanzahl):

- Ladekapazität   Zelle B8
- Kundennamen und Kundenbedarf   Zellbereich B10:x11
- Entfernungsmatrix   Zellbereich B20:xx

	A	B	C	D	E	F	G	H
7								
8	Ladekapazität		15		Berechnen			
9								
10	Kunde	A	B	C	D	E	F	
11	Bedarf in Europaletten	5	1	3	3	2	6	
12								
18								
19	Entfernungen	Depot	A	B	C	D	E	F
20	Depot	0	3391	20171	30702	35447	24239	23522
21	A	0	0	18002	25513	33060	16401	25125
22	B	0	5560	0	21255	51800	31901	20463
23	C	0	8580	29618	0	40310	40592	23452
24	D	0	5778	3818	25839	0	22018	23453
25	E	0	11229	12509	14349	37668	0	12345
26	F	0	1738	23230	30772	35516	35416	0

Abbildung 41 Savingsverfahren Dateneingabe Konzept 1

Nach Drücken den Buttons „Berechnen" wird das Tabellenblatt mit dem Namen „CVRP" folgendermaßen aktualisiert:

- Im unteren Teil der Matrix werden die Savingswerte der jeweiligen Kundenpaarkombinationen dargestellt.
- Unterhalb des Bereichs mit den Quelldaten wird die Lösung dargestellt. Dabei werden die Kundennamen aus der Bedarfsmatrix übernommen. Die Reihenfolge der Ausgabe ist folgende:[85]
  - Bilden von Pendeltouren für jeden einzelnen Kunden.
  - Verknüpfen und Sortieren von Pendeltouren unter Berücksichtigung der Kapazitätsrestriktion.
  - Start des Savings-Algorithmus.
  - Anzeige der Iterationen.

---

[85] Vgl. Abbildung 42

Kapitel 6 - Das Savingsverfahren nach Clarke und Wright

	A	B	C	D	E	F	G	H
7								
8	**Ladekapazität**	15			**Berechnen**			
9								
10	Kunde	A	B	C	D	E	F	
11	Bedarf in Europaletten	5	1	3	3	2	6	
18								
19	**Entfernungen**		Depot	A	B	C	D	E	F
20	Depot		0	3391	20171	30702	35447	24239	23522
21	A		0	0	18002	25513	33060	16401	25125
22	B		0	5560	0	21255	51800	31901	20463
23	C		0	8580	29618	0	40310	40592	23452
24	D		0	5778	3818	25839	0	22018	23453
25	E		0	11229	12509	14349	37668	0	12345
26	F		0	1788	23230	30772	35516	35416	0
38								
39	**Bilden von Pendeltouren für jeden einzelnen Kunden**							
40	Tour		Ersparnis	Europaletten				
41	S_0;A;0		0	5				
42	S_0;B;0		0	1				
43	S_0;C;0		0	3				
44	S_0;D;0		0	3				
45	S_0;E;0		0	2				
46	S_0;F;0		0	6				
47								
48	**Verknüpfen und Sortieren von Pendeltouren unter Berücksichtigung der Kapazitätsrestriktion**							
49	S_0;D;E;0		37668	5				
50	S_0;D;F;0		35516	9				
51	S_0;E;F;0		35416	8				
52	S_0;C;F;0		30772	9				
53	S_0;B;C;0		29618	4				
54	S_0;C;D;0		25839	6				
55	S_0;B;F;0		23230	7				
56	S_0;C;E;0		14349	5				
57	S_0;B;E;0		12509	3				
58	S_0;A;E;0		11229	7				
59	S_0;A;C;0		8580	8				
60	S_0;A;D;0		5778	8				
61	S_0;A;B;0		5560	6				
62	S_0;B;D;0		3818	4				
63	S_0;A;F;0		1788	11				
67								
68	**Start des Savings-Algorithmus**							
69	Iteration 1							
70	Tour_0;D;E;0		37668	5				
71								
72	Iteration 2							
73	Tour_0;F;D;E;0		73184	11				
74								
75	Iteration 3							
76	Tour_0;C;F;D;E;0		103956	14				
77								
78	Iteration 4							
79	Tour_0;B;C;F;D;E;0		133574	15				
80								
81	Iteration 5							
82	Tour_0;B;C;F;D;E;0		133574	15				
83	Tour_0;A;0		0	5				

Abbildung 42 Savingsverfahren: Anzeige der Lösung - Konzept 1

6.4.4 Konzept 2: Benutzerdefinierte Funktionen

Dieser Lösungsweg nutzt die Stärken der Excel-Architektur voll aus. Entsprechend der Vorgehensweise im Kapitel 3.7 werden benutzerdefinierte Funktionen[86] definiert, denen die Quelldaten (im Fall des Savings-Algorithmus sind dies die Ladekapazität, die Kundenbedarfsmatrix und die Entfernungsmatrix) in Form von Argumenten übergeben werden. Die Ausgabe ist hierbei allerdings auf eine einzelne Zelle beschränkt, d. h. für die Lösung müssen sämtliche Touren in dieser Zelle ausgegeben werden. Mit der Angabe von zusätzlichen Tourindizes als Argument[87] ist es jedoch möglich, jede Tour in einer eigenen Zelle auszugeben. Darüber hinaus werden zusätzliche Funktionen programmiert, die auch die Ausgabe der Ersparnis und der benötigten Paletten ermöglichen.

Durch die Verwendung von Funktionen kann die Position der Quelldaten und der Ausgabe frei gewählt und beliebig verändert werden, ohne dass der Programmcode angepasst werden muss. Bei Änderungen der Quelldaten wird die Lösung sofort neu berechnet und ausgegeben. Dies ist bei Live-Präsentationen und Besprechungen von großem Vorteil, denn für neue Szenarien (z. B. Anschaffung von Lkws mit höherer Ladekapazität) werden automatisch die Konsequenzen für die Touren angezeigt.

---

[86] Vgl. Held (2005a), S. 143
[87] Vgl. Kapitel 6.4.4.2

Kapitel 6 - Das Savingsverfahren nach Clarke und Wright

6.4.4.1 Beispiel für das Konzept 2

Die folgende Abbildung stellt ein Beispiel-Szenario mit dem Konzept 2 dar:

	A	B	C	D	E	F	G	H
7								
8	Ladekapazität		15					
9								
10	Kunde		1	2	3	4	5	6
11	Bedarf in Europaletten		5	1	3	3	2	6
18								
19	Entfernungen		Depot	A	B	C	D	E	F
20	Depot		0	3391	20171	30702	35447	24239	23522
21	A			0	18002	25513	33060	16401	25125
22	B				0	21255	51800	31901	20463
23	C					0	40310	40592	23452
24	D						0	22018	23453
25	E							0	12345
26	F								0
33								
34	Tour-Index		Tour	Ersparnis	Paletten	Kundennamen		
35			0	2;3;6;4;5_1	133574	20	B;C;F;D;E_A	
36								
37			1	2;3;6;4;5	133574	15	B;C;F;D;E	
38			2	1	0	5	A	
39			3		0	0		
40			4		0	0		
41			5		0	0		
42			6		0	0		
43			7		0	0		
44			8		0	0		
45								

Abbildung 43 Savingsverfahren: Anzeige der Lösung - Konzept 2

Tabelle 15 Savingsverfahren: Funktionen Konzept 2

Zelle	Inhalt
B35	=CVRP($B$20:$H$26;$B$11:$G$11;$B$8;A35)[88]
B37 - B44	Ausgefüllte Reihen von B35.
C35	=ERSPARNIS(B35;$B$20:$H$26)
D35	=PALETTEN(B35;$B$11:$G$11)
D37 - D44	Ausgefüllte Reihen von D35.
E35	=KDNAMEN(B35;$C$19:$H$19)
E37 - E44	Ausgefüllte Reihen von E35.

Die obere Tabelle enthält die Syntax für den Aufruf der benutzerdefinierten Funktionen.

---

[88] Anmerkung: Die Angabe von "A35" ist hier optional (siehe Kapitel 3.7.1).

Wie in diesem Beispiel deutlich wird, wurden zur Darstellung des Ergebnisses drei verschiedene benutzerdefinierte Funktionen erstellt:

- CVRP
- ERSPARNIS
- KDNAMEN

6.4.4.2 Die benutzerdefinierte Funktion CVRP

Mit dieser Funktion wird die eigentliche Berechnung der Touren durchgeführt. Dazu werden die Matrizen der Quelldaten in Form von Argumenten übergeben:

```
CVRP(Entfernungsmatrix; Bedarfsmatrix; Ladekapazität; [Tour-Index])
```

Die Angabe des Tour-Index ist optional. Wird kein Wert oder 0 angegeben, so erfolgt die Ausgabe aller Touren in einer Zelle. Die angefahrenen Kunden innerhalb einer Tour sind dabei durch Semikola (;) getrennt. Die einzelnen Touren untereinander sind von Unterstrichen (_) getrennt. Bei der Angabe eines Tour-Index erfolgt die Ausgabe von einer einzelnen Tour, abhängig vom Tour-Index der Zelle A37 – A44 in der Abbildung 43. Die folgende Abbildung zeigt die Argumente der Funktion für das aktuelle Beispiel.

Kapitel 6 - Das Savingsverfahren nach Clarke und Wright   85

	A	B	C	D	E	F	G	H
7								
8	Ladekapazität		15					
9								
10	Kunde	1	2	3	4	5	6	
11	Bedarf in Europaletten	5	1	3	3	2	6	
18								
19	Entfernungen	Depot	A	B	C	D	E	F
20	Depot	0	3391	20171	30702	35447	24239	23522
21	A		0	18002	25513	33060	16401	25125
22	B			0	21255	51800	31901	20463
23	C				0	40310	40592	23452
24	D					0	22018	23453
25	E						0	12345
26	F							0
33								
34	Tour-Index		Tour	Ersparnis	Paletten	Kundennamen		
35			0	=CVRP($B$20:$H$26;$B$11:$G$11;$B$8;A35)				
36								
37		1	2;3;6;4;5	133574	15	B;C;F;D;E		
38		2	1	0	5	A		
39		3		0	0			
40		4		0	0			
41		5		0	0			
42		6		0	0			
43		7		0	0			
44		8		0	0			
45								

Formel: =CVRP($B$20:$H$26;$B$11:$G$11;$B$8;A35)

Abbildung 44 Savingsverfahren: Syntax benutzerdefinierte Funktion CVRP

Um die Lösung bei einer Veränderung der Eingabedaten zu aktualisieren, ist keine Aktion des Benutzers notwendig. Es ist ausreichend, die Quelldaten zu ändern und mit Betätigung der Enter-Taste wird das Ergebnis automatisch aktualisiert. Lediglich bei einer Änderung der Kundenanzahl müssen die Argumente der Funktion in ihren Dimensionen angepasst werden.

6.4.4.3 Die benutzerdefinierte Funktion ERSPARNIS

Diese Funktion gibt die Ersparnis aus, die beim Kombinieren der als Argument übergebenen Tour(en) anfällt. Die Touren werden dabei nicht neu berechnet, sondern von der Funktion CVRP übernommen, um zusätzliche Rechenzeit zu vermeiden. Die Touren sowie deren Kunden werden dabei durch Auswertung der Semikola und Unterstriche auseinandergehalten.

Dazu werden folgende Quelldaten als Argumente übergeben:

```
ERSPARNIS(Touren; Entfernungsmatrix)
```

Die folgende Abbildung zeigt die Argumente der Funktion für das aktuelle Beispiel.

	A	B	C	D	E	F	G	H
7								
8	Ladekapazität		15					
9								
10	Kunde		1	2	3	4	5	6
11	Bedarf in Europaletten		5	1	3	3	2	6
18		Entfernungen						
19			Depot	A	B	C	D	E	F
20	Depot		0	3391	20171	30702	35447	24239	23522
21	A			0	18002	25513	33060	16401	25125
22	B				0	21255	51800	31901	20463
23	C					0	40310	40592	23452
24	D						0	22018	23453
25	E							0	12345
26	F								0
33								
34	Tour-Index		Tour	Ersparnis	Paletten	Kundennamen		
35			0 2;3;6;4;5_1	=ERSPARNIS(B35;$B$20:$H$26)				
36								
37			1 2;3;6;4;5	133574	15	B;C;F;D;E		
38			2 1	0	5	A		
39			3	0	0			
40			4	0	0			
41			5	0	0			
42			6	0	0			
43			7	0	0			
44			8	0	0			
45								

Abbildung 45 Savingsverfahren: Syntax benutzerdefinierte Funktion ERSPARNIS

6.4.4.4 Die benutzerdefinierte Funktion PALETTEN

Diese Funktion gibt die Anzahl an benötigten Paletten aus, die beim Kombinieren der als Argument übergebenen Tour(en) anfällt. Die Touren werden bei dieser Funktion ebenfalls nicht neu berechnet, sondern aus dem Ergebnis der Funktion CVRP aus dem Kapitel 6.4.4.2 übernommen. Die Touren sowie deren Kunden werden dabei ebenfalls durch Auswertung der Semikola und Unterstriche auseinandergehalten.

Kapitel 6 - Das Savingsverfahren nach Clarke und Wright

Dazu werden folgende Quelldaten als Argumente übergeben:

```
PALETTEN(Touren; Bedarfsmatrix)
```

Die folgende Abbildung zeigt die Argumente der Funktion für das aktuelle Beispiel:

	A	B	C	D	E	F	G	H
7								
8	Ladekapazität		15					
9								
10	Kunde	1	2	3	4	5	6	
11	Bedarf in Europaletten	5	1	3	3	2	6	
18								
19	Entfernungen		Depot	A	B	C	D	E	F
20	Depot		0	3391	20171	30702	35447	24239	23522
21	A			0	18002	25513	33060	16401	25125
22	B				0	21255	51800	31901	20463
23	C					0	40310	40592	23452
24	D						0	22018	23453
25	E							0	12345
26	F								0
33									
34	Tour-Index	Tour		Ersparnis	Paletten	Kundennamen		
35	0	2;3;6;4;5;1		133574	=paletten(B35;$B$11:$G$11)			
36								
37	1	2;3;6;4;5		133574	15	B;C;F;D;E		
38	2	1		0	5	A		
39	3			0	0			
40	4			0	0			
41	5			0	0			
42	6			0	0			
43	7			0	0			
44	8			0	0			

Formelleiste: =paletten(B35;$B$11:$G$11)

Abbildung 46 Savingsverfahren: Syntax benutzerdefinierte Funktion PALETTEN

6.4.4.5 Die benutzerdefinierte Funktion KDNAMEN

Diese Funktion wandelt die von der Funktion CVRP als Zahlen dargestellten Kunden in Kundennamen um. Diese Darstellung ist eher geeignet für die Praxis, denn ein Lkw-Fahrer kann die Kundennummer keinem tatsächlich existierenden Kunden zuordnen. Die Kundennamen werden einer Matrix entnommen, die als Argument übergeben wird. Dementsprechend werden folgende Argumente übergeben:

```
KDNAMEN(Touren; Namensmatrix)
```

Die nachstehende Abbildung zeigt die Argumente der Funktion für das aktuelle Beispiel:

	A	B	C	D	E	F	G	H
7								
8	Ladekapazität	15						
9								
10	Kunde	1	2	3	4	5	6	
11	Bedarf in Europaletten	5	1	3	3	2	6	
18								
19	Entfernungen	Depot	A	B	C	D	E	F
20	Depot	0	3391	20171	30702	35447	24239	23522
21	A		0	18002	25513	33060	16401	25125
22	B			0	21255	51800	31901	20463
23	C				0	40310	40592	23452
24	D					0	22018	23453
25	E						0	12345
26	F							0
33								
34	Tour-Index	Tour	Ersparnis	Paletten	Kundennamen			
35	0	2;3;6;4;5_1	133574	20	=KDNAMEN(B35;$C$19:$H$19)			
36								
37	1	2;3;6;4;5	133574	15	B;C;F;D;E			
38	2	1	0	5	A			
39	3		0	0				
40	4		0	0				
41	5		0	0				
42	6		0	0				
43	7		0	0				
44	8		0	0				

Abbildung 47 Savingsverfahren: Syntax benutzerdefinierte Funktion KDNAMEN

6.4.5 Vergleich beider Konzepte

Sowohl Konzept 1 als auch Konzept 2 haben Vor- und Nachteile. Nachfolgend werden beide Konzepte gegenübergestellt:

Tabelle 16 Savingsverfahren: Vergleich Konzept 1 und Konzept 2

Konzept 1	Konzept 2
Berechnung durch Drücken des Buttons „Berechnen".	Benutzerdefinierte Funktionen führen eine automatische Berechnung nach Änderung der Quelldaten aus.
Lösung mit der Ausgabe von sämtlichen Iterationen.	Nur die endgültigen Touren ohne die Iterationen werden ausgegeben.
Eingabe der Quelldaten in festgelegter Tabelle und festgelegtem Zellbereich.	Eingabe in frei wählbarem Bereich, auch in anderen Excel-Tabellen und/oder -Dateien möglich.
Benutzung überwiegend selbsterklärend.	Benutzung der Funktion evtl. verwirrend (Tourindizes und Funktionsargumente müssen vorher erklärt werden).
Kann nicht als Add-in installiert werden und im Hintergrund laufen.[89]	Benutzerdefinierte Funktionen können als Excel Add-In eingerichtet und wie native Excel-Funktionen verwendet werden.
Die Berechnung wird nur einmal durchgeführt.	Bei jeder Zelle, in der die Funktion CVRP steht, wird der komplette Algorithmus jeweils einmal durchlaufen. Obwohl Heuristiken wenig Rechenzeit beanspruchen, kann dies bei sehr langen oder vielen Touren im Unterschied zum Konzept 1 zu merklichen Performance-Einbußen führen.

---

[89] Zur Erstellung von eigenen Add-Ins vgl. Breden und Schwimmer (2007), S. 941ff.

7 Die Christofides-Heuristik

Das in diesem Kapitel vorgestellte Verfahren wurde im Jahr 1976 von Nicos Christofides entwickelt. Es handelt sich um eine Lösungsheuristik für das metrische Traveling Salesman Problem (mTSP). Dabei werden verschiedene Algorithmen zur Lösung von graphentheoretischen Problemen angewendet, die in Kombination letztendlich eine Rundreise ergeben.

Das mTSP wird dabei mit relativer Güte 3/2 approximiert, d. h. es wird garantiert, dass die Länge der durch die Christofides-Heuristik ermittelten Tour maximal 150% der optimalen Tour (ermittelt durch ein exaktes Verfahren) beträgt. Der Beweis hierfür erfolgt im Kapitel 7.3. Damit hat die Heuristik die beste momentan bekannte Gütegarantie für das mTSP.[90]

7.1 Ökonomische Problembeschreibung

Das TSP lässt sich wie folgt beschreiben:

Ein Handlungsreisender möchte Kunden in verschiedenen Städten anfahren und zum Schluss an den Ort, wo er seine Reise begonnen hat, zurückkehren. Dabei soll die zurückgelegte Gesamtstrecke bzw. die Gesamtkosten minimal sein und kein Ort mehr als einmal angefahren werden. Folgende Fragestellung ergibt sich dabei: In welcher Reihenfolge soll der Handlungsreisende die Städte besuchen?

Dieses Problem lässt sich auch auf andere Sachverhalte übertragen, bspw. für die Müllentsorgung oder das Austragen von Telefonbüchern in einer Rundtour.[91]

7.2 Mathematische Formulierung

Das mTSP wird folgendermaßen modelliert: Gegeben ist ein einfacher vollständiger Graph $G = (V, E) = K_n$ mit einer metrischen Kantenbewertung $c : E \to \mathbb{R}_+$, d. h. mit einer Bewertung, welche die Dreiecksungleichung

$$c(u,w) \leq c(u,v) + c(v,w) \text{ für alle } u,v,w \in V$$

erfüllt.[92] Für beliebige drei Städte A, B und C darf also die Distanz zwischen A und C höchstens der Summe der Distanzen von A nach B und von B nach C betragen. Gesucht ist ein *Hamiltonscher Kreis* in G, bei dem die Gewichtsfunktion c minimal ist.

---

[90] Vgl. Aigner (2006), S. 161
[91] Vgl. Lau (2009), S. 147
[92] Vgl. Krumke und Noltemeier (2005), S. 133

Hamiltonscher Kreis

Beschreibt einen Weg P in einem gerichteten oder ungerichteten Graphen G, wobei P jede Kante aus $V(G)$ genau einmal durchläuft. Dieser Weg ist gleichzeitig ein Kreis.[93]

Um diesen *Hamiltonschen Kreis* zu ermitteln, werden im *Christofides-Algorithmus minimale Spannbäume, leichteste Matchings* und *Eulertouren* auf *Multigraphen* benutzt. Im Folgenden werden diese Begriffe definiert:[94]

Minimaler Spannbaum (MST)

Einen ungerichteten, zusammenhängenden und zyklenfreien Graph mit mindestens einem Knoten nennt man *Baum*. Ist die Summe der Kantengewichte kleiner als bei allen anderen möglichen Bäumen, so spricht man von einem *minimalen Spannbaum*.[95]

Matching M

Hierbei handelt es sich um einen Teilgraphen des kantengewichteten Graphen G, in der jeder Knoten den maximalen Grad 1 hat. Dabei ist das Gewicht von M die Summe der Gewichte der in M vorkommenden Kanten.

Perfektes Matching M

Bei *perfekten* Matchings haben alle n Knoten des vollständigen Graphen G mit gerader Anzahl n an Knoten genau den Grad 1. Es handelt sich um Matchings, in denen $n/2$ Kanten beteiligt sind.

Leichtestes Matching (MMG)

Perfektes Matching mit kleinstmöglichem Gewicht.

Multigraph

Graph, in dem zwei Knoten durch mehrere Kanten miteinander verbunden sein können.

---

[93] Vgl. Krumke und Noltemeier (2005), S. 50
[94] Vgl. Wanka (2006), S. 42f.
[95] Vgl. Hubwieser und Aiglstorfer (2004), S. 253

Kapitel 7 - Die Christofides-Heuristik

Eulertour

Ein Weg $(u_1, u_2, ..., u_{|E|+1})$ mit $u_i \in V$ in G, der sich in einem zusammenhängenden (Multi-)Graphen $G = (V, E)$ befindet, in dem jede Kante von G genau einmal vorkommt. Alternativbezeichnungen: *Eulerpfad* oder *Eulerkreis*.

Mit diesen Begriffen kann der Christofides-Algorithmus folgendermaßen beschrieben werden:

„Algorithmus CH:

(1) berechne einen minimalen Spannbaum T_{CH} von $I = \langle K_n, c \rangle$;

(2) $S := \{ v \in T_{CH} \mid \deg_{T_{CH}}(v) \text{ ist ungerade} \}$; [Es gilt: |S| ist gerade]

(3) berechne auf dem durch S induzierten Teilgraphen des K_n ein leichtestes Matching M_{CH} ;

(4) berechne eine Eulertour $E = (u_1, u_2, ...)$ auf $T_{CH} \cup M_{CH}$;

(5) [$T_{CH} \cup M_{CH}$ kann Multi-Graph sein; alle Knoten haben geraden Grad]

(6) entferne in E Wiederholungen von Knoten, sodass man einen Hamiltonschen Kreis E^1 erhält, und gib E^1 aus;"[96]

Der Grundgedanke des Christofides-Algorithmus liegt darin, dass G genau dann eine Eulertour hat, wenn alle Knoten in G geraden Grad haben (dieser Sachverhalt ist auch als *Königsberger Brückenproblem*[97] bekannt).

---

[96] Wanka (2006), S. 43
[97] Das Königsberger Brückenproblem soll hier nur der Vollständigkeit halber erwähnt werden, denn es ist mit den Anforderungen an eine Euler-Tour identisch. Für weitere Informationen eignet sich folgendes Buch: Nitzsche (2009). Graphen für Einsteiger: Rund um das Haus vom Nikolaus. 3., überarbeitete und erweiterte Auflage. Vieweg+Teubner Verlag, Wiesbaden. S. 19ff.

Die folgende Abbildung zeigt ein Beispiel für die Arbeitsweise des Christofides-Algorithmus:

a: Minimal aufspannender Baum T

b: Gewichtsminimales perfektes Matching M auf den Ecken ungeraden Grades in T

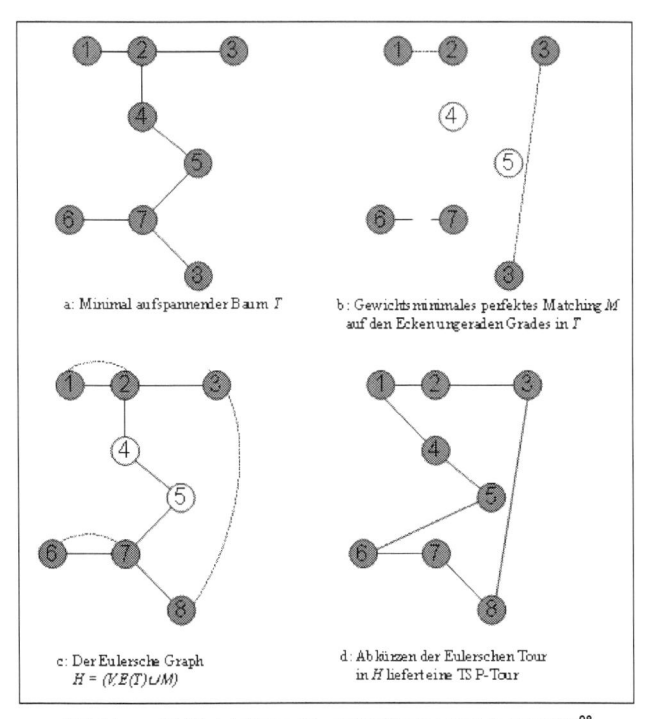

c: Der Eulersche Graph $H = (V, E(T) \cup M)$

d: Abkürzen der Eulerschen Tour in H liefert eine TSP-Tour

Abbildung 48 Christofides-Heuristik für das metrische TSP[98]

7.3 Beweis für die Güte der Christofides-Heuristik

Der MST-Baum kann nicht länger sein wie die optimale bzw. minimale TSP-Tour. Dies ist klar, da bei dieser Tour alle Knoten einmal angefahren werden. Daher ergibt sich hieraus die untere Schranke des Algorithmus.

Da bei der Christofides-Heuristik die Graphen des MST und der MMG addiert werden, fehlt nun nur noch der Beweis dafür, dass die Gesamtlänge der Kanten der MMG höchstens halb so lang sein kann wie die optimale TSP-Tour:

Alle möglichen Kombinationen von Matchings eines MST können höchstens so lang sein wie die optimale Tour, da sie durch „Abkürzen" aus dieser entstanden sind. Da beim

---

[98] Krumke und Noltemeier (2005), S. 292

Bilden von *minimalen Matchings* lediglich die Kombinationen mit dem geringsten Gewicht verbunden werden und die Anzahl der Kanten die Hälfte der Anzahl der Knoten ungeraden Gerades ist, kann das kürzere Matching nicht länger als die Hälfte der Tour sein.
Addiert man die untere Schranke mit der Hälfte der Tour, so ergibt sich der Wert 3/2.[99]

7.4 Algorithmen für die Christofides Heuristik

Die Christofides-Heuristik lässt sich in drei Teil-Algorithmen unterteilen:
- Minimalen Spannbaum (MST)
- Leichtestes Matching (MMG)
- und Bilden einer Eulertour bzw. Hamiltonschen Kreises

Herausgelöst aus dem Kontext des Christofides-Algorithmus kann der Minimale Spannbaum auch dazu verwendet werden, geeignete Verbindungen für Versorgungsnetze wie Wasser- und Telefonversorgung mit minimalen Gesamtkosten/-wegstrecken zu planen.[100]
In der folgenden Erläuterung der Algorithmen wird auf ein einziges Beispiel zurückgegriffen, auf dessen Ergebnisse der jeweils folgende Teil-Algorithmus zurückgreift.

7.4.1 Algorithmus zur Berechnung des MST

Für den Algorithmus zur Berechnung des *Minimal Spannenden Baumes* oder eng. *Minimal Spanning Tree* ist – im Gegensatz zum Christofides-Algorithmus als Gesamtkonstrukt – kein vollständiger Graph Voraussetzung. Ein Graph, bei dem sämtliche Knoten über einen oder mehrere andere Knoten erreichbar sind, ist hinreichend. Die Kosten für zulässige Verbindungen zwischen jeweils zwei Orten sind bekannt und es soll das kostenminimale Versorgungsnetz bestimmt werden.[101]

7.4.1.1 Mathematische Formulierung

Gegeben: „Ein zusammenhängender Graph $G = (N, E)$ in Verbindung mit einer Gewichtsfunktion $x : E \to \Re$, die zu jeder Kante $e \in E$ ein Gewicht $w(e)$ als

---
[99] In Anlehnung an Gritzmann und Brandenberg (2005), S. 311ff.
[100] Vgl. Wagenknecht (2003), S. 120
[101] Vgl. Feige und Klaus (2008), S. 294

reelle Zahl zuordnet. [...] Dabei stellt N die Menge der Versorgungspunkte bzw. Knotenvermittlungsstellen des Netzes und $w(e) > 0$ die Entfernung für jede mögliche Verbindung $e \in E$ im Netz dar.

Gesucht: Ein Spannbaum T von G mit minimalem Gesamtgewicht $w(T) =$ Summe der Gewichte $w(e)$ für alle Kanten $e \in T$, d. h.: Für alle spannenden Bäume T' von G muss gelten: $w(T) \leq w(T')$."[102]

Für die Bestimmung des MST stehen zwei Algorithmen zur Verfügung – *Kruskal* und *Prim*. Im Folgenden wird lediglich der Algorithmus von Kruskal beschrieben:

„Der Kruskal-Algorithmus enthält folgende Schritte:

(7) Sortieren der Kanten des Graphen nach nicht abnehmenden Bewertungen.

(8) Hinzunahme der nächsten Kante aus der sortierten Liste zu dem Baum, sofern kein Zyklus entsteht.

(9) Fortsetzen des zweiten Schrittes, bis alle Knoten im Baum enthalten sind oder alle Kanten durchgemustert wurden."[103]

Bei Punkt (2) sind drei Fälle zu unterscheiden:[104]

Fall 1) Verbinden von zwei Knoten, die beide bislang noch nicht dem Baum hinzugefügt wurden.

Fall 2a, b) Ein Knoten, der bislang noch nicht dem Baum hinzugefügt wurde, wird mit einem Baum, der mindestens zwei Knoten hat, verbunden.

Fall 3a) Zwei Bäume, die jeweils mindestens zwei Knoten haben, werden verbunden (beide Bäume schließen einen Kreis).

Fall 3b) Zwei Bäume, die jeweils mindestens zwei Knoten haben, werden verbunden (beide Bäume schließen keinen Kreis).

Der Kruskal-Algorithmus arbeitet mit $\mathcal{O}(a \log n)$, wenn der Graph nur wenige Kanten hat und mit $\mathcal{O}(n^2 \log n)$ bei höherer Dichte, d. h.

$$a \leq \frac{n}{2}(n-1).$$

---

[102] Suhl und Mellouli (2006), S. 170
[103] Feige und Klaus (2008), S. 295
[104] Vgl. Domschke (2007), S. 57

Kapitel 7 - Die Christofides-Heuristik

Dabei steht a für die Anzahl der Kanten und n für die Anzahl der Knoten des betrachteten Graphen.[105]

7.4.1.2 Beispiel für Minimalen Spannbaum

Mit dem Kruskal-Verfahren soll der *Minimale Spannbaum* für den folgenden Graphen ermittelt werden:

Tabelle 17 Christofides-Heuristik: Koordinaten für MST

Punkt	X	Y
1	56	56
2	34	56
3	34	78
4	54	45
5	75	96
6	22	52
7	64	43
8	46	45

---

[105] Wagenknecht (2003), S. 120f.

Der Graph enthält acht durchnummerierte Knoten in einem zweidimensionalen Koordinatensystem:

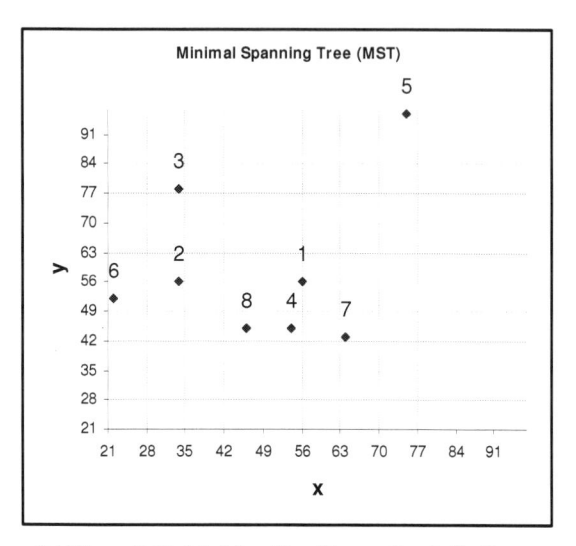

Abbildung 49 Christofides-Algorithmus: Graph für Knoten

Im nächsten Schritt müssen die Kantengewichte ermittelt werden. Dies geschieht mithilfe des Satzes des Pythagoras.
Beispiel: Das Kantengewicht für die Verbindung der Punkte 5 und 6 ist

$$c_{5,6} = a = \sqrt{b^2 + c^2} = \sqrt{(75-22)^2 + (96-52)^2} \approx 69.$$

Damit ergibt sich folgende symmetrische Distanzmatrix:

Tabelle 18 Christofides-Algorithmus: Distanzmatrix für MST

0	22	31	11	44	34	15	15
22	0	22	23	57	13	33	16
31	22	0	39	45	29	46	35
11	23	39	0	55	33	10	8
44	57	45	55	0	69	54	59
34	13	29	33	69	0	43	25
15	33	46	10	54	43	0	18
15	16	35	8	59	25	18	0

Nun werden die Kantengewichte aus der Distanzmatrix aufsteigend sortiert.[106] Das Ergebnis ist folgende Kantenliste:

Tabelle 19 Christofides-Algorithmus: Sortierte Kantenliste für MST

Nr.	Von	Nach	Länge	Nr.	Von	Nach	Länge
1	4	8	8,00	15	2	7	32,70
2	4	7	10,20	16	4	6	32,76
3	1	4	11,18	17	1	6	34,23
4	2	6	12,65	18	3	8	35,11
5	1	8	14,87	19	3	4	38,59
6	1	7	15,26	20	6	7	42,95
7	2	8	16,28	21	1	5	44,28
8	7	8	18,11	22	3	5	44,78
9	2	3	22,00	23	3	7	46,10
10	1	2	22,00	24	5	7	54,13
11	2	4	22,83	25	4	5	55,15
12	6	8	25,00	26	2	5	57,28
13	3	6	28,64	27	5	8	58,67
14	1	3	31,11	28	5	6	68,88

---

[106] Entspr. Punkt (1) aus Kapitel 7.4.1.1

Als nächstes wird die sortierte Kantenliste aufsteigend abgearbeitet, indem die Kanten den Gruppen zugeordnet werden:

Tabelle 20 Christofides-Algorithmus: Abarbeiten der Kantenliste

Programm-schritt	Kante	Fall	Zuweisung	Knoten in der zugewiesenen Gruppe
1	[4-8]	Fall 1	Gruppe 1	[4-8]
2	[4-7]	Fall 2	Gruppe 1	[4-8];[4-7]
3	[1-4]	Fall 2	Gruppe 1	[4-8];[4-7];[1-4]
4	[2-6]	Fall 1	Gruppe 2	[2-6]
5	[1-8]	Fall 3a	Verwerfen	
6	[1-7]	Fall 3a	Verwerfen	
7	[2-8]	Fall 3b	Verbinden Gruppe 1+2 Neue Gruppe 1	[4-8];[4-7];[1-4];[2-8];[2-6]
8	[7-8]	Fall 3a	Verwerfen	
9	[2-3]	Fall 2	Gruppe 1	[4-8];[4-7];[1-4];[2-8];[2-6];[2-3]
10-20		Fall 3a	Verwerfen	
21	[1-5]	Fall 2	Gruppe 1	[4-8];[4-7];[1-4];[2-8];[2-6];[2-3];[1-5]
22-28		Fall 3a	Verwerfen	

Kapitel 7 - Die Christofides-Heuristik 101

Daraus ergibt sich folgender *Minimaler Spannbaum*:

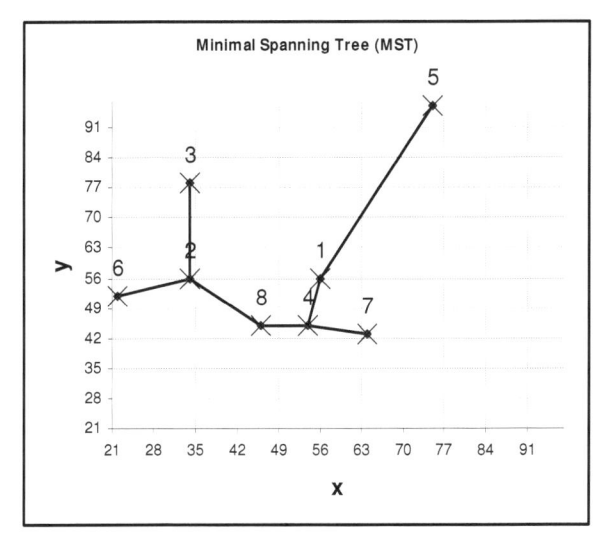

Abbildung 50 Christofides-Algorithmus: Graph MST

7.4.2 Algorithmus zur Berechnung des leichtesten Matchings

Der Algorithmus zur Berechnung des *leichtesten Matchings* baut auf dem MST auf. Damit im letzten Schritt des Christofides-Algorithmus eine *Eulertour* erzeugt werden kann, ist es notwendig, alle Knoten ungeraden Grades auf dem MST zu eliminieren. Dies wird erreicht durch das Bilden von Paarkombinationen minimalen Gewichts dieser Knoten.

7.4.2.1 Mathematische Formulierung

Ein *Matching* eines ungerichteten Graphen $G = [V, E]$ ist eine Teilmenge E_M der Kantenmenge E, wobei jeder Knoten aus V maximalen Grad 1 hat.[107] Bei *perfekten Matchings* haben alle n Knoten genau den Grad 1. Dies ist nur möglich, wenn G ein vollständiger Graph mit gerader Anzahl an n Knoten ist. Ein *leichtestes Matching* ist ein *perfektes Matching* mit kleinstmöglichem Gewicht. Die Berechnung ist bei einem Eingabegraph mit $\Theta(n^2)$ Kanten in Zeit $O(n^{2.5}(\log n)^4)$ möglich.[108]

---

[107] Vgl. Feige und Klaus (2008), S. 296
[108] Vgl. Wanka (2006), S. 42

Wie Bereits in Kapitel 7.2 erwähnt, gelten folgende mathematischen Bedingungen:

$S := \{ v \in T_{CH} \mid \deg_{T_{CH}}(v) \text{ ist ungerade} \}$;   [Es gilt: |S| ist gerade]

berechne auf dem durch S induzierten Teilgraphen des K_n ein leichtestes Matching M_{CH} ; mit MST: T_{CH} von $I = \langle K_n, c \rangle$ [109]

7.4.2.2 Beispiel für leichtestes Matching

Für den im Kapitel 7.4.1 ermittelten MST soll nun ein *leichtestes Matching* (MMG) für die Knoten ungeraden Grades ermittelt werden. Dazu werden diese zunächst aus den Zeilensummen der Matrix für den MST identifiziert:

Tabelle 21 Christofides-Algorithmus: Matrix für MST

								Zeilensumme
0	0	0	1	1	0	0	0	→2
0	0	1	0	0	1	0	1	→3
0	1	0	0	0	0	0	0	→1
1	0	0	0	0	0	1	1	→3
1	0	0	0	0	0	0	0	→1
0	1	0	0	0	0	0	0	→1
0	0	0	1	0	0	0	0	→1
0	1	0	1	0	0	0	0	→2

Es zeigt sich, dass die Knoten 2; 3; 4; 5; 6 und 7 (in der Tabelle fett gedruckt) ungerade Zeilensummen haben.

---

[109] Wanka (2006), S. 43

Kapitel 7 - Die Christofides-Heuristik

Als nächstes werden sämtliche Paarkombinationen dieser Knoten aufsteigend nach Gewicht sortiert:

Tabelle 22 Christofides-Algorithmus: Paarkombinationen für MMG

Knoten 1	Knoten 2	Kantengewicht
4	7	10,20
2	6	12,65
2	3	22,00
2	4	22,83
3	6	28,64
2	7	32,70
4	6	32,76
3	4	38,59
6	7	42,95
3	5	44,78
3	7	46,10
5	7	54,13
4	5	55,15
2	5	57,28
5	6	68,88

Da jeder Knoten nur einmal verbunden werden kann, ergeben sich folgende Verbindungen als MMG: [4-7];[2;6];[3;5].

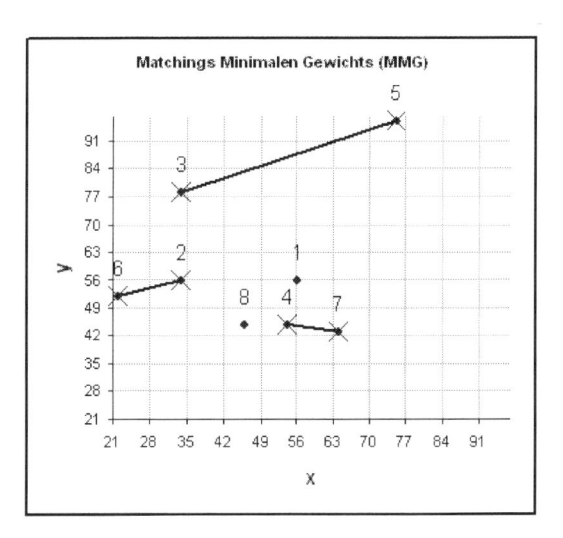

Abbildung 51 Christofides-Algorithmus: Graph MMG

7.4.3 Algorithmus zur Berechnung der Eulertour

Für die Berechnung der *Eulertour* werden die Graphen des MST und MMG miteinander verbunden. In der folgenden Abbildung wird der MST-Graph mit durchgängigen und der MMG-Graph mit den gestrichelten Kantenverbindungen dargestellt (die gestrichelten Linien werden im Programm rot dargestellt):

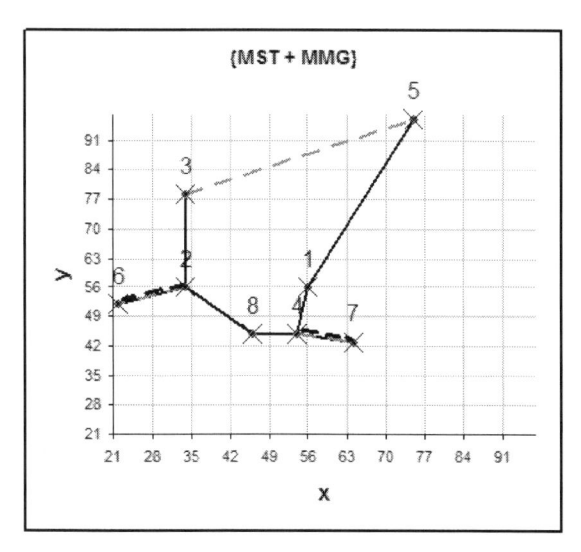

Abbildung 52 Christofides-Algorithmus: Graph MST+MMG

Nun geht man von einem beliebigen Startpunkt aus (in diesem Beispiel Knoten 1) und bildet die Eulertour
    [1-4-7-4-8-2-6-2-3-5-1],
indem alle Knoten nacheinander angefahren werden. Die Fahrtrichtung ist dabei unbedeutend. In der folgenden Abbildung wurde zur Veranschaulichung die Richtung rechts gewählt (dargestellt durch die äußere Linie mit den Pfeilen).

Kapitel 7 - Die Christofides-Heuristik

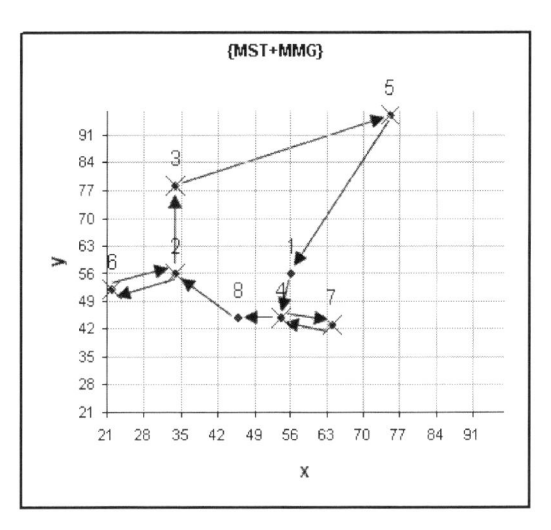

Abbildung 53 Christofides-Algorithmus: Graph Eulertour

Abschließend bildet man, ausgehend von dieser Eulertour, durch Entfernen der Duplikate einen *Hamiltonschen Kreis*: [1-4-7-8-2-6-2-3-5-1].

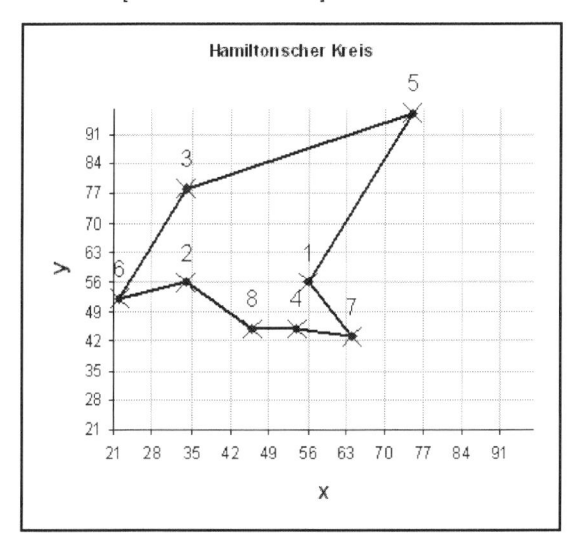

Abbildung 54 Christofides-Algorithmus: Hamiltonscher Kreis

7.5 Implementierung in Excel und VBA

Die Implementierung des Christofides-Algorithmus geschieht in Form von benutzerdefinierten Matrixfunktionen.[110] Dadurch können die erforderlichen Berechnungen unabhängig vom Namen des Tabellenblattes, Position der Ein- und Ausgabedaten, etc. durchgeführt werden.

Um die Benutzerfreundlichkeit und Übersichtlichkeit des Tools zu erhöhen, wird im Programmcode eine automatische Erkennung der Knotenanzahl sowie eine visuelle Ausgabe mit Diagrammen implementiert.

Das Programm ist in neun Module unterteilt (detaillierte Erläuterung im Anhang C):

```
VBAProject (Christofides.xls)
    Microsoft Excel Objekte
        DieseArbeitsmappe
        Tabelle_Christofides (Christofides)
    Module
        Modul_Distanzmatrix
        Modul_Eulermatrix
        Modul_Eulertour
        Modul_MMG
        Modul_MST
        Tabellenblatt
        XY_ChartLabeler
```

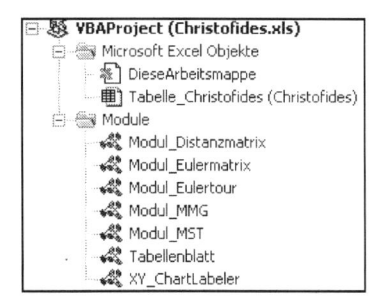

Abbildung 55 Modul-Struktur Christofides-Programm

Modulname	Inhalt
DieseArbeitsmappe	Initialisierende Befehle beim Starten der Excel-Datei
Tabelle_Christofides	Berechnung der Distanzmatrix
Modul_Distanzmatrix	Aktualisierung der Diagramme
Modul_Eulermatrix	Berechnung der Eulertour
Modul_Eulertour	Ausgabe der Eulertour in einer Zelle
Modul_MMG	Berechnung der MMG
Modul_MST	Berechnung des MST
Tabellenblatt	Anpassung der Formeln und Diagramme an die Knotenzahl
XY_ChartLabeler	Programm zur Aktualisierung der Diagramme[111]

---

[110] Vgl. Konzept 2 in Kapitel 6.4.4
[111] Quelle: Siehe Anhang D

Das Tabellenblatt wird folgendermaßen eingerichtet:

Tabelle 23 Einrichtung Tabellenblatt Christofides[112]

Name der Funktion	Name des Zellbereichs	Argumente	Zweck
	M_Knoten		Eingabe der Quelldaten
{Distanzmatrix}	M_Distanz	Koordinaten der Knoten	Berechnung der Entfernungen zwischen allen Punkten
{MST}	M_MST	M_Distanzmatrix	Berechnung des MST
{MMG}	M_MMG	M_Distanzmatrix; M_MST	Berechnung der MMG
{Eulermatrix}	M_Eulermatrix	M_MST_MMG; M_Distanzmatrix	Berechnung der Eulertour
{}	M_Tourlänge	M_Eulermatrix *M_Distanz	Berechnung der Tourlänge
{}	M_MMGLänge	M_MMG *M_Distanz	Berechnung der Länge der MMG
Eulertour	Z_Eulertour	Startpunkt; M_Eulermatrix	Ausgabe der Eulertour in einer Zelle
SUMME	Z_Tourlänge	M_Tourlänge	Ausgabe der Tourlänge in einer Zelle
SUMME	Z_MMGLänge	M_MMGLänge	Ausgabe der Länge der MMG in einer Zelle

---

[112] Die geschweiften Klammern zeigen an, dass es sich um eine Matrixfunktion handelt. Die fettgedruckten Funktionen sind in VBA programmierte benutzerdefinierte Funktionen.

Das Tabellenblatt in Excel mit den Matrizen für die Quelldaten, Zwischenergebnisse und Lösungen hat die folgende Aufteilung (hell gedruckte Schrift innerhalb der fett hervorgehobenen Quadrate: Die erste Zeile gibt den Namen der Bereiche an, die zweite Zeile die enthaltene Formel):

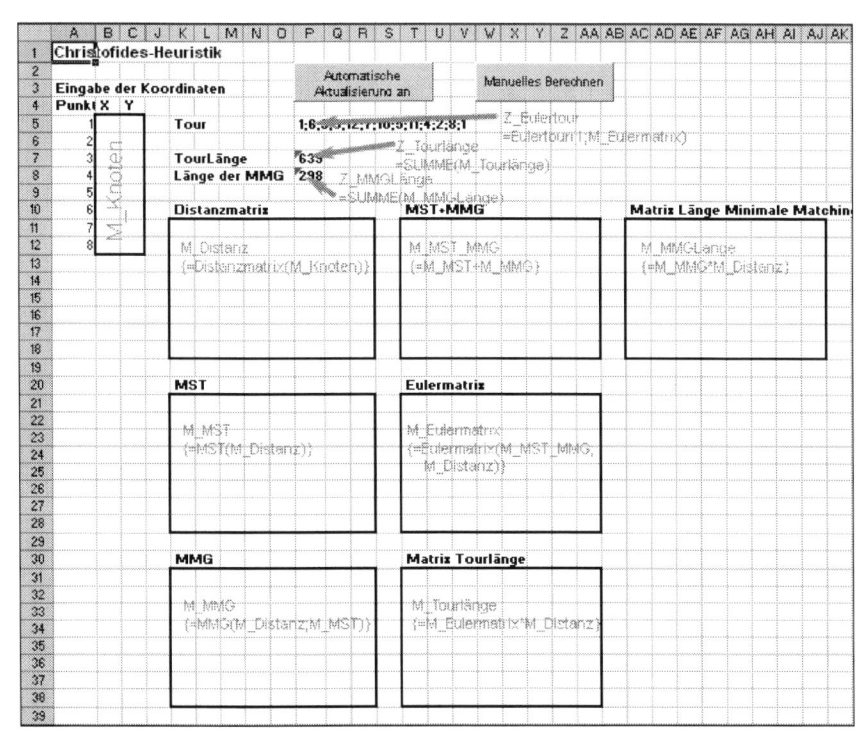

Abbildung 56 Tabellenblatt Christofides

7.5.1 Visuelle Ausgabe der (Zwischen)-Lösung(en)

Für die Visualisierung des MST, der MMG, der Matrixaddition von MST und MMG sowie der Eulertour werden Punktdiagramme verwendet, wie sie bei Excel unter dem Menüpunkt „Einfügen→Diagramm..." zu finden sind. Dabei wird die Positionierung der Punkte aus den Eingabedaten (Matrix M_Knoten) übernommen.

Kapitel 7 - Die Christofides-Heuristik

Bei der Verwendung von Punktdiagrammen für die Darstellung von Graphen sind zwei Schwierigkeiten zu beachten:

1. Bei der automatischen Benennung der Punkte nummeriert Excel diese aufsteigend von links nach rechts. Dabei wird außer Acht gelassen, dass die Knoten im Koordinatensystem durchaus beliebig verteilt sein können.
2. In einem Punktdiagramm werden standardmäßig keine Verbindungslinien zwischen den Punkten angezeigt. Es besteht zwar grundsätzlich die Möglichkeit, unter dem o.g. Menüpunkt bei Excel ein Liniendiagramm auszuwählen. Hierbei werden aber ebenfalls die Punkte von links nach rechts miteinander verbunden.

Das erste Problem wird mit dem *XY Chart Labeler* gelöst.[113] Hier kann eine beliebige Reihe von Beschriftungen für die Punkte im Diagramm festgelegt werden. Durch das eingebaute API kann das Programm in das VBA-Projekt eingebunden werden und innerhalb des Programmablaufs aufgerufen werden.

Das zweite Problem muss ebenfalls durch zusätzlichen Programmcode gelöst werden. Hierbei werden bei jeder Aktualisierung der Ausgabe zunächst sämtliche Verbindungslinien zwischen den Knoten gelöscht und anschließend neu gesetzt. Dies geschieht in der Prozedur renew_diagrams im Modul Tabellenblatt.[114]

---

[113] Vgl. Kapitel 4.4
[114] Der Programmcode hierzu befindet sich im Anhang C.

Die Diagramme für das Beispiel werden folgendermaßen dargestellt:

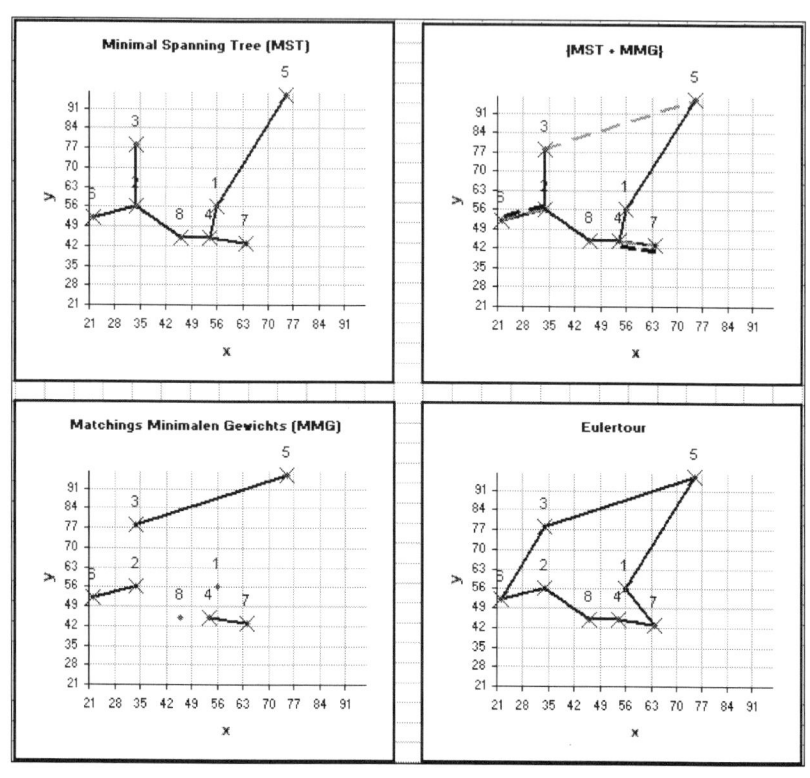

Abbildung 57 Diagramme Christofides-Algorithmus

7.5.2 Aktualisierung der Lösung

Bei der Programmierung von komplexen Algorithmen mit benutzerdefinierten Funktionen ergibt sich die Situation, dass benutzerdefinierte Funktionen auf Zellen verweisen, die selbst benutzerdefinierte Funktionen enthalten und wiederum auf Zellen mit benutzerdefinierten Funktionen verlinken usw. Bei der VBA-Implementierung des Christofides-Algorithmus gehen der Funktion Eulertour die Funktionen Eulermatrix, MMG, MST und Distanzmatrix in Kettenbezügen voraus.

Kapitel 7 - Die Christofides-Heuristik

Für den Fall, dass die Umgebungsvariable

```
Application.Calculation = xlCalculationAutomatic
```

gesetzt ist, werden einige Funktionen mehrfach berechnet. Dies führt zu einer sehr langen Laufzeit des Algorithmus. Dieses Problem ist nicht rekonstruierbar, d. h. bei denselben Quelldaten ergeben sich unterschiedliche Laufzeiten des Algorithmus.
Um dieses Problem zu umgehen, wird die Option

```
Application.Calculation = xlCalculationManual
```

gesetzt, damit die benutzerdefinierten Funktionen bei der Änderung von Zellen nicht neu berechnet werden. Der Benutzer hat nun zwei Schaltflächen zur Auswahl:

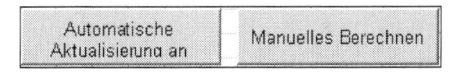

Abbildung 58 Schaltflächen für den Christofides-Algorithmus

Mit der Schaltfläche „Aktualisieren an/aus" kann die Aktualisierung der Matrizen und Diagramme während der Eingabe ein- oder ausgeschaltet werden.
Obwohl in diesem Fall die automatische Aktualisierung der Formeln unter Excel ausgeschaltet ist, wird nun bei Änderung des Tabellenblatts die Prozedur `Worksheet_Change` ausgeführt. Sie stellt eine geordnete Abarbeitung der benutzerdefinierten Funktionen in der richtigen Reihenfolge sicher, ohne dass o.g. Probleme auftreten.
Die automatische Aktualisierung eignet sich vorwiegend für die Beobachtung bei Änderung der Eingabedaten und deren Auswirkungen auf die Lösung.

Die Schaltfläche „Manuelles Berechnen" führt eine Neuberechnung aller Funktionen und Ergebnisse durch. Das Ereignis ist identisch mit dem `Worksheet_Change`-Ereignis bei eingeschalteter automatischer Aktualisierung.

7.6 Modifikation der Christofides-Heuristik

Es soll untersucht werden, ob es mit einem geringfügig modifizierten Christofides-Algorithmus möglich ist, minimale TSP-Touren auch in *nicht-vollständigen ungerichteten Graphen* zu berechnen. Des Weiteren soll die Voraussetzung von euklidischen Entfernungen zwischen den Knoten außer Kraft gesetzt werden. Für beliebige drei Städte A, B und C kann nun also die Distanz zwischen A und C auch höher sein als die Summe der Distanzen von A nach B und von B nach C.[115] Es ist daher folgende Aussage möglich:

$$a^2 + b^2 \neq c^2$$

In der Praxis können dadurch die tatsächlichen Entfernungen zwischen Orten verwendet werden, die durch die Lage von Straßen, Bahnschienen etc. vorgegeben sind. Durch diesen Umstand versteht sich, dass bei dieser Untersuchung nicht die Koordinaten der Knoten, sondern deren Entfernungen bzw. Kantengewichte als Quelldaten dienen.

Beispiel[116]

Folgende (bereits nach Länge bzw. Kosten sortierte) Kantenliste ist gegeben:

Tabelle 24 Christofides-Modifikation: Sortierte Kantenliste

Nr.	von	nach	Länge/Kosten	Nr.	von	nach	Länge/Kosten
1	8	9	2	12	3	6	12
2	9	10	3	13	5	6	12
3	2	3	4	14	9	11	12
4	2	5	6	15	1	2	13
5	2	6	7	16	4	6	13
6	1	3	8	17	1	4	14
7	4	7	8	18	5	8	15
8	8	11	8	19	6	7	15
9	10	11	9	20	6	10	16
10	3	4	10	21	7	10	17
11	6	9	11	22	6	8	19

---

[115] Vgl. Kapitel 7.2
[116] In Anlehnung an Feige und Klaus (2008), S. 295f.

Kapitel 7 - Die Christofides-Heuristik

Daraus ergibt sich folgender Graph:

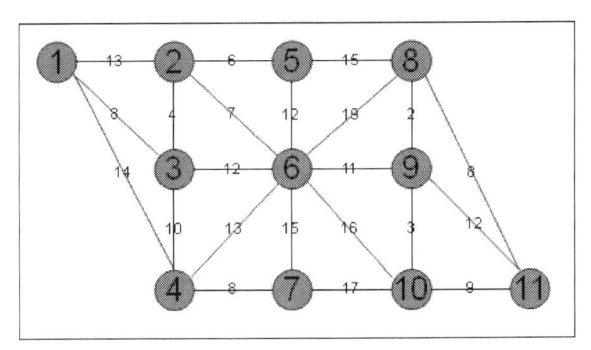

Abbildung 59 Christofides-Modifikation: Graph

Anmerkung: Die Zahlen auf den Linien entsprechen den Kantengewichten.

Für die Ermittlung des MST kann der Kruskal-Algorithmus aus Kapitel 7.4.1.1 beibehalten werden, da dieser auch für nicht-vollständige Graphen gilt.
- Aufnahme der Kanten [8-9]; [9-10]; [2-3]; [2-5]; [2-6]; [1-3]; [4-7]; [8-11] in den Baum.
- Die Kante [10-11] würde einen Zyklus im aktuellen Baum ergeben, der über die Knoten 10; 11; 8 und 9 wieder zum Knoten 10 führt. Daher wird diese Kante übergangen.
- Aufnahme der Kante [3-4] in den Baum. Dieser enthält nun alle 11 Knoten des Ursprungsgraphen.

Die fett gedruckten Linien des nachstehenden Graphen stellen die Kanten des MST dar:

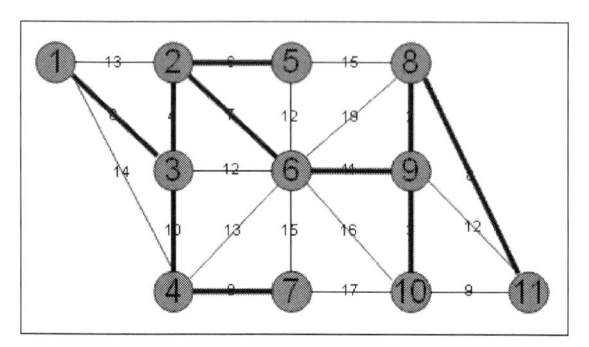

Abbildung 60 Christofides-Modifikation: MST

Als nächstes werden die MMG gesucht. Dieses Verfahren ist bei der Christofides-Modifikation aufwendiger, denn nicht alle Verbindungen sind hier erlaubt.

Zunächst werden die Knoten mit ungerader Anzahl abgehender Kanten bestimmt. Dies sind die Knoten 1; 2; 3; 5; 7; 9; 10 und 11.

Nun müssen alle möglichen Paarkombinationen und deren Kantengewichte ermittelt werden. Durch die restriktivere Adjazenzmatrix gibt es hier insgesamt weniger Möglichkeiten.

Die nach Kantengewichten aufsteigend sortierten Kombinationen sind:

[9-10] = 3; [2-3] = 4; [2-5] = 6; [1-3] = 8;
[10-11] = 9; [9-11] = 12; [1-2] = 13 und [7-10] = 17.

Nun stellt sich die Schwierigkeit, dass nicht ohne Weiteres die Kanten mit den geringsten Gewichten als MMG gewählt werden können. Bei der beispielhaften Auswahl der Kanten [9,10] und [2,3] gibt es keine freien Kombinationen mehr für die Knoten 1, 5, 7 und 11.

Die Lösung dieses Problems ist die Kombination aller Möglichkeiten mithilfe des Binomialkoeffizienten.[117] So kann eine Kombination minimalen Gewichts ermittelt werden, bei der sämtliche Knoten mit einbezogen werden.

---

[117] Der Binomialkoeffizient wird u.a. dafür verwendet, die Anzahl der Möglichkeiten beim Lottospiel, z.B. 6 aus 49 zu ermitteln.

Kapitel 7 - Die Christofides-Heuristik 115

Da es in diesem Beispiel insgesamt 8 Kombinationen gibt, aus denen 4 ausgewählt werden (jede Kombination enthält 2 Punkte), existieren

$$\binom{8}{4} = 70$$

Möglichkeiten, die Punkte zu kombinieren:

Nr. 1: [9-10]; [2-3]; [2-5]; [1-3]
Nr. 2: [9-10]; [2-3]; [2-5]; [10-11]
Nr. 3: [9-10]; [2-3]; [2-5]; [9-11]
Nr. 4: [9-10]; [2-3]; [2-5]; [1-2]
Nr. 5: [9-10]; [2-3]; [2-5]; [7-10]
Nr. 6: [9-10]; [2-3]; [1-3]; [10-11]
Nr. 7: [9-10]; [2-3]; [1-3]; [9-11]
Nr. 8: [9-10]; [2-3]; [1-3]; [1-2]
Nr. 9-69 ...
Nr. 70: [10-11]; [9-11]; [1-2]; [7-10]

Die Kombination mit dem geringsten Gesamtgewicht der Kanten, bei der alle Kanten berücksichtigt werden und die nicht gegen die Restriktionen der Adjazenzmatrix[118] verstößt, ist folgende: [2-5]; [1-3]; [9-11]; [7-10]. Bei dieser Kombination werden alle Knoten mit ungerader Anzahl abgehender Kanten berücksichtigt.

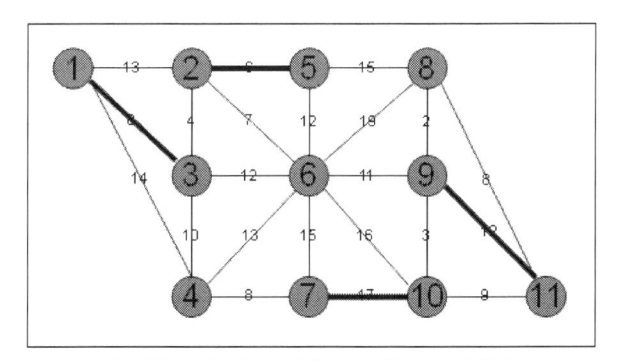

Abbildung 61 Christofides-Modifikation: MMG

---

[118] Die Adjazenz-Matrix wird aus der Distanzmatrix generiert. Dabei sind nur solche Verbindungen erlaubt, die auch in der Distanzmatrix verzeichnet sind.

Beide Matrizen addiert (MST + MMG) ergeben folgenden Graphen (die fett gedruckten Linien entsprechen dem MST, die gestrichelten Linien entsprechen dem MMG):

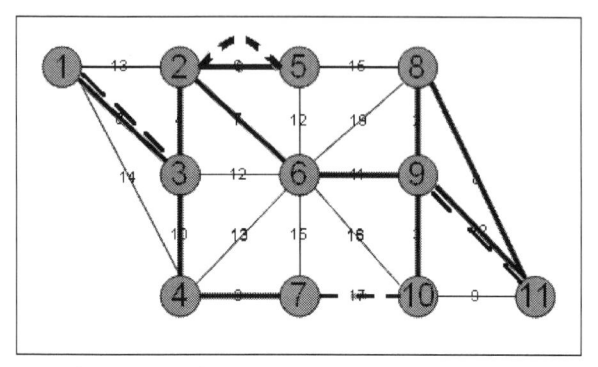

Abbildung 62 Christofides-Modifikation: MST+MMG

Nachfolgend wird die Eulertour gesucht. Ausgehend von Punkt 1 ist dies (Reihenfolge exemplarisch, wird in der folgenden Abbildung durch die gepunktete Linie dargestellt):

[1-3-2-5-2-6-9-8-11-9-10-7-4-3-1]

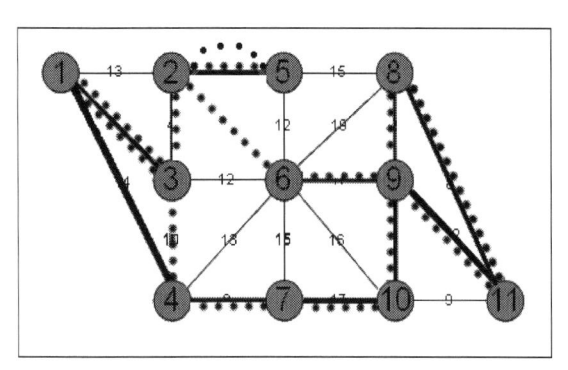

Abbildung 63 Christofides-Modifikation: Eulertour

Nach dem Entfernen der doppelt angefahrenen Punkte erhält man den Hamiltonschen Kreis (Reihenfolge exemplarisch, wird in der folgenden Abbildung durch die fett gedruckte Linie dargestellt):

[1-3-2-5-6-9-8-11-10-7-4-1]

Kapitel 7 - Die Christofides-Heuristik

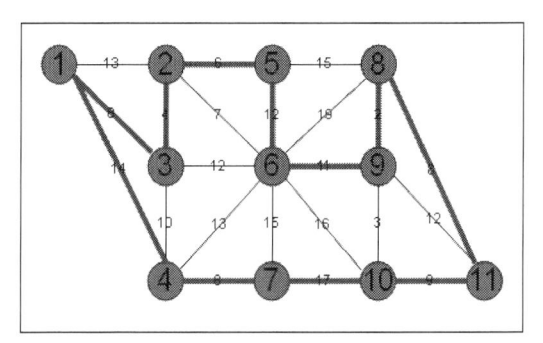

Abbildung 64 Christofides-Modifikation: Hamiltonscher Kreis

Die Modifikation des Christofides-Algorithmus bietet eine interessante Erweiterung dessen Anwendungsspektrums. Diese funktioniert allerdings nur unter der Bedingung, dass eine hinreichende Anzahl von Kanten in der Adjazenzmatrix gegeben ist. Eine Untersuchung dieser Bedingungen ist kein Bestandteil dieses Buches, bietet jedoch ein Feld für weitergehende Untersuchungen. Ein Beispielprogramm mit der modifizierten Christofides-Heuristik befindet sich in der Datei Christofides_Modifikation.xls.

8 Quellen für die Problemlösung im Umgang mit VBA

Beim Programmieren mit Excel und VBA wird stößt man leicht auf Probleme, deren Lösung eine gewisses Maß an Recherche erfordert. Damit der Zeitaufwand hierfür minimal bleibt, werden im Folgenden einige Quellen zur Problemlösung aufgeführt.[119]

8.1 VBA-Hilfesystem

Das VBA-Hilfesystem ist in drei grundlegende Rubriken unterteilt:

- **Microsoft Excel Visual Basic Referenz:** Dieser Teil ist besonders als Referenz nützlich, um Informationen über Objekte, Eigenschaften und Methoden zu erlangen.
- **Microsoft Visual Basic Documentation:** Hier werden grundlegende Verfahrensweisen für den Umgang mit VBA aufgezeigt. Dieser Teil ist insbesondere nützlich für Programmierer, die sich Schritt für Schritt mit der VBA-Programmierung beschäftigen wollen.
- **Microsoft Office Visual Basic Referenz:** Dieser Teil ist eine allgemeine Referenz für das Office-System, behandelt daher auch Excel.

Eine sehr effiziente und schnelle Methode zum Benutzen der Hilfe ist der Gebrauch der F1-Taste. Hierzu wird den Cursor im Visual Basic-Editor auf einen Befehl, Objekt, Methode, etc. gesetzt und anschließend diese Taste gedrückt. Umgehend erscheint das Hilfe-Fenster mit ausführlichen Informationen zum gerade ausgewählten Element.

8.2 Microsoft-Produktunterstützung

Microsoft bietet diverse technische Unterstützung auf folgenden Websites:

```
http://support.microsoft.com
http://office.microsoft.com
http://msdn.microsoft.com/de-de/office/default.aspx
```

---

[119] In Anlehnung an Walkenbach (2008), S. 375ff.

8.3 Newsgroups

Die von Microsoft angebotenen Newsgroups bieten Antworten von Benutzern auf zahlreiche Fragen, und es lassen sich selbst Fragen stellen. Der Newsreader (z. B. Mozilla Thunderbird) sollte dabei auf den Newsserver `msnews.microsoft.com` zugreifen. Die relevanten englischsprachigen Newsgroups sind dabei folgende:

```
microsoft.public.excel.programming
microsoft.public.excel.worksheet.functions
```

Die deutschsprachige Microsoft-Newsgroup ist diese:

```
microsoft.public.de.excel
```

Per Webbrowser ist der Zugriff auf die Newsgroups ebenfalls möglich:

```
http://support.microsoft.com/newsgroups
http://groups.google.de
```

8.4 Websites

Es gibt diverse Websites mit vorgefertigtem VBA-Programmcode, Erklärungen oder Anleitungen:

Tabelle 25 Websites mit Anleitungen zu VBA

URL	Beschreibung
http://www.online-excel.de/excel/singsel_vba.php?f=152	Felder und Arrays
http://www.online-excel.de/excel/singsel_vba.php?f=67	Formeln in Zellen schreiben
http://vbadud.blogspot.com/2007/06/colorindex-coloring-excel-sheet-cells.html	Zuweisen von Farben für Text und Zellen
http://www.angelfire.com/biz7/julian_s/julian/julians_macros.htm	Diverse Tipps zur VBA-Programmierung
http://support.microsoft.com/kb/843304	Benutzung des Solvers in Excel VBA
http://www.frank-moehle.de/computing/literatur/VBASeminar/VBA%20Seminar%20Namen%20verwenden.htm	Benutzung von Namen
http://www.ozgrid.com/VBA/vba-intersect.htm	Infos f. Intersect-Methode

8.5 Suchmaschinen

Sobald eine Frage zu einem bestimmten Thema auftritt, ist es grundsätzlich ratsam, zunächst eine Suchmaschine zu verwenden. Hierbei sollten sinnvolle Schlüsselbegriffe eingegeben werden, die evtl. variiert werden müssen, um auf genauere Ergebnisse zu kommen. Es ist sinnvoll, die Suche mit „excel vba" zu beginnen, gefolgt von weiteren Schlüsselwörtern, z. B. colorindex.

Die Suche mit Suchmaschinen hat sich als grundsätzlich schneller erwiesen als die Excel-Hilfe oder das Nachschlagen in Büchern. Lediglich bei speziellen Problemen, die selten auftreten und weniger häufig im Internet behandelt werden, sollten alternative Quellen zu Rat gezogen werden.

8.6 Benutzergruppen

In größeren Städten und im Internet gibt es Excel-Benutzergruppen, die auch Treffen veranstalten.

Über die Website Microsoft Community Guide lassen sich Benutzergruppen suchen:

    http://www.microsoft.com/germany/Community/default.mspx

8.7 Bücher und wissenschaftliche Arbeiten im Internet

Eine Alternative zum Kauf von Büchern mit Anleitungen zu VBA ist die Benutzung von *Google Books*:

    http://books.google.de

Eine Suche nach „excel vba" liefert zahlreiche Bücher mit Einführungen zu diesem Thema. Eine Suche nach „excel vba", gefolgt von einem speziellen Thema oder Schlüsselwort bietet direkte Links zu den entsprechenden Stellen in den Büchern.

Obwohl *Google Books* deren Inhalt aufgrund von Lizenzbestimmungen in der Regel nur auszugsweise wiedergibt, ist es dennoch eine gute Quelle für qualitativ hochwertige Informationen. Ein Thema, das in einem Buch ausgeblendet wurde, lässt sich leicht in einem anderen Buch finden.

Eine andere gute Quelle für hochwertige Beiträge ist die Online-Bibliothek des Springer-Verlages::

    http://www.springerlink.com

Diese Ressource bietet sie eine Fülle von wissenschaftlichen Texten für diverse wissenschaftliche Themengebiete. Allerdings bleibt der Zugriff Nutzern innerhalb von Hochschulnetzen mit entspr. Lizenzen vorenthalten.

8.8 Objektbrowser

Der Objektbrowser lässt sich im VBA-Fenster über das Menü „Ansicht→Objektkatalog" oder mit der Taste F2 aufrufen. Hier werden sämtliche Objekte mit deren Klassen und Methoden angezeigt. Durch den Namen lässt sich deren Funktion meist erschließen bzw. mit einer Google-Suche ermitteln.

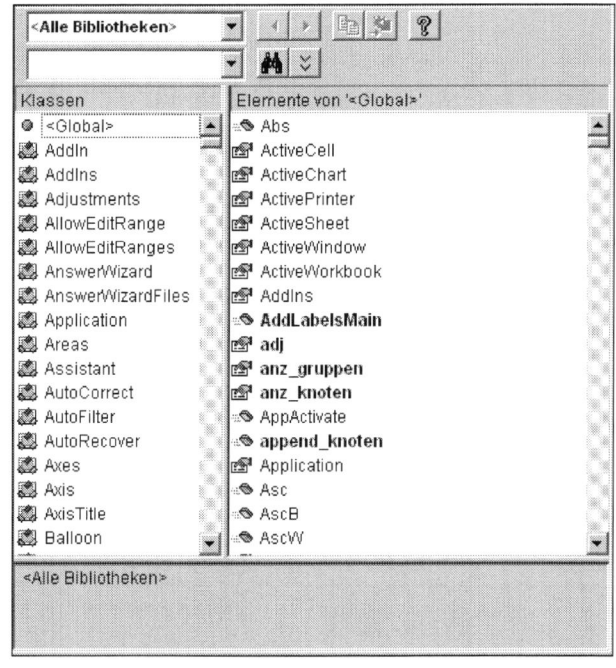

Abbildung 65 VBA Objektkatalog

8.9 Automatische Vervollständigung

Beim Eingeben von Programmcode im VisualBasic-Fenster wird nach der Eingabe von Objekten eine Liste mit allen möglichen untergeordneten Objekten bzw. Eigenschaften oder Methoden angezeigt. Durch Auswahl in der Liste und anschließendem Drücken der Tastenkombination Shift+Leertaste wird der Code vervollständigt. Diese Methode hilft bei der Suche nach geeigneten Eigenschaften und Methoden. Darüber hinaus werden Tippfehler vermieden.

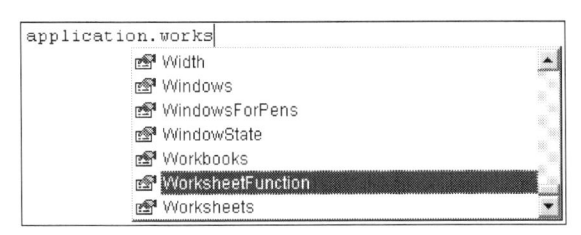

Abbildung 66 Automatisches Vervollständigen

8.10 Makro-Rekorder

Der Makro-Rekorder bietet weitergehende Möglichkeiten als nur die Automatisierung von wiederkehrenden Standardaufgaben und -prozessen. Obwohl kein optimaler Code generiert wird, so liegt sein spezieller Nutzen jedoch darin, die Namen von benötigten Objekten, Methoden und Eigenschaften in kurzer Zeit und mit wenig Aufwand zu ermitteln. Der Programmcode wird dabei in ein neues Modul geschrieben, das automatisch erstellt wird. Der Aufruf erfolgt über das Menü „Extras→Makro→Aufzeichnen...".

Beispiel: Für das Schreiben der Textes „Test" in die Zelle B2 liefert der Makrorekorder folgenden Code:

```
Sub Makro1()
'
' Makro1 Makro
' Makro am 11.07.2009 von Christoph Wille aufgezeichnet
'

    Range("B2").Select
    ActiveCell.Value = "Test"
    Range("B3").Select
End Sub
```

Zunächst wird die Zelle B2 selektiert. Anschließend wird der Text hineingeschrieben. Durch das Drücken der Enter-Taste wird die Zelle B3 selektiert. Obwohl für den gewünschten Zweck sehr „aufgebläht", gibt dieser Code Aufschluss über die Eigenschaft des Range-Objektes `.Value`.

Mit diesen Informationen lässt sich der folgende verbesserte Code erstellen:

```
Range("B2").Value="Test"
```

9 Fazit

Ziel dieses Buches war die Erstellung von Software-Tools unter Excel zur Realisierung von Heuristiken für logistische Problemstellungen. Nach dem Überblick über die Programmiersprache VBA sowie einer Einführung in exakte und heuristische Verfahren wurden Grundlagen von VBA und Zusatz-Tools für die Programmierung vorgestellt. Daraufhin wurde die Implementierung von eigenen Programmen anhand von konkreten Beispielen des Operations Research (Steiner-Weber-Ansatz, Savings-Algorithmus und Christofides-Heuristik) ausführlich dargelegt. Der Modifikation der Christofides-Heuristik bot dabei einen Ansatzpunkt für weitergehende Untersuchungen nach einer verbesserten Heuristik.

Abschließend wurden verschiedene Orte für Hilfen und Tipps aufgezeigt, die eine effizientere und schnellere Programmierung mit VBA ermöglichen.

Es hat sich gezeigt, dass die VBA-Programmierung mit Excel insbesondere in der Speicherung und grafischen Aufbereitung der Daten große Vorteile bietet, denn für diesen Zweck existieren hier fest implementierte Funktionen. Insbesondere bei der Verwendung von Matrizen bietet die VBA-Programmierung unter Excel praktische Standardfunktionen. Beispielsweise ist es möglich, die Summe einer beliebigen Matrixzeile einfach mit einer Excel-spezifischen Funktion zu bestimmen.

Nicht nativ vorgesehene Aufgabenstellungen lassen sich durch zusätzliche, im Internet zahlreich zum freien Download verfügbare Tools, kompensieren. Hierzu zählt z. B. das Tool zum dynamischen Beschriften von Knoten in Punktdiagrammen.

Gleichwohl sind bei der Implementierung der Algorithmen auch Schwierigkeiten aufgetreten. Unter bestimmten, nicht reproduzierbaren Umständen werden benutzerdefinierte Funktionen im Tabellenblatt mehrfach berechnet. Dieses Problem konnte durch Abschaltung der automatischen Berechnung beseitigt werden.

Eine Problematik konnte nicht behoben werden: Im Zusammenhang mit der Excel-Datei für den Christofides-Algorithmus reagiert das Programmfenster von Excel bei mehreren gleichzeitig geöffneten Dateien nicht mehr. Die Abschaltung der automatischen Berechnung erwies sich hier als wirkungslos.

Es hat sich gezeigt, dass VBA-Programme unter Excel durchaus eine flexible und kostengünstige Alternative zu teurer Spezialsoftware sein können. Dieses gilt – auf den Verwendungszweck dieses Buches bezogen – insbesondere für kleine bis mittelgroße Optimierungsprobleme, wie sie bei der Tourenplanung kleiner und mittelständischer Firmen auftreten. Die erfolgreiche Implementierung des Christofides-Algorithmus hat bewiesen, dass auch komplexe Algorithmen mit VBA unter Excel zu realisieren sind. Damit wurde aufgezeigt, dass eine Optimierung von logistischen Prozessen durchaus auch mit Standardsoftware wie Excel zu verwirklichen ist.

Mit diesen Möglichkeiten können auch kleine und mittelständische Unternehmen die Herausforderungen der Globalisierung als Chance wahrnehmen, denn diese intelligenten Systeme eröffnen zahlreiche Möglichkeiten für Optimierungen und Einsparungen. Dadurch wird die Konkurrenzfähigkeit gewahrt und es bietet sich die Chance, erfolgreich am Heimat- und Weltmarkt teilzuhaben.

Anhang

A Anhang zum Steiner-Weber-Ansatz

Deklarationen

Hier werden die öffentlichen Variablen deklariert, welche in sämtlichen Prozeduren zur Verfügung stehen.

Speicherort: Modul1

```
'----------------------------------------------------------------
' Module    : Modul1
' Author    : Christoph Wille
' Date      : 06.04.2009
' Purpose   : Programmcode für Tabelle2 (Lösung)
'----------------------------------------------------------------
Option Explicit
```

Programmcode für die Prozedur Berechnen

Diese Prozedur wird durch Klick auf die Schaltfläche „Berechnen" im Tabellenblatt „Dateneingabe" ausgelöst. Hierbei wird die obere Tabelle im Tabellenblatt „Lösung" ausgefüllt.

Speicherort: Modul1

```
Sub Berechnen()
'----------------------------------------------------------------
' Procedure : Berechnen
' Author    : Christoph Wille
' Date      : 01.05.2009
' Purpose   : Funktion zur Berechnung der Lösung
'             Wird aufgerufen von cmd_Berechnen
'----------------------------------------------------------------

            'Globale Einstellungen für den Programmablauf
10          On Error GoTo error_handling
20          Application.ScreenUpdating = False
30          Application.Calculation = xlCalculationManual

            'Variablendeklaration
            Dim de As Worksheet, lo As Worksheet
            Dim anz_standorte As Integer, anz_iterationen As Integer, _
                anfangszeile_iterationen_lo As Integer
            Const anfangszeile_de As Integer = 15
            Const anfangszeile_lo As Integer = 15

40          Set de = Sheets("Dateneingabe")
50          Set lo = Sheets("Lösung")

60          anz_standorte = de.Cells.Find("*", searchdirection:=xlPrevious).Row - _
            anfangszeile_de + 1   'Anzahl der Standorte ermitteln

            'Anzahl der Iterationen ermitteln
70          anz_iterationen = de.Cells(10, 7).Value
            'Anfangszeile der Iterationenausgabe ermitteln
80          anfangszeile_iterationen_lo = anfangszeile_lo + 7 + anz_standorte

            'Namen festlegen
90          lo.Names.Add Name:="e", RefersToR1C1:="=R12C3"
100         lo.Names.Add Name:="Bereich_x", RefersToR1C1:="=R" & anfangszeile_lo & _
            "C3:R" & anfangszeile_lo + anz_standorte - 1 & "C3"
110         lo.Names.Add Name:="Bereich_y", RefersToR1C1:="=R" & anfangszeile_lo & _
            "C4:R" & anfangszeile_lo + anz_standorte - 1 & "C4"
```

```
120         lo.Names.Add Name:="Bereich_Liefermenge", RefersToR1C1:="=R" & _
       anfangszeile_lo & "C5:R" & anfangszeile_lo + anz_standorte - 1 & "C5"
130         lo.Names.Add Name:="Bereich_Zielwert", RefersToR1C1:="=R" & _
       anfangszeile_lo & "C6:R" & anfangszeile_lo + anz_standorte - 1 & "C6"
140         lo.Names.Add Name:="Bereich_Schritte_Iterationen", RefersToR1C1:="=R" & _
       anfangszeile_iterationen_lo + 1 & "C2:R" & anfangszeile_iterationen_lo + _
       anz_iterationen & "C2"
150         lo.Names.Add Name:="Bereich_x_k", RefersToR1C1:="=R" & _
       anfangszeile_iterationen_lo + 1 & "C3:R" & anfangszeile_iterationen_lo + _
       anz_iterationen & "C3"
160         lo.Names.Add Name:="Bereich_y_k", RefersToR1C1:="=R" & _
       anfangszeile_iterationen_lo + 1 & "C4:R" & anfangszeile_iterationen_lo + _
       anz_iterationen & "C4"
170         lo.Names.Add Name:="Bereich_Zielwert_Iterationen", RefersToR1C1:="=R" & _
       anfangszeile_iterationen_lo & "C5:R" & anfangszeile_iterationen_lo + _
       anz_iterationen & "C5"

            'Tabellenblatt "Lösung" leeren
180         lo.Range(lo.Cells(15, 2), lo.Cells(65536, 256)).Clear

            'Eingabewerte in Tabellenblatt "Lösung" übertragen
190         lo.Range(lo.Cells(anfangszeile_lo, 2), lo.Cells(anfangszeile_lo + _
       anz_standorte - 1, 5)).Value = de.Range(de.Cells(anfangszeile_de, 2), _
       de.Cells(anfangszeile_de + anz_standorte - 1, 5)).Value

            'Zielwerte ermitteln
200         With Evaluate(lo.Names("Bereich_Zielwert").Value)
210             .FormulaR1C1 = "=SQRT((RC[-3]-R21C3)^2+(RC[-2]-R21C4)^2)"
220             .NumberFormat = ".000"
230         End With

            'Schwerpunkte ermitteln
240         lo.Cells(anfangszeile_lo + anz_standorte, 3).FormulaR1C1 = _
       "=SUMPRODUCT(Bereich_x*Bereich_Liefermenge)/SUM(Bereich_Liefermenge)"
250         lo.Cells(anfangszeile_lo + anz_standorte, 4).FormulaR1C1 = _
       "=SUMPRODUCT(Bereich_y*Bereich_Liefermenge)/SUM(Bereich_Liefermenge)"
            'Schwerpunkt für Zielwerte ermitteln
260         lo.Cells(anfangszeile_lo + anz_standorte, 6).FormulaR1C1 = _
       "=SUMPRODUCT(Bereich_Liefermenge*Bereich_Zielwert)"

            'Überschriften in Tabellenblatt "Lösung" anzeigen
270         With lo.Cells(anfangszeile_lo + anz_standorte, 2)
280             .Value = "Schwerpunkt"
290             .Font.Bold = True
300         End With
310         With lo.Range("B27:E27")
320             .Value = Array("Schritt k", "x(k)", "y(k)", "Zielwert")
330             .Font.Bold = True
340         End With

            'Iterationen berechnen
            'Schrittindizes
350         lo.Cells(anfangszeile_iterationen_lo, 2).Value = "0"
360         Evaluate(lo.Names("Bereich_Schritte_Iterationen").Value).FormulaR1C1 = _
       "=R[-1]C+1"
            'x(k)
370         With lo.Cells(anfangszeile_iterationen_lo, 3)
380             .Formula = _
       "=SUMPRODUCT(Bereich_x*Bereich_Liefermenge)/SUM(Bereich_Liefermenge)"
390             .NumberFormat = ".000"
400         End With
410         With Evaluate(lo.Names("Bereich_x_k").Value)
420             .FormulaR1C1 = _
       "=SUMPRODUCT(Bereich_x*Bereich_Liefermenge/SQRT((R[-1]C-Bereich_x)^2+(R[-1]C[1]-
       Bereich_y)^2+e))/SUMPRODUCT((Bereich_Liefermenge)/SQRT((R[-1]C-Bereich_x)^2+(R[-1]C[1]-
       Bereich_y)^2+e))"
430             .NumberFormat = ".000"
440         End With
            'y(k)
450         With lo.Cells(anfangszeile_iterationen_lo, 4)
460             .Formula = _
       "=SUMPRODUCT(Bereich_y*Bereich_Liefermenge)/SUM(Bereich_Liefermenge)"
470             .NumberFormat = ".000"
480         End With
490         With Evaluate(lo.Names("Bereich_y_k").Value)
500             .FormulaR1C1 = _
```

A Anhang zum Steiner-Weber-Ansatz

```
        "=SUMPRODUCT(Bereich_y*Bereich_Liefermenge/SQRT((R[-1]C[-1]-Bereich_x)^2+(R[-1]C-
        Bereich_y)^2+e))/SUMPRODUCT((Bereich_Liefermenge)/SQRT((R[-1]C[-1]-Bereich_x)^2+(R[-1]C-
        Bereich_y)^2+e))"
510         .NumberFormat = ".000"
520     End With
        'Zielwert
530     With Evaluate(lo.Names("Bereich_Zielwert_Iterationen").Value)
540         .FormulaR1C1 = _
        "=SUMPRODUCT(Bereich_Liefermenge*SQRT((RC[-2]-Bereich_x)^2+(RC[-1]-Bereich_y)^2))"
550         .NumberFormat = ".000"
560     End With

        'Tabellenblatt "Lösung" anzeigen
580     lo.Activate

error_handling:
        'Globale Einstellungen für den Programmablauf rückgängig machen
590     Application.Calculation = xlAutomatic
600     Application.ScreenUpdating = True
End Sub
```

Erläuterung des Programmcodes

Zeilenweise Erläuterung:

Zeile 10:	Aufruf der Fehlerroutine bei Programmfehlern.
Zeile 20:	Bestimmt, dass Veränderungen an Zellen vom Programm nicht unmittelbar die Anzeige aktualisiert wird. Dies geschieht am Ende der Prozedur in Zeile 570 in einem Durchgang. Dadurch wird die Ablaufgeschwindigkeit des Programms erhöht.
Zeile 30:	Bestimmt, dass Veränderungen an Zellen vom Programm nicht unmittelbar zur Neuberechnung von Formeln führen. Dies geschieht am Ende der Prozedur in Zeile 560 in einem Durchgang. Auch hierdurch wird die Ablaufgeschwindigkeit des Programms erhöht.
Zeile 40-50:	Setzen der Alias-Namen für die Tabellenblatt-Objekte.
Zeile 60:	Die Anzahl der Standorte wird ermittelt.
Zeile 70:	Die Anzahl der Iterationen wird ermittelt.
Zeile 80:	Die erste Zeile im Tabellenblatt „Lösung" für den Ausgabebereich der Berechnung wird ausgerechnet. Je mehr Standorte es gibt, desto mehr verschiebt sich dieser Bereich nach unten.
Zeile 90-170:	Die Namen werden gemäß der Anzahl der Standorte neu festgelegt (siehe Abbildung unten).
Zeile 180:	Das Tabellenblatt „Lösung" wird unterhalb der Überschriften geleert – sowohl Zelleninhalte, Formatierung und zusammengefasste Zellen

Zeile 190:	Die im Tabellenblatt „Dateneingabe" eingegebenen Werte werden in das Tabellenblatt „Lösung" übertragen.
Zeile 200-230:	Die Zellen unterhalb der Überschrift „Zielwerte" im Tabellenblatt „Lösung" werden mit Formeln gefüllt.
Zeile 240-260:	Die Zellen für die Schwerpunkte im Tabellenblatt „Lösung" werden mit Formeln gefüllt.
Zeile 270-340:	Die Überschriften werden im Tabellenblatt „Lösung" angezeigt. Dies ist notwendig, weil sie zuvor in der Zeile 90 gelöscht wurden.
Zeile 350-560:	Die Formeln für die Iterationen im unteren Bereich des Tabellenblatts „Lösung" werden eingefügt.
Zeile 580:	Das Tabellenblatt Lösung wird angezeigt.
Zeile 590:	Die Einstellung von Zeile 30 wird wieder deaktiviert. Daraufhin berechnet Excel sämtliche Formeln.
Zeile 600:	Die Einstellung von Zeile 20 wird wieder deaktiviert. Das Programm ist abgelaufen und die Anzeige kann wieder aktualisiert werden.

Die Einstellungen der letzten beiden Zeilen werden auch im Fall eines Programmfehlers zurückgesetzt, damit normal mit Excel weitergearbeitet werden kann.

B Anhang zum Savingsverfahren

Die Prozedur createsort_savings

Die Prozedur `createsort_savings` ist der erste Bestandteil des Savings-Algorithmus. Wie in Kapitel 6.3 beschrieben, werden hier zunächst Pendeltouren gebildet, die im Array `saving` nach der Ersparnis absteigend sortiert abgespeichert werden.

Variablen

Tabelle 26 Variablen Funktion createsort_savings

Variablenname	Datentyp	Definition
i	Integer	Zählvariable für For-Schleife.
j	Integer	Zählvariable für For-Schleife.
x	Integer	Zählvariable für For-Schleife.
position	Integer	Zählvariable für For-Schleife.
saving_temp	Variant	Zwischenspeicher für das Tauschen im Sortier-Algorithmus.

Struktogramm

```
Sub createsort_savings
i As Integer, j As Integer, x As Integer, position As Integer
saving_temp (1 to 4) As Variant
position = 0
i=1; anz_kunden-1; i++
    j=i+1; anz_kunden; j++
                                                bedarf(1, i) + bedarf(1, j) <= ladekapazitaet
        J                                                                                 N
        position = position + 1
        saving(position, 0) = 2
        saving(position, 1) = entfernung(1, i + 1) + entfernung(1, j + 1) - entfernung(i + 1, j + 1)
        saving(position, 2) = bedarf(1, i) + bedarf(1, j)
        saving(position, 3) = i
        saving(position, 4) = j
                                                        position <> 1
        J                                                                                 N
        x=position; 2; x--
                                                If saving(x, 1) > saving(x - 1, 1)
            J                                                                             N
            saving_temp(1) = saving(x - 1, 1)
            saving_temp(2) = saving(x - 1, 2)
            saving_temp(3) = saving(x - 1, 3)
            saving_temp(4) = saving(x - 1, 4)
            saving(x - 1, 1) = saving(x, 1)
            saving(x - 1, 2) = saving(x, 2)
            saving(x - 1, 4) = saving(x, 4)
            saving(x, 1) = saving_temp(1)
            saving(x, 2) = saving_temp(2)
            saving(x, 3) = saving_temp(3)
            saving(x, 4) = saving_temp(4)
            saving(x - 1, 3) = saving(x, 3)
anz_savings = position
Erase saving_temp
```

Abbildung 67 Struktogramm Funktion createsort_savings

Programmcode für die Prozedur createsort_savings

```
Sub createsort_savings()
    'Diese Prozedur berechnet und sortiert die Savings aller Kombinationen von Zweiertouren
    (ohne Touren, die die Ladekapazität übersteigen)
    'Das Array saving wird dabei nach folgendem Schema gebildet:
    '1. Wert: Tour-Nr (1 bis anz_savings)
    '2. Wert: 0: Anzahl der Angefahrenen Kunden bei der Tour
    '         1: Ersparnis
    '         2: Gesamtbedarf an Paletten
    '         ab 3: Angefahrene Kunden(Kundenname als Zahl)

    'Variablendeklaration
    Dim i As Integer, j As Integer, x As Integer, position As Integer
    Dim saving_temp(1 To 4) As Variant

    'Berechnung
10  position = 0
20  For i = 1 To anz_kunden - 1
30      For j = i + 1 To anz_kunden
40          If bedarf(1, i) + bedarf(1, j) <= ladekapazitaet Then       'Überprüfen der
Ladekapazität
```

```
50                    position = position + 1
60                    saving(position, 0) = 2 'Anzahl der anzufahrenden Kunden bei neuer
zusammengefasster Tour
70                    saving(position, 1) = entfernung(1, i + 1) + entfernung(1, _
   j + 1) - entfernung(i + 1, j + 1) 'Ersparnis
80                    saving(position, 2) = bedarf(1, i) + bedarf(1, j) 'Gesamtbedarf an Paletten
90                    saving(position, 3) = i
100                   saving(position, 4) = j
                      'Sortieren
110                   If position <> 1 Then
120                      For x = position To 2 Step -1
130                         If saving(x, 1) > saving(x - 1, 1) Then
140                            saving_temp(1) = saving(x - 1, 1)
150                            saving_temp(2) = saving(x - 1, 2)
160                            saving_temp(3) = saving(x - 1, 3)
170                            saving_temp(4) = saving(x - 1, 4)

180                            saving(x - 1, 1) = saving(x, 1)
190                            saving(x - 1, 2) = saving(x, 2)
200                            saving(x - 1, 3) = saving(x, 3)
210                            saving(x - 1, 4) = saving(x, 4)

220                            saving(x, 1) = saving_temp(1)
230                            saving(x, 2) = saving_temp(2)
240                            saving(x, 3) = saving_temp(3)
250                            saving(x, 4) = saving_temp(4)
260                         End If
270                      Next x
280                   End If
290                End If
300             Next j
310          Next i
320          anz_savings = position
330          Erase saving_temp

End Sub
```

Zeilenweise Erläuterung

Zeile 10:   Die Variable `position` wird auf 0 gesetzt.

Zeile 20:   For-Schleife: Es sollen alle Kunden überprüft werden.

Zeile 30:   For-Schleife: Es soll jeder Kunde mit jedem anderen Kunden verglichen werden.

Zeile 40:   If-Abfrage: Falls die Ladekapazität bei den beiden Kunden nicht überschritten wird, werden die Kunden in einer Pendeltour zusammengefasst.

Zeile 50-100:   Die Kunden werden in einer Pendeltour zusammengefasst.

Zeile 110:   Falls `position=1`, so wurde erst eine Pendeltour erstellt und es muss nicht sortiert werden.

Zeile 120:   For-Schleife: Die Variable x wird von der aktuellen Position bis 2 zurückgezählt.

Zeile 130:   If-Abfrage: Falls die Ersparnis der Pendeltour mit der Variable x größer ist als diejenige mit der Variable $x-1$, so werden die Pendeltouren in ihrer Position getauscht.

Zeile 140-250:   Tauschen der Pendeltouren.

Zeile 260-310: Beenden der For-Schleifen und If-Abfragen.
Zeile 320: Die Variable `anz_savings` wird gesetzt.
Zeile 330: Das Array `saving_temp` wird gelöscht, um Speicherplatz zu sparen.

Die Funktion check_saving

Die Funktion `check_saving` ist grundlegender Bestandteil des Savings-Algorithmus. Hier werden sämtliche schon vorhandenen Touren mit dem gerade in der Schleife abgearbeiteten Saving verglichen. Dessen Rückgabewert bildet die Grundlage für die weitere Vorgehensweise.

Variablen

Tabelle 27 Variablen Funktion check_saving

Variablenname	Datentyp	Definition
saving_nr	Integer	Gibt den Index des zu überprüfenden Savings an; wird beim Aufruf der Funktion als Argument angegeben.
x	Integer	Zählvariable für For-Schleife.
y	Integer	Zählvariable für For-Schleife.
z	Integer	Zählvariable für For-Schleife.
flag	Integer	Zwischenspeicher für den Rückgabewert der Funktion. flag=1: Es wurde eine Übereinstimmung in **einer** Tour gefunden. flag=2: Es wurde eine Übereinstimmung in **zwei** Touren gefunden.
check_saving	Integer	Rückgabewert der Funktion.

Rückgabewerte

0: Weder i noch j wurden schon einer Tour zugewiesen.
1: Genau einer der beiden Punkte besteht schon in einer existierenden Tour.
2: Sowohl i, als auch j bestehen jeweils schon in zwei verschiedenen existierenden Touren.
3: Sowohl i, als auch j gibt es in einer existierenden Tour.

B Anhang zum Savingsverfahren 135

Struktogramm

```
Function check_saving(saving_nr as Integer) As Integer
x As Integer, y As Integer, z As Integer, flag As Integer
flag = 0
tour1 = 0
tour2 = 0
x=1; anz_touren; x++
  y=3; 2+tour(x,0); y++
    z=3; 4; z++
                     saving(saving_nr, z) = tour(x,y)
            J                                         N
      flag = 2                    flag = 0
      tour2 = x              J              N
                          flag = 1
                          tour1 = x
                     flag = 2
            J                                 N
      tour1 <> tour2              check_saving = flag
    J              N
 check_saving = 2  check_saving = 3
```

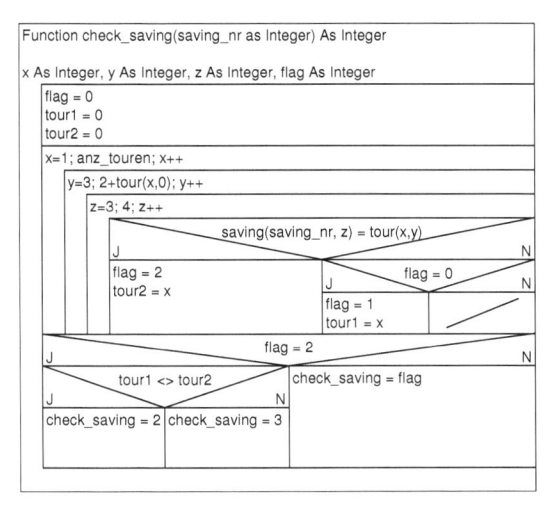

Abbildung 68 Struktogramm Funktion check_saving

Programmcode für die Funktion check_saving

```
Function check_saving(saving_nr As Integer) As Integer
    'Diese Funktion überprüft, ob die Punkte eines Savings (i, j) schon anderen Touren/andere
Tour zugewiesen sind (unabhängig von Kanten)
    'Rückgabewerte:
    '0: Weder i noch j wurden schon einer Tour zugewiesen
    '1: Genau einer der beiden Punkte besteht schon in einer existierenden Tour
    '2: Sowohl i als auch j bestehen jeweils schon in 2 VERSCHIEDENEN existierenden Touren
    '3: Sowohl i als auch j gibt es in EINER existierenden Tour

    'Variablendeklaration
    Dim x As Integer, y As Integer, z As Integer, flag As Integer

    'Berechnung
10  flag = 0
20  tour1 = 0
30  tour2 = 0

40  For x = 1 To anz_touren          'Überprüft wird tour, kann beliebig groß werden
50      For y = 3 To 2 + tour(x, 0)  'Überprüft wird tour, ab 3 und kann beliebig groß
werden
60          For z = 3 To 4           'Überprüft wird saving, kann 3 oder 4 annehmen
70              If saving(saving_nr, z) = tour(x, y) Then
80                  If flag = 1 Then
90                      flag = 2     'Beide Savings-Punkte gibt es schon in Tour(en)
100                     tour2 = x
110                 Elseif flag = 0 Then
120                     flag = 1     'Mindestens einer der beiden Punkte besteht schon in
einer Tour
130                     tour1 = x
140                 End If
150             End If
160         Next z
170     Next y
180 Next x

190 If flag = 2 Then                 'Beide Savings-Punkte gibt es schon in Tour(en)
200     If tour1 <> tour2 Then       'Überprüfen ob beide Savings-Punkte in einer Tour oder zwei
verschiedenen Touren bestehen
210         check_saving = 2
220     Else
```

```
230              check_saving = 3
240         End If
250      Else
260         check_saving = flag
270      End If
End Function
```

Zeilenweise Erläuterung

Zeile 10-30:   Die Variablen `flag`, `tour` und `tour2` werden zurückgesetzt, da diese im Verlauf der Funktion neu belegt werden.

Zeile 40:   For-Schleife: Es sollen sämtliche schon bestehende Touren mit dem zu überprüfenden Saving verglichen werden.

Zeile 50:   For-Schleife: Es sollen sämtliche in der jeweiligen Tour angefahrenen Kunden mit dem zu überprüfenden Saving verglichen werden.

Zeile 60:   For-Schleife: Es sollen beide Kunden der Saving-Tour verglichen werden.

Zeile 70:   If-Abfrage: Es werden die Kunden der Saving-Tour mit den Kunden der schon gebildeten Touren verglichen.

Zeile 80-110:   Falls vorher schon eine Übereinstimmung bei dem aktuell überprüften Saving (`saving_nr`) gefunden wurde (`flag=1`), so wird der `flag=2` gesetzt und in die Variable tour2 die Nummer der zweiten Tour mit Übereinstimmung geschrieben.

Zeile 120-130:   Falls diese Übereinstimmung die erste bei dem aktuell überprüften Saving (`saving_nr`) ist (`flag=0`), so wird der `flag=1` gesetzt und in die Variable `tour1` die Nummer der Tour mit Übereinstimmung geschrieben.

Zeile 140-180:   Schließen der If- sowie For-Verschachtelungen.

Zeile 190-270:   Generieren des Rückgabewertes der Funktion.

B Anhang zum Savingsverfahren

Die Funktion check_endpoint

Die Funktion *check_endpoint* überprüft, ob einer der beiden Kunden des Savings, welches im Argument saving_nr übergeben wurde, an einem Ende derjenigen Tour vorhanden ist, die zuvor von der Funktion check_saving in die globale Variable tour1 geschrieben wurde.

Variablen:

Tabelle 28 Variablen Funktion check_endpoint

Variablenname	Datentyp	Definition
saving_nr	Integer	Gibt den Index des zu überprüfenden Savings an; wird beim Aufruf der Funktion als Argument angegeben.
tour_nr	Integer	Gibt den Index der zu überprüfenden Tour an; wird beim Aufruf der Funktion als Argument angegeben.
check_endpoint	Integer	Rückgabewert der Funktion.

Rückgabewerte

0: Keiner der beiden Kunden des Savings ist an einem Ende der Tour vorhanden.
1.1: Der erste Kunde des Savings ist am Anfang der Tour vorhanden.
1.2: Der erste Kunde des Savings ist am Ende der Tour vorhanden.
2.1: Der zweite Kunde des Savings ist am Anfang der Tour vorhanden.
2.2: Der zweite Kunde des Savings ist am Ende der Tour vorhanden.

Struktogramm

Function check_endpoint (saving_nr As Integer, tour_nr As Integer) As Single				
saving(saving_nr, 3) = tour(tour_nr, 3)				
J	N			
check_endpoint = 1.1	saving(saving_nr, 3) = tour(tour_nr, 2+tour(tour_nr, 0))			
	J	N		
	check_endpoint = 1.2	saving(saving_nr, 4) = tour(tour_nr, 3)		
		J	N	
		check_endpoint = 2.1	saving(saving_nr, 4) = tour(tour_nr, 2+tour(tour_nr, 0))	
			J	N
			check_endpoint = 2.2	check_endpoint = 0

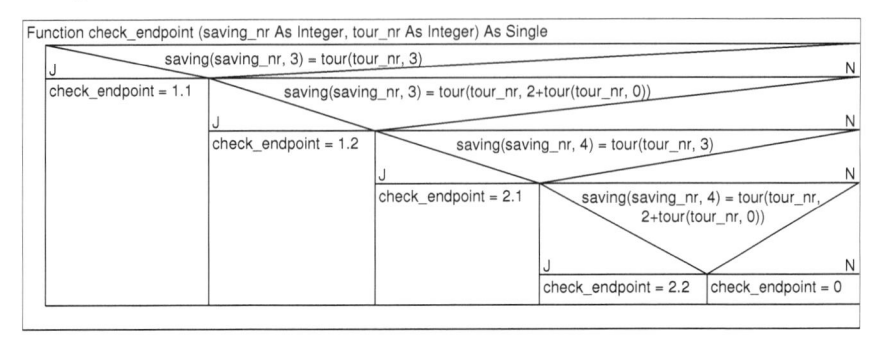

Abbildung 69 Struktogramm Funktion check_endpoint

Programmcode für die Funktion check_endpoint

```
Function check_endpoint(saving_nr As Integer) As Single
    'Diese Funktion überprüft, ob einer der beiden Punkte des Savings (saving_nr) an einem
Ende der Tour (tour1) vorhanden ist
    'Rückgabewerte:
    '0   : Keiner der beiden Punkte des Savings ist an einem Ende der Tour vorhanden
    '1.1: Der erste Punkt des Savings ist am Anfang der Tour vorhanden
    '1.2: Der erste Punkt des Savings ist am Ende der Tour vorhanden
    '2.1: Der zweite Punkt des Savings ist am Anfang der Tour vorhanden
    '2.2: Der zweite Punkt des Savings ist am Ende der Tour vorhanden

10      If saving(saving_nr, 3) = tour(tour1, 3) Then
20          check_endpoint = 1.1
30      ElseIf saving(saving_nr, 3) = tour(tour1, 2 + tour(tour1, 0)) _
        Then
40          check_endpoint = 1.2
50      ElseIf saving(saving_nr, 4) = tour(tour1, 3) Then
60          check_endpoint = 2.1
70      ElseIf saving(saving_nr, 4) = tour(tour1, 2 + tour(tour1, 0)) _
        Then
80          check_endpoint = 2.2
90      Else
100         check_endpoint = 0
110     End If
End Function
```

Zeilenweise Erläuterung

Zeile 10-20:   Überprüfen, ob der erste Kunde des Savings dem ersten Kunden der Tour entspricht→Rückgabewert 1.1

Zeile 30-40:   Überprüfen, ob der erste Kunde des Savings dem letzten Kunden der Tour entspricht→Rückgabewert 1.2

Zeile 50-60:   Überprüfen, ob der zweite Kunde des Savings dem ersten Kunden der Tour entspricht→Rückgabewert 2.1

Zeile 70-80:   Überprüfen, ob der zweite Kunde des Savings dem letzten Kunden der Tour entspricht→Rückgabewert 2.2

B Anhang zum Savingsverfahren

Zeile 90-110: Falls weder der erste noch der zweite Kunde des Savings am Anfang oder Ende der Tour liegt, so wird der Wert 0 zurückgegeben.

Die Funktion check_kapbesch

Die Funktion `check_kapbesch` überprüft eine mögliche Verletzung der Kapazitätsbeschränkung der Fahrzeuge, falls Tour und Saving zusammengelegt würden bzw. zwei Touren zusammengelegt würden.

Variablen

Tabelle 29 Variablen Funktion check_kapbesch

Variablenname	Datentyp	Definition
saving_nr	Integer	Gibt den Index des zu überprüfenden Savings an; wird beim Aufruf der Funktion als Argument angegeben.
tour_nr	Integer	Gibt den Index der zu überprüfenden Tour an; wird beim Aufruf der Funktion als Argument angegeben.
neuer_bedarf	Integer	Zwischenspeicher für den neuen Bedarf nach der Zusammenlegung.
pos	Integer	Bestimmt die Position des Punktes des Savings, der zur Tour hinzugefügt werden soll.
check_kapbesch	Boolean	Rückgabewert der Funktion.

Rückgabewerte

True: Die Kapazitätsbeschränkung ist verletzt; es können keine Touren zusammengelegt werden.

False: Die Kapazitätsbeschränkung ist nicht verletzt; es können Touren zusammengelegt werden.

Struktogramm

Function check_kapbesch(saving_nr As Integer, tour_nr As Integer) As Boolean				
neuer_bedarf As Integer, por As Integer				
\multicolumn{3}{c}{tour = 2}			
J			N	
Fix(check_endpoint(saving_nr, tour_nr)) = 1			neuer_bedarf = tour(tour_nr, 2) + tour(tour2, 2)	
J		N		
pos = 2		pos = 1		
neuer_bedarf = tour(tour_nr, 2) + bedarf(1, saving(saving_nr, 2 + pos))				
\multicolumn{3}{c}{neuer_bedarf <= ladekapazitaet}			
J				N
check_kapbesch = False			check_kapbesch = True	

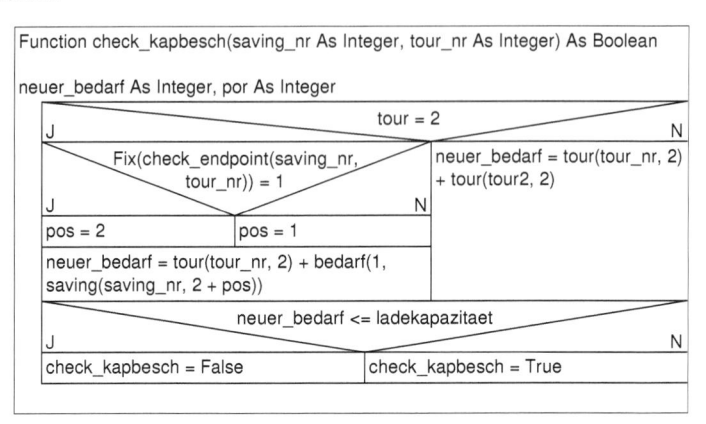

Abbildung 70 Struktogramm Funktion check_kapbesch

Programmcode für die Funktion check_kapbesch

```
Function check_kapbesch(saving_nr As Integer) As Boolean
        'Diese Funktion überprüft, ob beim Anfügen der Tour (tour1) mit dem Saving (saving_nr)
bzw. mit der Tour (tour2) die Kapazitätsbeschränkung violiert würde
        'Rückgabewerte:
        'False: Keine Violation
        'True:  Violation

        'Variablendeklaration
        Dim neuer_bedarf As Integer, pos As Integer

        'Berechnen der Variable neuer_bedarf
10      If tour2 = 0 Then        'Tour und Saving sollen zusammengefasst werden
                    'Nicht derjenige Punkt des Savings, der mit dem Kantenpunkt der Tour identisch ist,
soll hinzugefügt werden, sondern der jeweils andere
20            If Fix(check_endpoint(saving_nr)) = 1 Then
30                 pos = 2
40            Else
50                 pos = 1
60            End If
70            neuer_bedarf = tour(tour1, 2) + bedarf(1, saving(saving_nr, 2 + pos))
80        Else                    'Zwei Touren sollen zusammengefasst werden
90            neuer_bedarf = tour(tour1, 2) + tour(tour2, 2)
100       End If

        'Überprüfen der Kapazitätsbedingung
110     If neuer_bedarf <= ladekapazitaet Then
120            check_kapbesch = False
130     Else
140            check_kapbesch = True
150     End If
End Function
```

Zeilenweise Erläuterung

Zeile 10:	Falls in der Variable `tour2` der Wert 0 steht, so soll eine Tour mit einem Saving verbunden werden.
Zeile 20-60:	Bestimmen des Punktes, der zur Tour hinzugefügt werden soll (Variable `pos`). Dabei wird durch Verwendung der Funktion Fix, die die Nachkommastellen einer Zahl entfernt und dessen ganzzahligen Wert zurückgibt[120], lediglich der Teil vor dem Komma des Rückgabewertes des Funktion `check_endpoint` verwendet, da hier nur die Saving-Tour von Relevanz ist.
Zeile 70:	Setzen des neuen Bedarfs (in Abhängigkeit der Variable `pos`).
Zeile 90:	Falls in der Variable `tour2` ein anderer Wert als 0 steht, so sollen zwei Touren zusammengefasst werden.
Zeile 110-150:	Die Kapazitätsbedingung wird geprüft; setzen des Rückgabewerts.

Die Prozedur create_tour

Die Prozedur `create_tour` erstellt eine neue Tour, basierend auf einem bestehenden Saving. Sie wird aufgerufen, falls die Funktion `check_saving` den Wert 0 zurückgegeben hat, d.h. beide Punkte der Saving-Tour noch keiner Tour zugewiesen wurden. Auf eine Überprüfung der Kapazitätsbeschränkung kann hierbei verzichtet werden, da dies bereits bei der Prozedur `createsort_savings` geschehen ist und sämtliche Pendeltouren die Kapazität der Fahrzeuge einhalten.

Variablen

Tabelle 30 Variablen Prozedur create_tour

Variablenname	Datentyp	Definition
saving_nr	Integer	Gibt den Index des zu überprüfenden Savings an; wird beim Aufruf der Funktion als Argument angegeben.

---

[120] Vgl. Microsoft Visual Basic-Hilfe

Struktogramm

Sub create_tour (saving_nr As Integer)
anz_touren = anz_touren + 1
tour(anz_touren, 0) = 2
tour(anz_touren, 1) = saving(saving_nr, 1)
tour(anz_touren, 2) = bedarf(1, saving(saving_nr, 3)) + bedarf(1, saving(saving_nr, 4))
tour(anz_touren, 3) = saving(saving_nr, 3)
tour(anz_touren, 4) = saving(saving_nr, 4)

Abbildung 71 Struktogramm Prozedur create_tour

Programmcode für die Prozedur create_tour

```
Sub create_tour(saving_nr As Integer)
        'Diese Prozedur erstellt eine neue Tour, basierend auf einem bestehenden Saving
10      anz_touren = anz_touren + 1
20      tour(anz_touren, 0) = 2 _
        'Anzahl der angefahrenen Kunden bei der Tour
30      tour(anz_touren, 1) = saving(saving_nr, 1) _
        'Ersparnis
40      tour(anz_touren, 2) = bedarf(1, saving(saving_nr, 3)) + bedarf(1, _
        saving(saving_nr, 4)) 'Bedarf
50      tour(anz_touren, 3) = saving(saving_nr, 3) _
        'Erster angefahrener Kunde
60      tour(anz_touren, 4) = saving(saving_nr, 4) _
        'Zweiter angefahrener Kunde
End Sub
```

Zeilenweise Erläuterung

Zeile 10: Die Variable `anz_touren` wird um 1 erhöht.

Zeile 20: Die Anzahl der angefahrenen Kunden bei der neuen Tour wird auf 2 gesetzt.

Zeile 30: Die Ersparnis der Tour wird von der Saving-Tour übernommen.

Zeile 40: Der Bedarf der neuen Tour wird gesetzt.

Zeile 50: Der erste anzufahrende Kunde für die neue Tour wird aus der Saving-Tour übernommen.

Zeile 60: Der zweite anzufahrende Kunde für die neue Tour wird aus der Saving-Tour übernommen.

B Anhang zum Savingsverfahren 143

Die Prozedur add_saving

Die Prozedur `add_saving` fügt eine Saving-Tour zu einer bestehenden Tour hinzu. Sie wird aufgerufen, falls die Funktion `check_saving` den Wert 1 zurückgegeben hat und es den Punkt der Saving-Tour (`saving_nr`) an einer Kante der bestehenden Tour (`tour1`) gibt, sowie die Kapazitätsbedingung nicht verletzt ist.

Variablen

Tabelle 31 Variablen Prozedur add_saving

Variablenname	Datentyp	Definition
saving_nr	Integer	Gibt den Index des zu überprüfenden Savings an; wird beim Aufruf der Funktion als Argument angegeben.
tour_nr	Integer	Gibt den Index der zu überprüfenden Tour an; wird beim Aufruf der Funktion als Argument angegeben.
x	Integer	Zählvariable für For-Schleife.

Struktogramm

```
Sub add_saving(saving_nr As Integer, tour_nr As Integer)
x As Integer
  1.1                            2.1                              1.2                                    check_endpoint(saving_nr, tour_nr)
  x=1; tour(tour_nr, 0); x++     x=1; tour(tour_nr, 0); x++       tour(tour_nr, 3 + tour(tour_nr, 0)) =   2.2
    tour(tour_nr, 4 + tour(tour_nr, 0)    tour(tour_nr, 4 + tour(tour_nr, 0)   saving(saving_nr, 4)       tour(tour_nr, 3 + tour(tour_nr, 0)) =
    - x) = tour(tour_nr, 3 +              - x) = tour(tour_nr, 3 +             tour(tour_nr, 2) = tour(tour_nr, 2) +   saving(saving_nr, 3)
    tour(tour_nr, 0) - x)                 tour(tour_nr, 0) - x)                bedarf(1, saving(saving_nr, 4))         tour(tour_nr, 2) = tour(tour_nr, 2) +
  tour(tour_nr, 3) = saving(saving_nr,    tour(tour_nr, 3) = saving(saving_nr,                                         bedarf(1, saving(saving_nr, 3))
  4)                                      4)
  tour(tour_nr, 2) = tour(tour_nr, 2) +   tour(tour_nr, 2) = tour(tour_nr, 2) +
  bedarf(1, saving(saving_nr, 4))         bedarf(1, saving(saving_nr, 4))
  tour(tour_nr, 0) = tour(tour_nr, 0) + 1
  calc_savings(tour_nr)
```

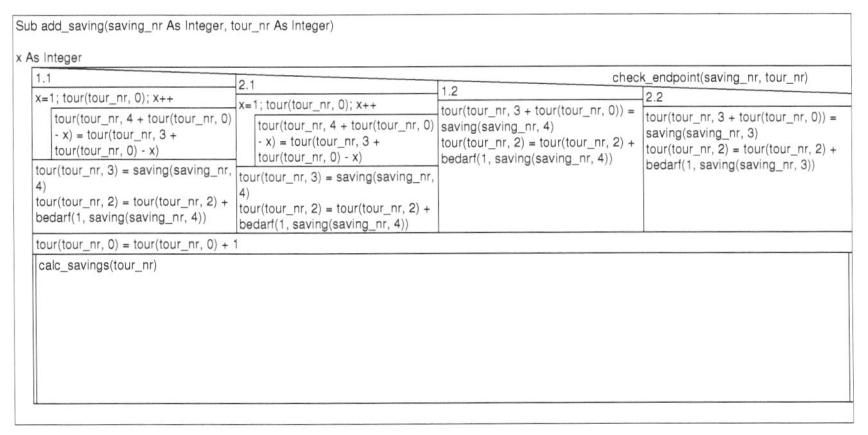

Abbildung 72 Struktogramm Prozedur add_saving

Programmcode für die Prozedur add_saving

```
Sub add_saving(saving_nr As Integer, tour_nr As Integer)
    'Diese Subprozedur fügt der Tour (tour_nr) das Saving (saving_nr) hinzu
    
    'Variablendeklaration
    Dim x As Integer
    
    'Ausführung
10  Select Case check_endpoint(saving_nr)
        Case 1.1:
            'Punkte der Tour um eins nach hinten verschieben
20          For x = 1 To tour(tour_nr, 0)
30              tour(tour_nr, 4 + tour(tour_nr, 0) - x) = tour(tour_nr, 3 + _
                tour(tour_nr, 0) - x)
40          Next x
50          tour(tour_nr, 3) = saving(saving_nr, 4)
60          tour(tour_nr, 2) = tour(tour_nr, 2) + bedarf(1, saving(saving_nr, 4))
70      Case 2.1:
            'Punkte der Tour um eins nach hinten verschieben
80          For x = 1 To tour(tour_nr, 0)
90              tour(tour_nr, 4 + tour(tour_nr, 0) - x) = tour(tour_nr, 3 + _
                tour(tour_nr, 0) - x)
100         Next x
110         tour(tour_nr, 3) = saving(saving_nr, 3)
120         tour(tour_nr, 2) = tour(tour_nr, 2) + bedarf(1, saving(saving_nr, 3))
130     Case 1.2:
140         tour(tour_nr, 3 + tour(tour_nr, 0)) = saving(saving_nr, 4)
150         tour(tour_nr, 2) = tour(tour_nr, 2) + bedarf(1, saving(saving_nr, 4))
160     Case 2.2:
170         tour(tour_nr, 3 + tour(tour_nr, 0)) = saving(saving_nr, 3)
180         tour(tour_nr, 2) = tour(tour_nr, 2) + bedarf(1, saving(saving_nr, 3))
190     End Select
200     tour(tour_nr, 0) = tour(tour_nr, 0) + 1          'Der Tour wurde ein Kunde hinzugefügt
210     Call calc_savings(tour_nr)                       'Neue Ersparnis berechnen

End Sub
```

Zeilenweise Erläuterung

Zeile 10: Es wird auf den Rückgabewert der Funktion check_endpoint zurückgegriffen.

Zeile 20-60: Der zweite Kunde der Saving-Tour wird an den Anfang der Tour gesetzt. Dazu werden vorher sämtliche Kunden der Tour im Array um eins nach hinten verschoben.

Zeile 80-120: Der erste Kunde der Saving-Tour wird an den Anfang der Tour gesetzt. Dazu werden vorher sämtliche Kunden der Tour im Array um eins nach hinten verschoben.

Zeile 140-150: Der zweite Kunde der Saving-Tour wird an das Ende der Tour gesetzt.

Zeile 170-180: Der erste Kunde der Saving-Tour wird an das Ende der Tour gesetzt.

Zeile 200: Die Anzahl der angefahrenen Kunden der Tour wird um eins erhöht.

Zeile 210: Die Prozedur calc_savings wird aufgerufen. Diese berechnet den neuen Savingswert der aktuell veränderten Tour.

B Anhang zum Savingsverfahren 145

Die Prozedur merge_tours

Die Funktion `merge_tours` verbindet zwei schon bestehende Touren miteinander. Sie wird aufgerufen, falls die Funktion `check_saving` den Wert 2 zurückgegeben hat und die Kapazitätsbedingung nicht verletzt ist. Die Hauptschwierigkeit hierbei ist, dass die beiden Touren beim Aneinanderfügen wie Dominosteine passen müssen, d.h., unter bestimmten Umständen muss die Reihenfolge einer oder der beiden Touren und/oder der Saving-Tour umgekehrt werden.

Variablen

Tabelle 32 Variablen Prozedur add_saving

Variablenname	Datentyp	Definition
saving_nr	Integer	Gibt den Index des zu überprüfenden Savings an; wird beim Aufruf der Funktion als Argument angegeben.
tour1_nr	Integer	Gibt den Index der ersten zu überprüfenden Tour an; wird beim Aufruf der Funktion als Argument angegeben.
tour2_nr	Integer	Gibt den Index der zweiten zu überprüfenden Tour an; wird beim Aufruf der Funktion als Argument angegeben.
x	Integer	Zählvariable für For-Schleife.
y	Integer	Zählvariable für For-Schleife.
flag	Integer	Zwischenspeicher für den Rückgabewert der Funktion. flag=1: 2.Punkt tour1_nr = 1.Punkt Saving UND 2.Punkt Saving = 1.Punkt tour2_nr flag=2: 2.Punkt tour1_nr = 1.Punkt Saving UND 2.Punkt Saving = 2.Punkt tour2_nr flag=3: 2.Punkt Saving UND 1.Punkt Saving = 1.Punkt tour2_nr flag=4: 2.Punkt tour1_nr = 2.Punkt Saving UND 1.Punkt Saving = 2.Punkt tour2_nr flag=5: 1.Punkt tour1_nr = 1.Punkt Saving UND 2.Punkt Saving = 1.Punkt tour2_nr flag=6: 1.Punkt tour1_nr = 1.Punkt Saving UND

		2.Punkt Saving = 2.Punkt tour2_nr
		flag=7: 1.Punkt tour1_nr = 2.Punkt Saving UND
		1.Punkt Saving = 1.Punkt tour2_nr
		flag=8: 1.Punkt tour1_nr = 2.Punkt Saving UND
		1.Punkt Saving = 2.Punkt tour2_nr
temp	Integer	Zwischenspeicher für das Tauschen von Kunden.
inv_tour1	Boolean	Zeigt an, ob die Reihenfolge der ersten Tour umgekehrt werden soll. Inv_tour1=True: Die erste Tour soll umgekehrt werden. Inv_tour1=False: Die erste Tour soll nicht umgekehrt werden.
inv_tour2	Boolean	Zeigt an, ob die Reihenfolge der zweiten Tour umgekehrt werden soll. Inv_tour1=True: Die zweite Tour soll umgekehrt werden. Inv_tour1=False: Die zweite Tour soll nicht umgekehrt werden.
inv_saving	Boolean	Zeigt an, ob die Reihenfolge der Saving-Tour umgekehrt werden soll. Inv_saving=True: Die Saving-Tour soll umgekehrt werden. Inv_saving=False: Die Saving-Tour soll nicht umgekehrt werden.

B Anhang zum Savingsverfahren 147

Struktogramm

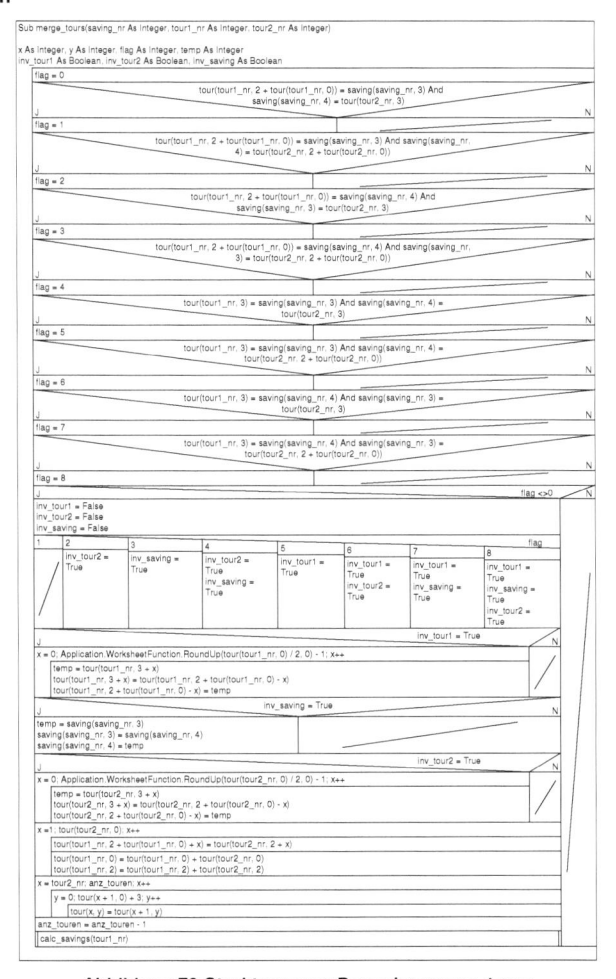

Abbildung 73 Struktogramm Prozedur merge_tours

Programmcode für die Prozedur merge_tours

```
Sub merge_tours(saving_nr As Integer, tour1_nr As Integer, tour2_nr As Integer)
    'Diese Subprozedur verbindet zwei bereits bestehende Touren (tour1_nr und tour2_nr)

    'Variablendeklaration
    Dim x As Integer, y As Integer, flag As Integer, temp As Integer
    Dim inv_tour1 As Boolean, inv_tour2 As Boolean, inv_saving As Boolean

    'Überprüfen, welche Punkte des Savings (saving_nr) an welchen Enden der Touren liegen
10  flag = 0

20  If tour(tour1_nr, 2 + tour(tour1_nr, 0)) = saving(saving_nr, 3) And _
       saving(saving_nr, 4) = tour(tour2_nr, 3) Then flag = 1 _
    '2.Punkt tour1_nr = 1.Punkt Saving UND 2.Punkt Saving = 1.Punkt tour2_nr
```

```
30          If tour(tour1_nr, 2 + tour(tour1_nr, 0)) = saving(saving_nr, 3) And _
            saving(saving_nr, 4) = tour(tour2_nr, 2 + tour(tour2_nr, 0)) Then flag = 2 _
            '2.Punkt tour1_nr = 1.Punkt Saving UND 2.Punkt Saving = 2.Punkt tour2_nr
40          If tour(tour1_nr, 2 + tour(tour1_nr, 0)) = saving(saving_nr, 4) And _
            saving(saving_nr, 3) = tour(tour2_nr, 3) Then flag = 3 _
            '2.Punkt tour1_nr = 2.Punkt Saving UND 1.Punkt Saving = 1.Punkt tour2_nr
50          If tour(tour1_nr, 2 + tour(tour1_nr, 0)) = saving(saving_nr, 4) And _
            saving(saving_nr, 3) = tour(tour2_nr, 2 + tour(tour2_nr, 0)) Then flag = 4 _
            '2.Punkt tour1_nr = 2.Punkt Saving UND 1.Punkt Saving = 2.Punkt tour2_nr

60          If tour(tour1_nr, 3) = saving(saving_nr, 3) And saving(saving_nr, 4) _
            = tour(tour2_nr, 3) Then flag = 5 _
            '1.Punkt tour1_nr = 1.Punkt Saving UND 2.Punkt Saving = 1.Punkt tour2_nr
70          If tour(tour1_nr, 3) = saving(saving_nr, 3) And saving(saving_nr, 4) _
            = tour(tour2_nr, 2 + tour(tour2_nr, 0)) Then flag = 6 _
            '1.Punkt tour1_nr = 1.Punkt Saving UND 2.Punkt Saving = 2.Punkt tour2_nr
80          If tour(tour1_nr, 3) = saving(saving_nr, 4) And saving(saving_nr, 3) _
            = tour(tour2_nr, 3) Then flag = 7 _
            '1.Punkt tour1_nr = 2.Punkt Saving UND 1.Punkt Saving = 1.Punkt tour2_nr
90          If tour(tour1_nr, 3) = saving(saving_nr, 4) And saving(saving_nr, 3) _
            = tour(tour2_nr, 2 + tour(tour2_nr, 0)) Then flag = 8 _
            '1.Punkt tour1_nr = 2.Punkt Saving UND 1.Punkt Saving = 2.Punkt tour2_nr

100         If flag <> 0 Then
110             inv_tour1 = False
120             inv_tour2 = False
130             inv_saving = False

140             Select Case flag
                    Case 1: 'Nichts unternehmen

150                 Case 2: 'tour2_nr umkehren
160                     inv_tour2 = True

170                 Case 3: 'saving(saving_nr) umkehren
180                     inv_saving = True

190                 Case 4: 'tour1_nr UND saving(saving_nr) umkehren
200                     inv_tour2 = True
210                     inv_saving = True

220                 Case 5: 'tour1_nr umkehren
230                     inv_tour1 = True

240                 Case 6: 'tour1_nr UND tour2_nr umkehren
250                     inv_tour1 = True
260                     inv_tour2 = True

270                 Case 7: 'tour1_nr UND saving(saving_nr) umkehren
280                     inv_tour1 = True
290                     inv_saving = True

300                 Case 8: 'tour1_nr UND saving(saving_nr) UND tour2_nr umkehren
310                     inv_tour1 = True
320                     inv_saving = True
330                     inv_tour2 = True

340             End Select

                'Umkehrungen durchführen
350             If inv_tour1 = True Then
360                 For x = 0 To _
            Application.WorksheetFunction.RoundUp(tour(tour1_nr, 0) / 2, 0) - 1
370                     temp = tour(tour1_nr, 3 + x)
380                     tour(tour1_nr, 3 + x) = tour(tour1_nr, 2 + tour(tour1_nr, _
            0) - x)
390                     tour(tour1_nr, 2 + tour(tour1_nr, 0) - x) = temp
400                 Next x
410             End If

420             If inv_saving = True Then
430                 temp = saving(saving_nr, 3)
440                 saving(saving_nr, 3) = saving(saving_nr, 4)
450                 saving(saving_nr, 4) = temp
460             End If

470             If inv_tour2 = True Then
```

B Anhang zum Savingsverfahren 149

```
480             For x = 0 To _
    Application.WorksheetFunction.RoundUp(tour(tour2_nr, 0) / 2, 0) - 1
490                 temp = tour(tour2_nr, 3 + x)
500                 tour(tour2_nr, 3 + x) = tour(tour2_nr, 2 + tour(tour2_nr, _
    0) - x)
510                 tour(tour2_nr, 2 + tour(tour2_nr, 0) - x) = temp
520             Next x
530         End If

            'Zweite Tour an erste anhängen
540         For x = 1 To tour(tour2_nr, 0)
550             tour(tour1_nr, 2 + tour(tour1_nr, 0) + x) = tour(tour2_nr, 2 _
    + x)
560         Next x
570         tour(tour1_nr, 0) = tour(tour1_nr, 0) + tour(tour2_nr, 0)       'Neue Anzahl der
Kunden für Tour 1 setzen
580         tour(tour1_nr, 2) = tour(tour1_nr, 2) + tour(tour2_nr, 2)       'Neue Anzahl der
Paletten für Tour 1 setzen

            'Zweite Tour löschen
590         For x = tour2_nr To anz_touren
600             For y = 0 To tour(x + 1, 0) + 3
610                 tour(x, y) = tour(x + 1, y)
620             Next y
630         Next x
640         anz_touren = anz_touren - 1

            'Ersparnis berechnen
650         Call calc_savings(tour1_nr)
660     End If
End Sub
```

Zeilenweise Erläuterung

Zeile 10: Die Variable flag wird zurückgesetzt, da sie im Verlauf der Funktion neu belegt wird.

Zeile 20-90: Setzen der Variable `flag`.

Zeile 100: Die beiden Touren werden nur unter der Bedingung, dass die Kunden der Saving-Tour an einer Kante jeweils einer Tour vorkommen, miteinander verbunden.

Zeile 110-130: Die Variablen `inv_tour1`, `inv_tour2` und `inv_saving` werden zurückgesetzt, da sie im weiteren Verlauf der Funktion neu belegt werden.

Zeile 140: Wenn `flag` = 1, nichts unternehmen, da die Touren so wie sie sind aneinanderpassen.

Zeile 160: Wenn `flag` = 2, dann soll die zweite Tour soll umgekehrt werden.

Zeile 180: Wenn `flag` = 3, dann soll die Saving-Tour umgekehrt werden.

Zeile 200-210: Wenn `flag` = 4, dann soll die zweite Tour und die Saving-Tour umgekehrt werden.

Zeile 230: Wenn `flag` = 5, dann soll die erste Tour umgekehrt werden.

Zeile 250-260: Wenn `flag` = 6; dann sollen beide Touren umgekehrt werden.

Zeile 280-290:	Wenn `flag = 7`, dann soll die erste Tour und die Saving-Tour umgekehrt werden.
Zeile 310-330:	Wenn `flag = 8`, dann sollen beide Touren und die Saving-Tour umgekehrt werden.
Zeile 350-410:	Falls `inv_tour1 = True`: Umkehrung der ersten Tour durchführen.
Zeile 360:	Da der Tauschalgorithmus die Kunden von außen nach innen tauscht, ist für die For-Schleife lediglich die Hälfte der Anzahl der Kunden – 1 der zu tauschenden Tour notwendig (der Kunde in der Mitte bleibt an derselben Position). Bei einer ungeraden Anzahl von Kunden wird dieser Wert aufgerundet.
Zeile 420-460:	Falls `inv_saving = True`: Umkehrung der Saving-Tour durchführen.
Zeile 470-530:	Falls `inv_tour2 = True`: Umkehrung der zweiten Tour durchführen.
Zeile 480:	Siehe Zeile 360.
Zeile 540-580:	Anhängen der zweiten Tour (`tour2_nr`) an die erste Tour (`tour1_nr`).
Zeile 590-640:	Löschen der zweiten Tour. Dabei werden sämtliche bestehenden Touren, die in der Reihenfolge hinter der zweiten Tour stehen, um eins nach vorne verschoben und die Variable anz_touren und eins verringert.
Zeile 650:	Die Prozedur `calc_savings` wird aufgerufen. Diese berechnet den neuen Savingswert der aktuell veränderten Tour.

B Anhang zum Savingsverfahren 151

Die Prozedur finalise_tours

Die Funktion `finalise_tours` wird nach der Schleife aufgerufen, die sämtliche Saving-Touren abarbeitet. Sie überprüft, ob es Kunden gibt, die dabei noch keiner Tour hinzugefügt wurden. Falls dies der Fall ist, so werden jeweils neue Pendeltouren [Depot, Kunde, Depot] mit diesen Kunden gebildet.

Variablen

Tabelle 33 Variablen Funktion finalise_tours

Variablenname	Datentyp	Definition
x	Integer	Zählvariable für For-Schleife.
y	Integer	Zählvariable für For-Schleife.
z	Integer	Zählvariable für For-Schleife.
vorhanden	Boolean	
finalise_tours	Boolean	Rückgabewert der Funktion.

Rückgabewert

True: Es wurde(n) (eine) neue Tour(en) hinzugefügt.
False: Es wurden keine neuen Touren hinzugefügt.

Struktogramm

Function finalise_tours() As Boolean
x As Integer, y As Integer, z As Integer vorhanden As Boolean
x = 1; anz_kunden; x++
vorhanden = False
y = 1; anz_touren; y++
z = 1; tour(y, 0); z++
tour(y, 2 + z) = x   J / N
vorhanden = True
vorhanden = False   J / N

anz_touren = anz_touren + 1
    tour(anz_touren, 0) = 1
    tour(anz_touren, 1) = 0
    tour(anz_touren, 2) = bedarf(1, x)
    tour(anz_touren, 3) = x
    finalise_tours = True

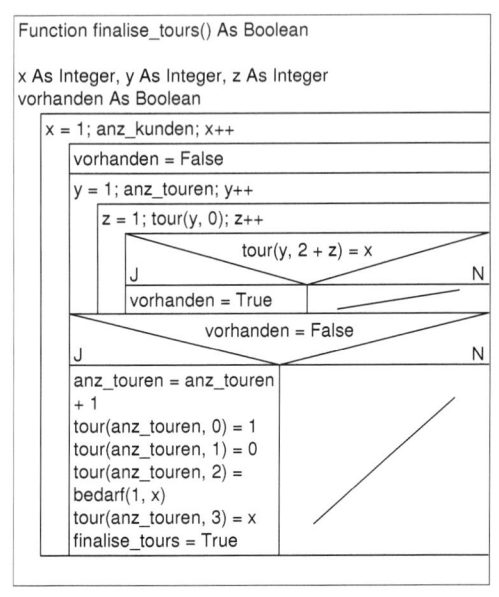

Abbildung 74 Struktogramm Funktion finalise_tours

Programmcode für die Funktion finalise_tours

```
Function finalise_tours() As Boolean
    'Diese Funktion überprüft, ob es Kunden gibt, die noch keiner Tour hinzugefügt wurden.
    'Falls ja, so werden
    'jeweils neue Pendeltouren mit diesen Kunden gebildet
    'Rückgabewerte:
    'True: Es wurde(n) (eine) neue Tour(en) hinzugefügt.
    'False: Es wurde keine neue Tour hinzugefügt.

    'Variablendeklaration
    Dim x As Integer, y As Integer, z As Integer
    Dim vorhanden As Boolean

    'Berechnung
10  For x = 1 To anz_kunden
20      vorhanden = False
30      For y = 1 To anz_touren
40          For z = 1 To tour(y, 0)
50              If tour(y, 2 + z) = x Then vorhanden = True
60          Next z
70      Next y
80      If vorhanden = False Then
90          anz_touren = anz_touren + 1
100         tour(anz_touren, 0) = 1              'Anzahl der Angefahrenen Kunden bei der Tour
110         tour(anz_touren, 1) = 0              'Ersparnis
120         tour(anz_touren, 2) = bedarf(1, x)   'Gesamtbedarf an Paletten
130         tour(anz_touren, 3) = x              'Angefahrener Kunde

140         finalise_tours = True                'Rückgabewert der Funktion, "True" wenn neue Tour(en) hinzugefügt wurden
150     End If
160 Next x
End Function
```

Zeilenweise Erläuterung

Zeile 10:	Sämtlichen Kunden werden in einer Schleife durchlaufen.
Zeile 20:	Zurücksetzen der Variable vorhanden.
Zeile 30:	Für jeden Kunden werden in einer Schleife sämtliche Touren durchlaufen.
Zeile 40-60:	In jeder Tour wird in einer Schleife jeder Kunde durchlaufen.
Zeile 80-140:	Falls ein noch nicht vorhandener Kunde gefunden wurde, so wird eine neue Pendeltour mit diesem Kunde gebildet und der Rückgabewert der Funktion auf True gesetzt.

Die Prozedur berechnen

Die Prozedur *berechnen* wird durch Klick auf die Schaltfläche „Berechnen" aufgerufen. Hier finden folgende Schritte statt:

- Einlesen der Quelldaten
- Abarbeitung des Algorithmus
- Ausgabe der Lösung in das Excel-Tabellenblatt

Variablen

Tabelle 34 Variablen Prozedur berechnen

Variablenname	Datentyp	Definition
x	Integer	Zählvariable für For-Schleife.
y	Integer	Zählvariable für For-Schleife.
I	Integer	Zählvariable für For-Schleife.
j	Integer	Zählvariable für For-Schleife.
anz_savings	Integer	Anzahl der Saving-Touren.
zeile	Integer	Zählvariable für die Ausgabe der Lösung.
iterations_nr	Integer	Zählvariable für die Ausgabe der Iterationen bei der Lösung.
change	Boolean	Zeigt an, ob beim Durchlaufen der Schleife eine Tour geändert wurde. Falls ja, so wird bei der Lösung eine neue Iteration ausgegeben.

Struktogramm

Sub berechnen()
CVRP As Worksheet CVRP = Sheets("CVRP") x As Integer, y As Integer, i As Integer, j As Integer, anz_savings As Integer, zeile As Integer, iterations_nr As Integer change As Boolean kundennamen As Variant
zeile = 0 ladekapazitaet = CVRP.Cells(8, 2) anz_kunden = CVRP.Range("11:11").EntireRow.End(xlToRight).Column - 1 CVRP.Range("A39:H65536").Clear kundennamen = CVRP.Range(CVRP.Cells(10, 2), CVRP.Cells(10, 1 + anz_kunden)) bedarf = CVRP.Range(CVRP.Cells(11, 2), CVRP.Cells(11, 1 + anz_kunden)) entfernung = CVRP.Range(CVRP.Cells(20, 2), CVRP.Cells(20 + anz_kunden, 2 + anz_kunden))
With CVRP.Range("A39:A40") .Value = "Bilden von Pendeltouren für jeden einzelnen Kunden" .Font.Bold = True End With With CVRP.Range("A40:C40") .Value = Array("Tour", "Ersparnis", "Europaletten") .Font.Bold = True End With zeile = 20 + anz_kunden + 14
x = 1; anz_kunden; x++

CVRP.Cells(zeile + x, 1).Value = "S_0;" & kundennamen(1, x) & ";0"
    CVRP.Cells(zeile + x, 2).Value = "0"
    CVRP.Cells(zeile + x, 3).Value = bedarf(1, x)

zeile = zeile + anz_kunden + 2 With CVRP.Cells(zeile, 1) .Value = "Verknüpfen und Sortieren von Pendeltouren unter Berücksichtigung der Kapazitätsrestriktion" .Font.Bold = True End With anz_savings = anz_kunden * (anz_kunden - 1) / 2 ReDim saving(1 To anz_savings, 0 To 4)
createsort_savings
x = 21; 20 + anz_kunden; x++
y = 2; anz_kunden + (x - 19 - anz_kunden); y++

With CVRP.Cells(x, y)
        .FormulaR1C1 = "=R20C" & y & "+R20C" & x - 18 & "-R" & 18 + y & "C" & x - 18
        .Font.ColorIndex = 10
        End With

x = 0
i = 1; anz_savings; i++

x++
    CVRP.Cells(zeile + x, 1).Value = "S_0;" & kundennamen(1, saving(x, 3)) & ";" & kundennamen(1, saving(x, 4)) & ";0"
    CVRP.Cells(zeile + x, 2).Value = saving(i, 1)
    CVRP.Cells(zeile + x, 3).Value = saving(i, 2)

zeile = zeile + anz_savings + 5 With CVRP.Cells(zeile, 1) .Value = "Start des Savings-Algorithmus" .Font.Bold = True End With

Abbildung 75 Struktogramm Prozedur berechnen Teil 1

B Anhang zum Savingsverfahren 155

```
Sub berechnen()
  change = False
  iterations_nr = 0
  ReDim tour(1 To anz_kunden, 0 To 3 + anz_kunden)
  anz_touren = 0
```

x = 1; anz_savings; x++						
saving(x, 1) > 0						
J						N
0	1		2	check_saving(x)		
create_tour(x)		check_endpoint(x, tour1)		check_kapbesch(x, tour1)	3	
change = True	J	<> 0	N	= False		
		check_kapbesch(x, tour1) = False		J	N	
		J	N	merge_tours(x, tour1, tour2)		
		add_saving(x, tour1)		change = True		
		change = True				

x = anz_savings		
J		N
change = finalise_tours	change = True	
	J	N

```
  iterations_nr = iterations_nr + 1
  With CVRP.Cells(zeile + 1, 1)
    .Value = "Iteration " & iterations_nr
    .Font.Bold = True
  End With
  zeile = zeile + 1
```

i = 1; anz_touren; i++
CVRP.Cells(i + zeile, 1).Value = "Tour_0;"
j = 1; tour(i, 0); j++
CVRP.Cells(i + zeile, 1).Value = CVRP.Cells(i + zeile, 1).Value & kundennamen(1, tour(i, 2 + j)) & ";"
CVRP.Cells(i + zeile, 1).Value = CVRP.Cells(i + zeile, 1).Value & "0"
CVRP.Cells(i + zeile, 2).Value = tour(i, 1)
CVRP.Cells(i + zeile, 3).Value = tour(i, 2)

```
  zeile = zeile + i
  change = False

error_handling:
  Application.ScreenUpdating = True
  Application.Calculation = xlCalculationAutomatic
```

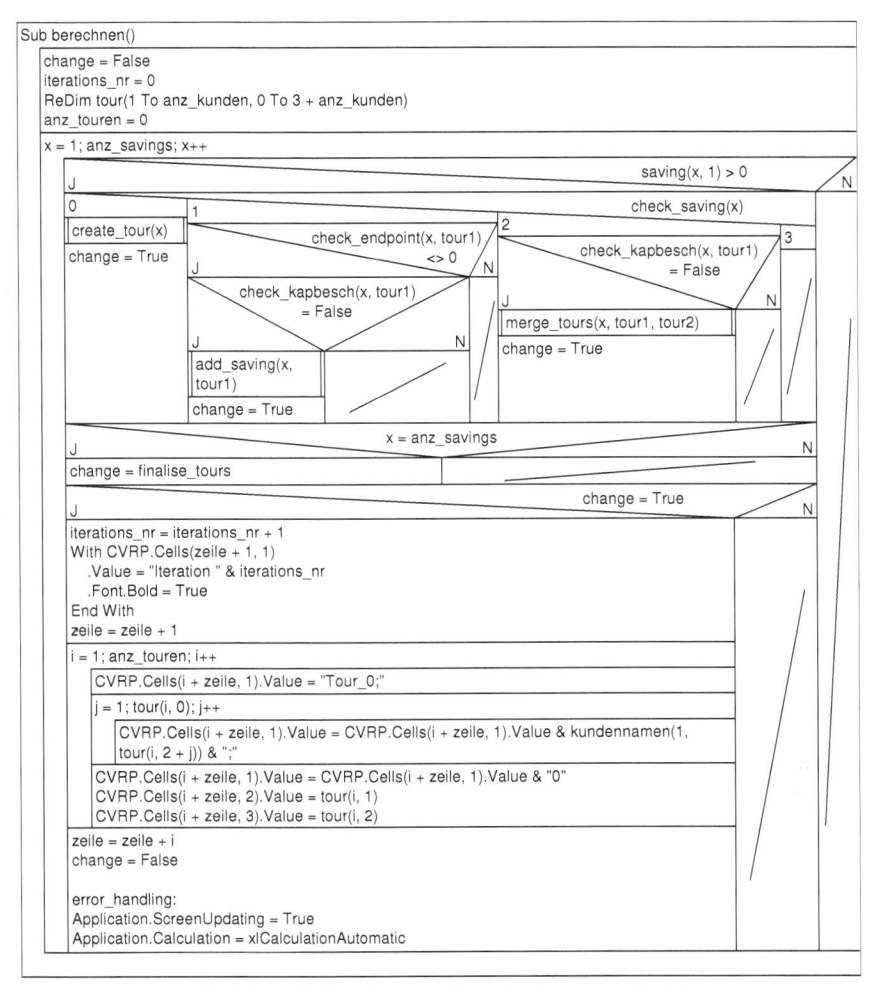

Abbildung 76 Struktogramm Prozedur berechnen Teil 2

Programmcode für die Prozedur berechnen

```
Sub berechnen()
       'Globale Einstellungen für den Programmablauf
       'On Error GoTo error_handling
10     Application.ScreenUpdating = False
20     Application.Calculation = xlCalculationManual

       'Variablendeklaration
       Dim CVRP As Worksheet
30     Set CVRP = Sheets("CVRP")

       Dim x As Integer, y As Integer, i As Integer, j As Integer, _
           anz_savings As Integer, zeile As Integer, iterations_nr As Integer
       Dim change As Boolean
       Dim kundennamen As Variant
```

```
            'kd_namen = CVRP.Range("B10:J10").Value
            'buchstabe = Split("0 A B C D E F G H I J K L M N O P Q R S T U V W X Y Z", " ")
40          zeile = 0

            'Ladekapazität und Anzahl der Kunden ermitteln
50          ladekapazitaet = CVRP.Cells(8, 2)
60          anz_kunden = CVRP.Range("11:11").EntireRow.End(xlToRight).Column - 1

            'Worksheet "CVRP" unterhalb der Dateneingabe leeren
70          CVRP.Range("A39:H65536").Clear

            'Kundennamen in Array schreiben
80          kundennamen = CVRP.Range(CVRP.Cells(10, 2), CVRP.Cells(10, 1 + _
            anz_kunden))

            'Bedarf in Array schreiben
90          bedarf = CVRP.Range(CVRP.Cells(11, 2), CVRP.Cells(11, 1 + anz_kunden))

            'Entfernungen in Array schreiben
100         entfernung = CVRP.Range(CVRP.Cells(20, 2), CVRP.Cells(20 + anz_kunden, _
            2 + anz_kunden))

            'Überschriften setzen
110         With CVRP.Range("A39:A40")
120           .Value = "Bilden von Pendeltouren für jeden einzelnen Kunden"
130           .Font.Bold = True
140         End With
150         With CVRP.Range("A40:C40")
160           .Value = Array("Tour", "Ersparnis", "Europaletten")
170           .Font.Bold = True
180         End With

190         zeile = 40

            'Eröffnungstouren ausgeben (Jeder Kunde wird einzeln angefahren)
200         For x = 1 To anz_kunden
210           CVRP.Cells(zeile + x, 1).Value = "S_0;" & kundennamen(1, x) & ";0"
220           CVRP.Cells(zeile + x, 2).Value = "0"
230           CVRP.Cells(zeile + x, 3).Value = bedarf(1, x)
240         Next x
250         zeile = zeile + anz_kunden + 2
260         With CVRP.Cells(zeile, 1)
270           .Value = _
            "Verknüpfen und Sortieren von Pendeltouren unter Berücksichtigung der Kapazitätsrestriktion"
280           .Font.Bold = True
290         End With

            'Anzahl der Savingswerte ermitteln und Array 'saving' dimensionieren
300         anz_savings = anz_kunden * (anz_kunden - 1) / 2
310         ReDim saving(1 To anz_savings, 0 To 4)

            'Sortierte Savingswerte (ohne Kapazitätsüberschreitung) in Array 'saving' schreiben
320         Call createsort_savings

            'Savingswerte ausgeben (sowohl in Matrix als auch in Savings-Tabelle)
            'Matrix
330         For x = 21 To 20 + anz_kunden
340           For y = 2 To anz_kunden + (x - 19 - anz_kunden)
350             With CVRP.Cells(x, y)
360               .FormulaR1C1 = "=R20C" & y & "+R20C" & x - 18 & "-R" & 18 _
            + y & "C" & x - 18
370               .Font.ColorIndex = 10
380             End With
390           Next y
400         Next x
            'Savings-Tabelle
410         x = 0
420         For i = 1 To anz_savings
              'If saving(i, 0) <> 0 Then
430             x = x + 1
440             CVRP.Cells(zeile + x, 1).Value = "S_0;" & kundennamen(1, _
            saving(x, 3)) & ";" & kundennamen(1, saving(x, 4)) & ";0"   'Angefahrene Kunden
450             CVRP.Cells(zeile + x, 2).Value = saving(i, 1)   'Ersparnis
460             CVRP.Cells(zeile + x, 3).Value = saving(i, 2)   'Anzahl Paletten
              'End If
```

B Anhang zum Savingsverfahren

```
470         Next i

480         zeile = zeile + anz_savings + 5
490         With CVRP.Cells(zeile, 1)
500             .Value = "Start des Savings-Algorithmus"
510             .Font.Bold = True
520         End With


            'Touren berechnen
530         change = False
540         iterations_nr = 0
            'zeile = 40 + anz_savings + 5
550         ReDim tour(1 To anz_kunden, 0 To 3 + anz_kunden)
560         anz_touren = 0
570         For x = 1 To anz_savings
580             If saving(x, 1) > 0 Then
590                 Select Case check_saving(x)
                        Case 0:                             'Weder i noch j wurden schon einer Tour zugewiesen
600                         Call create_tour(x)             'Neue Tour erstellen
610                         change = True
620                         Case 1:                         'Genau einer der beiden Punkte besteht schon in einer existierenden Tour
630                             If check_endpoint(x, tour1) <> 0 Then
640                                 If check_kapbesch(x, tour1) = False Then     'Doppeltes if um Schleifen zu sparen
650                                     Call add_saving(x, tour1)    'Zu welcher Tour hinzufügen?????
660                                     change = True
670                                 End If
680                             End If
690                         Case 2:                         'Sowohl i als auch j bestehen jeweils schon in 2 VERSCHIEDENEN existierenden Touren
700                             If check_kapbesch(x, tour1) = False Then
710                                 Call merge_tours(x, tour1, tour2)
720                                 change = True
730                             End If
740                         Case 3:                         'Sowohl i als auch j gibt es in EINER existierenden Tour-->Saving verwerfen.
750                 End Select
760             End If

                'Nachdem alle Touren gebildet sind, noch nicht berücksichtigte Kunden zu Einzeltouren verbinden
770             If x = anz_savings Then
780                 change = finalise_tours
790             End If

                'Falls eine Tour in der vorigen Schleife verändert wurde-->Ersparnis berechnen und neue Iteration ausgeben
800             If change = True Then
                    'Iteration ausgeben
810                 iterations_nr = iterations_nr + 1
820                 With CVRP.Cells(zeile + 1, 1)
830                     .Value = "Iteration " & iterations_nr
840                     .Font.Bold = True
850                 End With
860                 zeile = zeile + 1
870                 For i = 1 To anz_touren
880                     CVRP.Cells(i + zeile, 1).Value = "Tour_0;"
890                     For j = 1 To tour(i, 0)
900                         CVRP.Cells(i + zeile, 1).Value = CVRP.Cells(i + zeile, _
    1).Value & kundennamen(1, tour(i, 2 + j)) & ";"
910                     Next j
920                     CVRP.Cells(i + zeile, 1).Value = CVRP.Cells(i + zeile, _
    1).Value & "0"            'Rückkehr zum Depot hinzufügen
930                     CVRP.Cells(i + zeile, 2).Value = tour(i, 1)
940                     CVRP.Cells(i + zeile, 3).Value = tour(i, 2)
950                 Next i
960                 zeile = zeile + i
970                 change = False
980             End If

990         Next x


error_handling:
```

158　　　　　　　　　　　　　　　　　　　　　　　　B Anhang zum Savingsverfahren

```
            'Globale Einstellungen für den Programmablauf rückgängig machen
1000        Application.ScreenUpdating = True
1010        Application.Calculation = xlCalculationAutomatic
End Sub
```

Zeilenweise Erläuterung

Zeile 10:	Aufruf der Fehlerroutine bei Programmfehlern.
Zeile 20:	Bestimmt, dass Veränderungen an Zellen vom Programm nicht unmittelbar die Anzeige aktualisiert wird. Dies geschieht am Ende der Prozedur in Zeile 1010 in einem Durchgang. Dadurch wird die Ablaufgeschwindigkeit des Programms erhöht.
Zeile 30:	Bestimmt, dass Veränderungen an Zellen vom Programm nicht unmittelbar zur Neuberechnung von Formeln führen. Dies geschieht am Ende der Prozedur in Zeile 1020 in einem Durchgang. Auch hierdurch wird die Ablaufgeschwindigkeit des Programms erhöht.
Zeile 40:	Setzen der Alias-Namen für die Tabellenblatt-Objekte.
Zeile 50:	Die Variable für den Zeilenindex wird zurückgesetzt.
Zeile 60:	Die Ladekapazität wird ermittelt.
Zeile 70:	Die Anzahl der Kunden wird ermittelt.
Zeile 80:	Das Tabellenblatt „CVRP" wird unterhalb der Quelldaten geleert.
Zeile 90:	Die Kundennamen werden aus der Bedarfsmatrix übernommen und in das Array kundennamen geschrieben.
Zeile 100:	Der Bedarf wird in das Array bedarf geschrieben.
Zeile 110:	Die Entfernungsmatrix wird in das Array entfernung geschrieben.
Zeile 120-190:	Die Lösungsüberschriften werden im Tabellenblatt „CVRP" angezeigt. Dies ist notwendig, weil sie zuvor in der Zeile 80 gelöscht wurden.
Zeile 200:	Der Zeilenindex wird in Abhängigkeit der Anzahl der Kunden gesetzt.
Zeile 210-250:	Die Eröffnungstouren werden ausgegeben.
Zeile 260:	Der Zeilenindex wird aktualisiert.
Zeile 270-300:	Die Überschrift für die Pendeltouren wird ausgegeben. Dabei wird nicht der Kundenindex, sondern der Kundenname, der sich im Array kundenname befindet, ausgegeben.
Zeile 310-320:	Die Anzahl der Saving-Touren wird ermittelt und das array saving entsprechend dimensioniert.

B Anhang zum Savingsverfahren

Zeile 330:	Die Prozedur `createsort_savings` wird aufgerufen: Die Saving-Touren werden hier gebildet, sortiert und in das Array `saving` geschrieben.
Zeile 340-480:	Die Savingswerte werden ausgegeben (in den unteren freien Teil der Entfernungsmatrix und in die Savings-Tabelle der Lösungsausgabe). Dabei wird nicht der Kundenindex, sondern der Kundenname, der sich im Array `kundenname` befindet, ausgegeben.
Zeile 490:	Der Zeilenindex wird aktualisiert.
Zeile 500-530:	Die Überschrift für den Savings-Algorithmus wird ausgegeben.
Zeile 540-800:	Die Touren werden gem. des Savings-Algorithmus gebildet und in das Array `tour` geschrieben.
Zeile 540:	Die Variable `change` wird zurückgesetzt.
Zeile 550:	Die Variable `iterations_nr` wird zurückgesetzt.
Zeile 560:	Das Array `tour` wird gemäß der vorher ermittelten Anzahl der Kunden neu dimensioniert.
Zeile 570:	Die Variable `anz_touren` wird zurückgesetzt.
Zeile 580:	For-Schleife: Es sollen sämtliche Saving-Touren abgearbeitet werden.
Zeile 590:	If-Abfrage: Es sollen nur diejenigen Saving-Touren abgearbeitet werden, deren Ersparnis größer null ist.
Zeile 600:	Ab hier werden die Rückgabewerte der Funktion `check_saving` überprüft.
Zeile 610-620:	Rückgabewert 0: Weder `i` noch `j` wurden schon einer Tour zugewiesen. In diesem Fall wird mit diesen Werten eine neue Tour erstellt, indem die Prozedur `create_tour` aufgerufen wird. Die Variable `change` wird auf True gesetzt.
Zeile 630-690:	Rückgabewert 1: Genau einer der beiden Kunden besteht schon in einer existierenden Tour! In diesem Fall wird mit der Funktion `check_endpoint` geprüft, ob es sich bei dem Kunden um eine Kante der Tour handelt (Rückgabewert gleich null). Wenn nein, so wird mit der Funktion `check_kapbesch` überprüft, ob die Kapazitätsbedingung überschritten würde (Rückgabewert True). Wenn nein, so wird die aktuelle Saving-Tour (`x`) mit dem Aufruf der Prozedur `add_saving` derjenigen Tour (`tour1`) hinzugefügt, die zuvor in der Funktion

	`check_saving` ermittelt wurde. Die Variable change wird anschließend auf True gesetzt.
Zeile 700-740:	Rückgabewert 2: Sowohl i als auch j bestehen jeweils schon in zwei verschiedenen existierenden Touren! In diesem Fall wird zunächst mit der Funktion `check_kapbesch` überprüft, ob die Kapazitätsbedingung überschritten würde (Rückgabewert True). Wenn nein, so werden beide Touren (`tour1` und `tour2`), die zuvor in der Funktion `check_saving` ermittelt wurden, mit dem Aufruf der Funktion `merge_tours` durch die aktuelle Saving-Tour (`x`) zusammengefasst. Die Variable change wird anschließend auf True gesetzt.
Zeile 750-770:	Rückgabewert 3: Sowohl i aus auch j gibt es bereits in einer einzigen existierenden Tour! In diesem Fall wird nichts unternommen.
Zeile 780-800:	Noch nicht berücksichtigte Kunden werden zu Pendeltouren hinzugefügt in der Funktion `finalise_tours`. Auch hier wird bei einer Veränderung die Variable change auf True gesetzt.
Zeile 810:	Falls eine Tour in der vorigen Schleife verändert wurde, so wird eine neue Iteration ausgegeben.
Zeile 820:	Die Variable `iterations_nr` für die Überschrift wird um eins erhöht.
Zeile 830-860:	Die Überschrift für die aktuelle Iteration wird ausgegeben.
Zeile 870:	Der Zeilenindex wird aktualisiert.
Zeile 880:	For-Schleife: Für jede bereits bestehende Tour wird eine Zeile ausgegeben.
Zeile 890:	Ausgabe des Anfangs der Tour.
Zeile 900:	For-Schleife: Jeder Kunde der Tour wird ausgegeben.
Zeile 910:	Anhängen des jeweils nächsten Kunden an den aktuellen String. Dabei wird nicht der Kundenindex, sondern der Kundenname, der sich im Array `kundenname` befindet, ausgegeben.
Zeile 920:	Beenden der For-Schleife.
Zeile 930:	Die Rückkehr zum Depot wird hinzugefügt.
Zeile 940:	Die Ersparnis wird ausgegeben.
Zeile 950:	Der Bedarf wird ausgegeben.
Zeile 960:	Beenden der For-Schleife für die Touren.
Zeile 970:	Der Zeilenindex wird aktualisiert.

B Anhang zum Savingsverfahren

Zeile 980:	Die Variable change wird zurückgesetzt.
Zeile 990:	Beenden der If-Abfrage.
Zeile 1000:	Beenden der For-Schleife für die Saving-Touren.
Zeile 1010:	Die Einstellung von Zeile 20 wird wieder deaktiviert. Das Programm ist abgelaufen und die Anzeige kann wieder aktualisiert werden.
Zeile 1020:	Die Einstellung von Zeile 30 wird wieder deaktiviert. Daraufhin berechnet Excel sämtliche Formeln.

Die benutzerdefinierte Funktion CVRP

Variablen

Tabelle 35 Variablen Funktion CVRP

Variablenname	Datentyp	Definition
m_entfernungen	Range	Entfernungsmatrix Wird beim Aufruf der Funktion übergeben.
m_bedarf	Range	Bedarfsmatrix Wird beim Aufruf der Funktion übergeben.
ladekap	Integer	Ladekapazität Wird beim Aufruf der Funktion übergeben.
tour_nr	Integer	Tour-Index Wird beim Aufruf der Funktion als optionales Argument übergeben.
x	Integer	Zählvariable für For-Schleife.
y	Integer	Zählvariable für For-Schleife.
i	Integer	Zählvariable für For-Schleife.
j	Integer	Zählvariable für For-Schleife.
anz_savings	Integer	Anzahl der Saving-Touren.
flag_error	Boolean	Zeigt an, ob Fehler bei der Eingabe gemacht wurden.
error_msg	String	Fehlermeldung, falls Fehler bei der Eingabe gemacht wurden.
Cell	Range	Zellenbereich für die Fehlerüberprüfung.

Struktogramm

```
Public Function CVRP(m_entfernungen As Excel.Range, m_bedarf As Excel.Range, ladekap As Integer, Optional
tour_nr As Integer = 0) As String

x As Integer, y As Integer, i As Integer, j As Integer, anz_savings As Integer
flag_error As Boolean
error_msg As String
cell As Range
```

	m_bedarf.Rows.Count <> 1	
J		N
error_msg = "!FEHLER!Bedarfsmatrix muss eine Zelle enthalten!" flag_error = True		
	Not (Intersect(m_entfernungen, m_bedarf) Is Nothing)	
J		N
error_msg = "!FEHLER!Bereiche überschneiden sich!" flag_error = True		
	m_entfernungen.Rows.Count <> m_bedarf.Columns.Count + 1 Or m_entfernungen.Columns.Count <> m_bedarf.Columns.Count + 1	
J		N
error_msg = "!FEHLER!Unterschiedliche Kundenzahl in Entfernungs- und Bedarfsmatrix!" flag_error = True		
	m_entfernungen.Rows.Count <> m_entfernungen.Columns.Count	
J		N
error_msg = "!FEHLER!Entfernungsmatrix ist nicht quadratisch!" flag_error = True		

Each cell in m_entfernungen

	Not IsNumeric(cell)	
J		N
error_msg = "!FEHLER!Entfernungsmatrix darf nur Zahlen enthalten!" flag_error = True		
	tour_nr < 0	
J		N
error_msg = "!FEHLER!Tour-Nummer darf nicht negativ sein!" flag_error = True		
	flag_error = True	
J		N
GoTo error_handling		

```
entfernung = m_entfernungen
bedarf = m_bedarf
ladekapazitaet = ladekap
anz_kunden = UBound(entfernung, 1) - 1
anz_savings = anz_kunden * (anz_kunden - 1) / 2
ReDim saving(1 To anz_savings, 0 To 4)
```

createsort_savings

```
ReDim tour(1 To anz_kunden, 0 To 3 + anz_kunden)
anz_touren = 0
```

x = 1; anz_savings; x++

	saving(x, 1) > 0			
J				N
	check_saving(x)			
0	1	2		3
create_tour(x)	check_endpoint(x, tour1) <> 0		check_kapbesch(x, tour1, tour2) = False	
	J	N	J	N
	check_kapbesch(x, tour1) = False		merge_tours(x, tour1, tour2)	
	J	N		
	add_saving(x, tour1)			

x = anz_savings

finalise_tours

	tour_nr > anz_touren	
J		N
CVRP = 0		tour_nr = 0
		J ... N
x=1; anz_touren; x++		x=1; tour(tour_nr, 0); x++
y=1; tour(x, 0); y++		CVRP = CVRP & tour(tour_nr, 2 + x) & ";"
CVRP = CVRP & tour(x, 2 + y) & ";"		
Mid(CVRP, Len(CVRP), 1) = "_"		
CVRP = Mid(CVRP, 1, Len(CVRP) - 1)		

	flag_error = True	
J		N
CVRP = error_msg		

Abbildung 77 Struktogramm benutzerdefinierte Prozedur CVRP

B Anhang zum Savingsverfahren 163

Programmcode für die benutzerdefinierte Funktion CVRP

```
Public Function CVRP(m_entfernungen As Excel.Range, m_bedarf As Excel.Range, _
    ladekap As Integer, Optional tour_nr As Integer = 0) As String

10          Application.Calculation = xlCalculationManual

            'Variablendeklaration
            Dim x As Integer, y As Integer, i As Integer, j As Integer, _
                anz_savings As Integer
            Dim flag_error As Boolean
            Dim error_msg As String
            Dim cell As Range

            'Fehlerüberprüfung
20          If m_bedarf.Rows.Count <> 1 Then                            'Bedarfsmatrix enthält
nicht eine Zeile
30              error_msg = "!FEHLER!Bedarfsmatrix muss eine Zeile enthalten!"
40              flag_error = True
50          End If
60          If Not (Intersect(m_entfernungen, m_bedarf) Is Nothing) Then    'Bereiche
überschneiden sich
70              error_msg = "!FEHLER!Bereiche überschneiden sich!"
80              flag_error = True
90          End If
100         If m_entfernungen.Rows.Count <> m_bedarf.Columns.Count + 1 Or _
            m_entfernungen.Columns.Count <> m_bedarf.Columns.Count + 1 Then 'Anzahl der _
            Kunden in Entfernungs- und Bedarfsmatrix nicht gleich
110             error_msg = _
            "!FEHLER!Unterschiedliche Kundenzahl in Entfernungs- und Bedarfsmatrix!"
120             flag_error = True
130         End If
140         If m_entfernungen.Rows.Count <> m_entfernungen.Columns.Count Then  'Entfernungsmatrix ist
nicht quadratisch
150             error_msg = "!FEHLER!Entfernungsmatrix ist nicht quadratisch!"
160             flag_error = True
170         End If
180         For Each cell In m_entfernungen
190             If Not IsNumeric(cell) Then
200                 error_msg = _
            "!FEHLER!Entfernungsmatrix darf nur Zahlen enthalten!"
210                 flag_error = True
220             End If
230         Next
240         If tour_nr < 0 Then                                         'tour_nr ist negativ
250             error_msg = "!FEHLER!Tour-Nummer darf nicht negativ sein!"
260             flag_error = True
270         End If
280         If flag_error = True Then GoTo error_handling


            'Entfernungen in Array schreiben
290         entfernung = m_entfernungen

            'Bedarf in Array schreiben
300         bedarf = m_bedarf

            'Ladekapazität und Anzahl der Kunden ermitteln
310         ladekapazitaet = ladekap
320         anz_kunden = UBound(entfernung, 1) - 1

            'Anzahl der Savingswerte ermitteln und Array 'saving' dimensionieren
330         anz_savings = anz_kunden * (anz_kunden - 1) / 2
340         ReDim saving(1 To anz_savings, 0 To 4)

            'Sortierte Savingswerte (ohne Kapazitätsüberschreitung) in Array 'saving' schreiben
350         Call createsort_savings


            'Touren berechnen
360         ReDim tour(1 To anz_kunden, 0 To 3 + anz_kunden)
370         anz_touren = 0
380         For x = 1 To anz_savings
390             If saving(x, 1) > 0 Then
400                 Select Case check_saving(x)
                        Case 0:                                 'Weder i noch j wurden schon einer Tour zugewiesen
410                         Call create_tour(x)                 'Neue Tour erstellen
```

```
420                  Case 1:            'Genau einer der beiden Punkte besteht schon in
einer existierenden Tour
430                  If check_endpoint(x, tour1) <> 0 Then
440                  If check_kapbesch(x, tour1) = False Then   'Doppeltes if um Schleifen
zu sparen
450                       Call add_saving(x, tour1)
460                       End If
470                  End If
480                  Case 2:            'Sowohl i als auch j bestehen jeweils schon in 2
VERSCHIEDENEN existierenden Touren
490                  If check_kapbesch(x, tour1, tour2) = False Then
500                       Call merge_tours(x, tour1, tour2)
510                  End If
520                  Case 3:            'Sowohl i als auch j gibt es in EINER
existierenden Tour->Saving verwerfen
530                  End Select
540                  If tour(1, 4) = 7 Then Stop
550             End If

                'Nachdem alle Touren gebildet sind, noch nicht berücksichtigte Kunden zu Einzeltouren
hinzufügen
560             If x = anz_savings Then
570                  Call finalise_tours
580             End If
590        Next x


           'Touren ausgeben
600        If tour_nr > anz_touren Then
610             CVRP = 0
620        ElseIf tour_nr = 0 Then                  'Alle Touren ausgeben
630             For x = 1 To anz_touren
640                  For y = 1 To tour(x, 0)
650                       CVRP = CVRP & tour(x, 2 + y) & ";"
660                  Next y
670                  Mid(CVRP, Len(CVRP), 1) = "_"
680             Next x
690        Else                                     'Nur Tour tour_nr ausgeben
700             For y = 1 To tour(tour_nr, 0)
710                  CVRP = CVRP & tour(tour_nr, 2 + y) & ";"
720             Next y
730        End If
740        CVRP = Mid(CVRP, 1, Len(CVRP) - 1)       'Letztes Zeichen (; oder _)
entfernen

error_handling:
750   If flag_error = True Then CVRP = error_msg

End Function
```

Zeilenweise Erläuterung

Zeile 10-40:   Setzt die Fehlermeldung (Variable `error_msg`), die ausgegeben wird, falls die Bedarfsmatrix nicht aus einer Zeile besteht. Die Variable flag_error wird in diesem Fall auf True gesetzt.

Zeile 50-80:   Setzt die Fehlermeldung (Variable `error_msg`), die ausgegeben wird, falls sich Zellen der Entfernung- und Bedarfsmatrix überschneiden. Die Variable `flag_error` wird in diesem Fall auf True gesetzt.

Zeile 90-120: Setzt die Fehlermeldung (Variable `error_msg`), die ausgegeben wird, falls die Kundenanzahl der Entfernungs- und Bedarfsmatrix unterschiedlich ist. Die Variable `flag_error` wird in diesem Fall auf True gesetzt.

B Anhang zum Savingsverfahren 165

Zeile 130-160:	Setzt die Fehlermeldung (Variable `error_msg`), die ausgegeben wird, falls die Entfernungsmatrix nicht quadratisch ist. Die Variable flag_error wird in diesem Fall auf True gesetzt.
Zeile 170-220:	Setzt die Fehlermeldung (Variable `error_msg`), die ausgegeben wird, falls die Entfernungsmatrix ein Zeichen enthält, das keine Zahl ist. Die Variable flag_error wird in diesem Fall auf True gesetzt.
Zeile 230-260:	Setzt die Fehlermeldung (Variable `error_msg`), die ausgegeben wird, falls der Tourindex negativ ist. Die Variable flag_error wird in diesem Fall auf True gesetzt.
Zeile 270:	Falls ein Fehler gefunden wurde, so wird die Berechnung übersprungen und die Programmausführung bei der Sprungmarke `error_handling` fortgesetzt.
Zeile 280:	Die Range `m_entfernungen` wird in das Array `entfernung` geschrieben. Dies ist notwendig, da die Funktion `UBound`, durch die die Kundenanzahl ermittelt wird, nur mit Arrays und nicht mit Variablen vom Typ Range umgehen kann (siehe Punkt 6.4.4.2).
Zeile 290:	Die Range `m_bedarf` wird in das globale Array `bedarf` geschrieben. Dies ist notwendig, da auf dieses Array auch von anderen Prozeduren und Funktionen zugegriffen wird.
Zeile 300:	Die Range `ladekap` wird in das globale Array `kapazitaetsbedarf` geschrieben. Grund: siehe Zeile 290.
Zeile 310:	Die Anzahl der Kunden (Variable `anz_kunden`) wird ermittelt.
Zeile 320:	Die Anzahl der Savings (Variable `anz_savings`) wird ermittelt.
Zeile 330:	Das Array `saving` wird entsprechend der Anzahl der Savings neu dimensioniert.
Zeile 340:	Die Prozedur `createsort_savings` wird aufgerufen. Die Saving-Touren werden hier gebildet, sortiert und in das Array `saving` geschrieben.
Zeile 350-530:	Die Touren werden gem. des Savings-Algorithmus gebildet und in das Array `tour` geschrieben.
Zeile 350:	Das Array `tour` wird gemäß der vorher ermittelten Anzahl der Kunden neu dimensioniert.
Zeile 360:	Die Variable `anz_touren` wird zurückgesetzt.

Zeile 370:	For-Schleife: Es sollen sämtliche Saving-Touren abgearbeitet werden.
Zeile 380:	If-Abfrage: Es sollen nur diejenigen Saving-Touren abgearbeitet werden, deren Ersparnis größer null ist.
Zeile 390:	Hier werden die Rückgabewerte der Funktion `check_saving` überprüft.
Zeile 400:	Rückgabewert 0: Weder i noch j wurden schon einer Tour zugewiesen. In diesem Fall wird mit diesen Werten eine neue Tour erstellt, indem die Prozedur `create_tour` aufgerufen wird.
Zeile 420-460:	Rückgabewert 1: Genau einer der beiden Kunden besteht schon in einer existierenden Tour! In diesem Fall wird mit der Funktion `check_endpoint` geprüft, ob es sich bei dem Kunden um eine Kante der Tour handelt (Rückgabewert gleich null). Wenn nein, so wird mit der Funktion `check_kapbesch` überprüft, ob die Kapazitätsbedingung überschritten würde (Rückgabewert True). Wenn nein, so wird die aktuelle Saving-Tour (x) mit dem Aufruf der Prozedur `add_saving` derjenigen Tour (`tour1`) hinzugefügt, die zuvor in der Funktion `check_saving` ermittelt wurde.
Zeile 470-500:	Rückgabewert 2: Sowohl i als auch j bestehen jeweils schon in zwei verschiedenen existierenden Touren! In diesem Fall wird zunächst mit der Funktion `check_kapbesch` überprüft, ob die Kapazitätsbedingung überschritten würde (Rückgabewert True). Wenn nein, so werden beide Touren (`tour1` und `tour2`), die zuvor in der Funktion `check_saving` ermittelt wurden, mit dem Aufruf der Funktion `merge_tours` durch die aktuelle Saving-Tour (x) zusammengefasst.
Zeile 510-530:	Rückgabewert 3: Sowohl i aus auch j gibt es bereits in einer einzigen existierenden Tour. In diesem Fall wird nichts unternommen.
Zeile 540-570:	Noch nicht berücksichtigte Kunden werden in der Funktion `finalise_tours` zu Pendeltouren hinzugefügt. Auch hier wird bei einer Veränderung die Variable `change` auf True gesetzt.
Zeile 580-590:	Falls in den Argumenten der Funktion eine Tournummer angefordert wird, die größer als die Anzahl der Touren ist, so gibt die Funktion eine 0 zurück.
Zeile 600:	Falls der Tourindex gleich 0 ist, so werden alle Touren ausgegeben.

B Anhang zum Savingsverfahren 167

Zeile 610:	For-Schleife: Alle Touren werden ausgegeben.
Zeile 620:	For-Schleife: Jeder Kunde der Tour wird ausgegeben.
Zeile 630:	Anhängen des jeweils nächsten Kunden an den aktuellen String.
Zeile 640:	Beenden der For-Schleife.
Zeile 650:	Am Ende jeder Tour wird ein Unterstrich (_) hinzugefügt.
Zeile 660:	Beenden der For-Schleife.
Zeile 670:	Falls der Tourindex ungleich 0 ist, so wird die Tour ausgegeben, die im Tourindex angegeben ist.
Zeile 680-700:	For-Schleife: Alle Kunden der im Tourindex angegebenen Tour werden ausgegeben.
Zeile 710:	Beenden der If-Abfrage.
Zeile 720:	Da hinter jeden Kundennamen entweder ein Semikolon oder ein Unterstrich geschrieben wurde, wird dies hinter dem letzten Kunden entfernt.
Zeile 730:	Falls in den Zeilen 10-260 ein Fehler gefunden wurde, so wird dieser hier ausgegeben.

Die benutzerdefinierte Funktion ERSPARNIS

Variablen

Tabelle 36 Variablen Funktion ERSPARNIS

Variablenname	Datentyp	Definition
text	String	Beinhaltet die Ausgabe der Funktion `CVRP`. Wird beim Aufruf der Funktion übergeben.
m_entfernungen	Range	Entfernungsmatrix Wird beim Aufruf der Funktion übergeben.
array_text	Variant	Enthält die Touren und Kunden aus der Variable `text` in getrennter Form als Array.
matrix	Variant	Entfernungsmatrix als Array. Dies ist notwendig, damit die Anzahl der Kunden mit der Funktion `UBound` ermittelt werden kann (die Funktion kann nicht mit dem Datentyp Range, sondern nur mit Arrays umgehen).
entfernung	Variant	Entfernungsmatrix
x	Integer	Zählvariable für For-Schleife.
y	Integer	Zählvariable für For-Schleife.
z	Integer	Zählvariable für For-Schleife.
a	Integer	Zählvariable für For-Schleife.
anz_kunden	Integer	Anzahl der Kunden.
laenge_einzeltouren	Long	Die Summe der Tourlängen, würden alle Kunden in Pendeltouren [Depot; Kunde; Depot] angefahren.
laenge_gesamttour	Long	Die Länge der zusammengefassten Tour [Depot; Kunde(n); Depot].
laenge_ersparnis	Long	Die Länge der Ersparnis der Gesamttour gegenüber den Einzeltouren. = leange_einzeltouren – laenge_gesamttour

B Anhang zum Savingsverfahren 169

Struktogramm

```
Public Function ERSPARNIS(text As String, m_entfernungen As Excel.Range) As Long

array_text As Variant, matrix As Variant
x As Integer, y As Integer, z As Integer, a As Integer
laenge_einzeltouren As Long, laenge_gesamttour As Long, laenge_ersparnis As Long
                                text = "" Or text = "0"
        J                                                                    N
  ERSPARNIS = 0
  GoTo error_handling
  matrix = m_entfernungen
  ReDim array_text(1 To Len(text), 0 To Len(text))
  a = 1
  z = 0
  x=1; Len(text); x++
                                        Mid(text, x, 1) = "_"
          J                                                                  N
      a = a + 1
      z = 0
                                        IsNumeric(Mid(text, x, 1))
          J                                                                  N
      y = x - 1
      While IsNumeric(Mid(text, y + 1, 1))
          y = y + 1
      z = z + 1
      array_text(a, z) = Mid(text, x, y - x + 1)
      array_text(a, 0) = z
      x = y
  x=1; a; x++
      laenge_gesamttour = matrix(1, 1 + array_text(x, 1)) + matrix(1, 1 + array_text(x, array_text(x, 0)))
      laenge_einzeltouren = 0
      y=1; array_text(x, 0) - 1; y++
                      1 * array_text(x, 0 + y) > 1 * array_text(x, 1 + y)
              J                                                              N
          laenge_gesamttour = laenge_gesamttour +     laenge_gesamttour = laenge_gesamttour +
          matrix(array_text(x, 1 + y) + 1, array_text(x, 0 + y) + 1)   matrix(array_text(x, 0 + y) + 1, array_text(x, 1 + y) + 1)
          laenge_einzeltouren = laenge_einzeltouren + 2 * matrix(1, array_text(x, y) + 1)
          laenge_ersparnis = laenge_ersparnis + laenge_einzeltouren - laenge_gesamttour
  ERSPARNIS = laenge_ersparnis
```

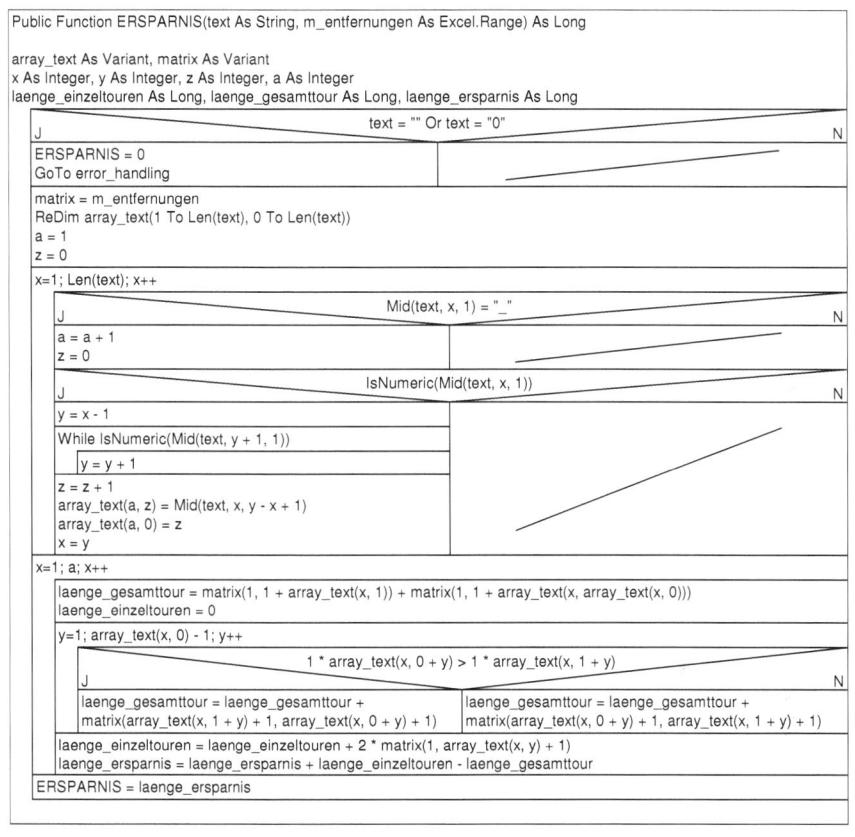

Abbildung 78 Struktogramm benutzerdefinierte Funktion ERSPARNIS

Programmcode für die Funktion ERSPARNIS

```
Public Function ERSPARNIS(text As String, m_entfernungen As Excel.Range) As _
   Long        'Gibt die Ersparnis einer Tour aus
               'Variablendeklaration
               Dim array_text As Variant, matrix As Variant
               Dim x As Integer, y As Integer, z As Integer, a As Integer
               Dim laenge_einzeltouren As Long, laenge_gesamttour As Long, _
                   laenge_ersparnis As Long

               'Fehlerbehandlung
10             If text = "" Or text = "0" Then
20                 ERSPARNIS = 0
30                 GoTo error_handling
40             End If

               'Werte in Variablen und Arrays schreiben
50             matrix = m_entfernungen

               'Array array_text schreiben (Sonderzeichen wie ; und _ entfernen)
```

```
60         ReDim array_text(1 To Len(text), 0 To Len(text))
70         a = 1
80         z = 0
90         For x = 1 To Len(text)
100            If Mid(text, x, 1) = "_" Then   'Nächste Tour (Touren getrennt durch _)
110               a = a + 1
120               z = 0
130            End If
140            If IsNumeric(Mid(text, x, 1)) Then  'Nächster Kunde (Kunden getrennt durch ;)
150               y = x - 1
160               Do While IsNumeric(Mid(text, y + 1, 1))
170                  y = y + 1
180               Loop
190               z = z + 1
200               array_text(a, z) = Mid(text, x, y - x + 1)
210               array_text(a, 0) = z      'Anzahl der Kunden
220               x = y
230            End If
240         Next x

            'Berechnung der Ersparnis
250         For x = 1 To a                         'Mehrere Touren berücksichtigen
260            laenge_gesamttour = matrix(1, 1 + array_text(x, 1)) + matrix(1, 1 _
            + array_text(x, array_text(x, 0)))   'Erste und letzte Fahrt vom/zum Depot
270            laenge_einzeltouren = 0
280            For y = 1 To array_text(x, 0) - 1  'Erste und letzte Fahrt vom/zum Depot nicht
mitzählen
               'Sicherstellen, dass die Werte aus dem oberen Matrixteil benutzt werden
290               If 1 * array_text(x, 0 + y) > 1 * array_text(x, 1 + y) Then
300                  laenge_gesamttour = laenge_gesamttour + _
            matrix(array_text(x, 1 + y) + 1, array_text(x, 0 + y) + 1)
310               Else
320                  laenge_gesamttour = laenge_gesamttour + _
            matrix(array_text(x, 0 + y) + 1, array_text(x, 1 + y) + 1)
330               End If
340               laenge_einzeltouren = laenge_einzeltouren + 2 * matrix(1, _
            array_text(x, y) + 1)
350            Next y
360            laenge_einzeltouren = laenge_einzeltouren + 2 * matrix(1, _
            array_text(x, y) + 1)            'Letzte Einzeltour hinzufügen

370            laenge_ersparnis = laenge_ersparnis + laenge_einzeltouren - _
            laenge_gesamttour
380         Next x

390         ERSPARNIS = laenge_ersparnis

error_handling:

End Function
```

Zeilenweise Erläuterung

Zeile 10-40:   Falls als Text in der Variable text nichts angegeben wurde, so gibt die Funktion eine 0 zurück und der Programmcode für die Berechnung wird übersprungen.

Zeile 50:   Die Range m_entfernungen wird in das matrix entfernung geschrieben. Dies ist notwendig, da die Funktion UBound, durch die die Kundenanzahl ermittelt wird, nur mit Arrays und nicht mit Ranges umgehen kann (siehe Punkt 6.4.4.2).

B Anhang zum Savingsverfahren

Zeile 60:	Das Array `array_text` wird entsprechend der Länge des Textes mit den Touren neu dimensioniert. Die Anzahl von anzufahrenden Kunden wird die Textlänge nie überschreiten.
Zeile 70-240:	Sämtliche Touren und deren Kunden werden aus der Variable `text` aufgeschlüsselt getrennt in das Array `array_text` geschrieben.
Zeile 70:	Die Variable `a` wird auf 1 gesetzt.
Zeile 80:	Die Variable `z` wird auf 0 gesetzt.
Zeile 90:	For-Schleife: Jedes Zeichen im Text soll abgearbeitet werden.
Zeile 100-130:	If-Abfrage: Falls ein Unterstrich bei der Abarbeitung des Strings auftritt, so wird eine neue Tour angelegt.
Zeile 140:	Falls ein Semikolon bei der Abarbeitung des Strings auftritt, so wird ein neuer Kunde angelegt.
Zeile 160-180:	Jedes Zeichen wird von links nach rechts abgearbeitet und zwar solange, bis ein Semikolon oder Unterstrich gefunden wurde. Diese Vorgehensweise ist wichtig für zweistellige Zahlen >9.
Zeile 200-210:	Einzelnen Kunden und deren Touren werden aufgeschlüsselt in das Array `array_text` geschrieben.
Zeile 250-380:	Die Ersparnis der in dem String `text` und in dem Array `array_text` zuvor separierten Touren und Kunden wird berechnet.
Zeile 250:	For-Schleife: Sämtliche Touren werden abgearbeitet.
Zeile 260:	Die Länge der Tour des ersten und letzten angefahrenen Kunden wird zur Variable `laenge_gesamttour` hinzugefügt.
Zeile 270:	Die Variable `laenge_einzeltouren` wird auf 0 gesetzt.
Zeile 280:	For-Schleife: Sämtliche Kunden der aktuellen Tour (Variable `x`) abgearbeitet.
Zeile 290-330:	Es wird sichergestellt, dass die Entfernungswerte aus dem oberen Teil der Entfernungsmatrix abgearbeitet werden, da der untere Teil entweder leer ist oder schon Savingswerte enthält.
Zeile 340:	Die Variable `laenge_einzeltouren` wird für die aktuelle bearbeitete Tour aktualisiert.
Zeile 360:	Die letzte Einzeltour wird zur Variable `laenge_einzeltouren` hinzugefügt.

Zeile 370:	Die Variable `laenge_ersparnis` wird für die aktuelle bearbeitete Tour aktualisiert.
Zeile 390:	Die Funktion gibt den Wert der Variable `laenge_ersparnis` zurück.

Die benutzerdefinierte Funktion PALETTEN

Variablen

Tabelle 37 Variablen Funktion PALETTEN

Variablenname	Datentyp	Definition
text	String	Beinhaltet die Ausgabe der Funktion „CVRP". Wird beim Aufruf der Funktion übergeben.
m_bedarf	Range	Bedarfsmatrix Wird beim Aufruf der Funktion übergeben.
kunden	Variant	Enthält die Touren und Kunden aus der Variable text in getrennter Form als Array.
bedarf	Variant	Entfernungsmatrix als Array. Dies ist notwendig, damit die Anzahl der Kunden mit der Funktion `UBound` ermittelt werden kann (die Funktion kann nicht mit dem Datentyp Range, sondern nur mit Arrays umgehen).
x	Integer	Zählvariable für For-Schleife.
y	Integer	Zählvariable für For-Schleife.
z	Integer	Zählvariable für For-Schleife.
anz_kunden	Integer	Zählvariable für For-Schleife.
anz_kunden	Integer	Anzahl der Kunden.
error_msg	String	Fehlermeldung, falls Fehler bei der Eingabe gemacht wurden.
flag_error	Boolean	Zeigt an, ob Fehler bei der Eingabe gemacht wurden.

B Anhang zum Savingsverfahren

Struktogramm

Public Function PALETTEN(text As String, m_bedarf As Excel.Range) As Integer

kunden As Variant, bedarf As Variant
x As Integer, y As Integer, z As Integer, anz_kunden As Integer
error_msg As String
flag_error As Boolean

```
                    m_bedarf.Rows.Count <> 1
J                                                              N
  error_msg = "Nur eine Zeile erlaubt!"
  flag_error = True
  GoTo error_handling
                    text = "" Or text = "0"
J                                                              N
  PALETTEN = 0
  GoTo error_handling

  bedarf = m_bedarf
  ReDim kunden(0 To Len(text))
  z = 0

  x=1; Len(text); x++
                          IsNumeric(Mid(text, x, 1))
    J                                                          N
      While IsNumeric(Mid(text, y + 1, 1))
        y = y + 1
      z = z + 1
      kunden(z) = Mid(text, x, y - x + 1)
      x = y
      x=1; z; x++
        PALETTEN = PALETTEN + bedarf(1, kunden(x))
                    flag_error = True
J                                                              N
  PALETTEN = "!FEHLER!" & error_msg
```

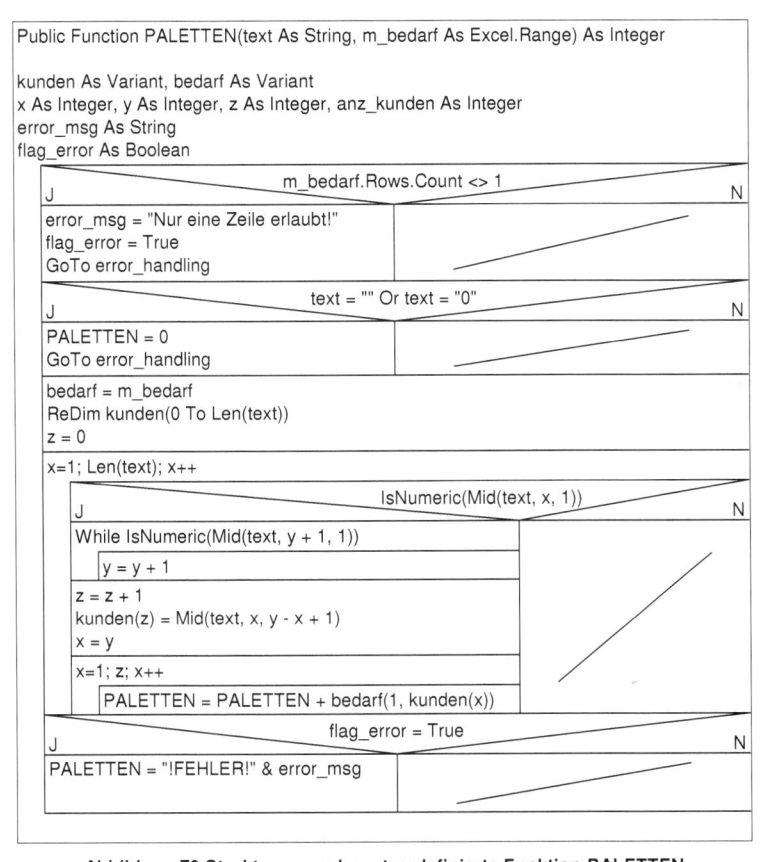

Abbildung 79 Struktogramm benutzerdefinierte Funktion PALETTEN

Programmcode für die Funktion PALETTEN

```
Public Function PALETTEN(text As String, m_bedarf As Excel.Range) As Integer 'Gibt die Anzahl der
benötigten Paletten für eine Tour aus
        'Variablendeklaration
        Dim kunden As Variant, bedarf As Variant
        Dim x As Integer, y As Integer, z As Integer, anz_kunden As Integer
        Dim error_msg As String
        Dim flag_error As Boolean

        'Fehlerbehandlung
10      If m_bedarf.Rows.Count <> 1 Then
20          error_msg = "Nur eine Zeile erlaubt!"
30          flag_error = True
40          GoTo error_handling
50      End If

60      If text = "" Or text = "0" Then
70          PALETTEN = 0
80          GoTo error_handling
90      End If
```

```
        'Bedarf
100     bedarf = m_bedarf

        'Array text_neu schreiben (Sonderzeichen wie ; und _ entfernen)
110     ReDim kunden(0 To Len(text))
120     z = 0
130     For x = 1 To Len(text)
140         If IsNumeric(Mid(text, x, 1)) Then
150             y = x - 1
160             Do While IsNumeric(Mid(text, y + 1, 1))
170                 y = y + 1
180             Loop
190             z = z + 1
200             kunden(z) = Mid(text, x, y - x + 1)
210             x = y
220         End If
230     Next x

        'Berechnung
240     For x = 1 To z
250         PALETTEN = PALETTEN + bedarf(1, kunden(x))
260     Next x

error_handling:
270     If flag_error = True Then PALETTEN = "!FEHLER!" & error_msg
End Function
```

Zeilenweise Erläuterung

Zeile 10-50: Setzt die Fehlermeldung (Variable `error_msg`), die ausgegeben wird, falls die Anzahl der Zeilen der Bedarfsmatrix ungleich 1 ist. Die Variable `flag_error` wird in diesem Fall auf True gesetzt.

Zeile 60-90: Falls als Text in der Variable `text` nichts angegeben wurde, so gibt die Funktion eine 0 zurück und der Programmcode für die Berechnung wird übersprungen.

Zeile 100: Die Range `m_bedarf` wird in das globale Array `bedarf` geschrieben. Dies ist notwendig, da auf dieses globale Array auch von anderen Prozeduren und Funktionen zugegriffen wird.

Zeile 110: Das Array `kunden` wird entsprechend der Länge des Textes mit den Touren neu dimensioniert. Die Anzahl von anzufahrenden Kunden wird die Textlänge nie überschreiten.

Zeile 120-230: Der String `text`, welcher alle anzufahrenden Kunden enthält, wird aufgeschlüsselt und die einzelnen Kunden werden in das Array `kunden` geschrieben.

Zeile 120: Die Variable `z` wird auf 0 gesetzt.

Zeile 130: For-Schleife: Jedes Zeichen im Text soll abgearbeitet werden.

B Anhang zum Savingsverfahren 175

Zeile 140-190:	Jedes Zeichen wird von links nach rechts abgearbeitet und zwar solange, bis ein Semikolon oder Unterstrich gefunden wurde. Diese Vorgehensweise ist wichtig für zweistellige Zahlen >9.
Zeile 200:	Der gefundene Bereich im String mit der Zahl wird in das entsprechende Feld (z) des Arrays kunden geschrieben.
Zeile 240-260:	Die Gesamtanzahl der benötigten Paletten wird ermittelt und als Rückgabewert der Funktion bestimmt.
Zeile 270:	Falls in den Zeilen 10-50 ein Fehler gefunden wurde, so wird dieser hier ausgegeben.

Die benutzerdefinierte Funktion KDNAMEN

Variablen

Tabelle 38 Variablen Funktion KDNAMEN

Variablenname	Datentyp	Definition
text	String	Beinhaltet die Ausgabe der Funktion „CVRP". Wird beim Aufruf der Funktion übergeben.
kundennamen	Range	Beinhaltet die Matrix mit den Kundennamen. Wird beim Aufruf der Funktion übergeben.
z	Integer	Zählvariable für For-Schleife.
x	Integer	Zählvariable für For-Schleife.
y	Integer	Zählvariable für For-Schleife.

Struktogramm

Public Function KDNAMEN(text As String, kundennamen As Excel.Range) As String
z As Integer, x As Integer, y As Integer
z = 0
x=1; Len(text); x++
J ——————————— IsNumeric(Mid(text, x, 1)) ——————————— N
y = x   While IsNumeric(Mid(text, y + 1, 1))   y = y + 1   KDNAMEN = KDNAMEN & kundennamen(1, Int(Mid(text, x, y - x + 1))) & Mid(text, x + y - x + 1, 1)   x = y

Abbildung 80 Struktogramm benutzerdefinierte Funktion KDNAMEN

Programmcode für die Funktion KDNAMEN

```
    Public Function KDNAMEN(text As String, kundennamen As Excel.Range) As String
        'Variablendeklaration
        Dim z As Integer, x As Integer, y As Integer
10      z = 0
20      For x = 1 To Len(text)
30          If IsNumeric(Mid(text, x, 1)) Then    'Nächster Kunde (Kunden getrennt durch ;)
40              y = x
50              Do While IsNumeric(Mid(text, y + 1, 1))
60                  y = y + 1
70              Loop
80              KDNAMEN = KDNAMEN & kundennamen(1, Int(Mid(text, x, y - x + _
    1))) & Mid(text, x + y - x + 1, 1)
90              x = y
100         End If
110     Next x
    End Function
```

Zeilenweise Erläuterung

Zeile 10:   Die Variable z wird auf 0 gesetzt.

Zeile 20:   For-Schleife: Es sollen sämtliche Zeichen des Strings mit dem Kunden (Variable text) abgearbeitet werde.

Zeile 30-70:   Die Trennzeichen im String werden ignoriert.

Zeile 80:   Jeder Kundenname wird in der Schleife aus Zeile 20 an den Rückgabewert der Funktion angehängt. Da es sich um Werte aus einem String handelt, müssen diese mit der Funktion Int vorher in einen Integer-Wert umgewandelt werden, damit der Kunden-Index aus dem Array kundennamen ermittelt werden kann.

Zeile 90:   Die Zählvariable x wird für den Nächsten Durchlauf der Schleife angepasst.
Zeile 100:   Ende der If-Abfrage.
Zeile 110:   Ende der For-Schleife.

C Anhang zum Christofides-Algorithmus

Das Modul Modul_Distanzmatrix

Die Funktion distanzmatrix

Die Funktion distanzmatrix enthält den Code zur Umwandlung der Quelldaten, die in Form von Punktkoordinaten vorliegen, in eine Distanzmatrix, die die Entfernungen von jedem Punkt zu jedem anderen Punkt enthält. Diese Matrix ist die Basis für die Berechnung des MST.

Variablen

Tabelle 39 Variablen Funktion distanzmatrix

Variablenname	Datentyp	Definition
x	Integer	Zählvariable für For-Schleife.
y	Integer	Zählvariable für For-Schleife.
koordinaten	Variant (Range)	Übergabewert an die Funktion (Enthält Matrix mit den Koordinaten der Punkte).
koord	Variant (Array)	Identisch mit koordinaten, jedoch als Array.
ergebnismatrix	Single	Enthält die Entfernungsmatrix, wird am Ende der Funktion als Rückgabewert zurückgeliefert.

Struktogramm

```
Public Function distanzmatrix(koordinaten As Variant) As Variant
x As Integer, y As Integer
koord As Variant, ergebnismatrix As Variant
  x=1; Ubound(koord); i++
    y=1; Ubound(koord); y++
      ergebnismatrix(x, y) = (((koord(x, 1) - koord(y, 1)) ^ 2 + ((koord(x, 2) - koord(y, 2)) ^ 2)) ^ (1 / 2))
  distanzmatrix = ergebnismatrix
```

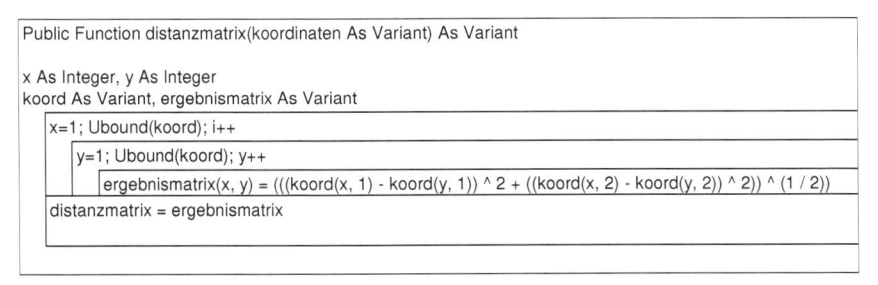

Abbildung 81 Struktogramm Funktion distanzmatrix

Programmcode für die Funktion distanzmatrix

```
Public Function distanzmatrix(koordinaten As Variant) As Variant
'-----------------------------------------------------------------
' Procedure : distanzmatrix
' Author    : Christoph Wille
' Date      : 01.07.2009
' Purpose   : Hier werden die Distanzen zwischen jedem Punkt berechnet und im
'             Rückgabewert der Funktion als Matrix ausgegeben
'-----------------------------------------------------------------

        'Variablendeklaration
        Dim x As Integer, y As Integer
        Dim koord As Variant, ergebnismatrix As Variant
10      koord = koordinaten
20      ReDim ergebnismatrix(1 To UBound(koord), 1 To UBound(koord)) As Single

        'Berechnung der Distanzen
30      For x = 1 To UBound(koord)
40          For y = 1 To UBound(koord)
50              ergebnismatrix(x, y) = (((koord(x, 1) - koord(y, 1)) ^ 2 + _
                    ((koord(x, 2) - koord(y, 2)) ^ 2)) ^ (1 / 2))
60          Next y
70      Next x

80      distanzmatrix = ergebnismatrix  'Ausgabe der Distanzmatrix
End Function
```

Zeilenweise Erläuterung

Zeile 10: Die Matrix koordinaten wird vom Datentyp Range in den Datentyp Variant umgewandelt und in das Array koord geschrieben.

Zeile 20: Das Array ergebnismatrix wird entsprechend der mit dem Funktionsaufruf übergebenen Quellmatrix dimensioniert und als Datentyp Single deklariert.

Zeile 30-40: Schleifen zur Abarbeitung beider Matrix-Dimensionen.

Zeile 50: Berechnung der Distanz zwischen den Punkten.

Zeile 60-70: Beenden der Schleifen

Zeile 80: Setzen des Rückgabewertes der Funktion.

C Anhang zum Christofides-Algorithmus

Das Modul Modul_MST

Das Modul `Modul_MST` beinhaltet die Funktionen zur Berechnung des MST.

Variablen

Tabelle 40 Variablen Modul_MST

Variablenname	Datentyp	Definition
distanz	Variant	Beinhaltet die Ausgabe der Funktion `distanzmatrix`. Wird beim Aufruf der Funktion übergeben.
anz_knoten	Integer	Anzahl der Knoten aus den Eingabedaten.
anz_gruppen	Integer	Anzahl der Gruppen von Teiltouren, die bei der Berechnung auftreten.
k	Variant	Enthält die Werte aus der Distanzmatrix in Listenform.
Knoten	Variant	Zweidimensionales Array, welches alle Informationen über einen Knoten enthält. 1. Wert: Knotennummer 2. Wert: -1: Zugewiesene Gruppennummer des Knotens 0: Anzahl der Verknüpfungen des Knotens zu anderen Knoten Ab 1: Knotenverknüpfungen Beispiel: knoten(1,-1)=1 knoten(1,0)=2 knoten(1,1)=5 knoten(1,2)=6 →Knoten 1 ist Gruppe 1 zugewiesen, hat 2 Verbindungen zu anderen Knoten, nämlich 5 und 6.
gruppe	Variant	Zweidimensionales Array, welches alle Informationen über eine Gruppe enthält. 1. Wert: Gruppennummer

	2. Wert: 0: Anzahl der Knoten in der Gruppe
	Ab 1: Enthaltene Knoten in der Gruppe
	Beispiel:
	gruppe(1,0)=2
	gruppe(1,1)=5
	gruppe(1,2)=6
	→Gruppe 1 beinhaltet 2 Knoten, nämlich 5 und 6.

Programmcode für das Modul Modul_MST

```
'--------------------------------------------------------------------------------
' Module   : Modul_MST
' Author   : Christoph Wille
' Date     : 01.07.2009
' Purpose  : In diesem Modul wird der Minimale Spannbaum berechnet
'--------------------------------------------------------------------------------

'Das Array k
'Enthält die Werte aus der Distanzmatrix in Listenform.
'1. Wert    : Knotennummer
'2. Wert: -1: Zugewiesene Gruppennummer des Knotens
'         0: Anzahl der Verknüpfungen des Knotens zu anderen Knoten
'      Ab 1: Knotenverknüpfungen
'
'Das Array knoten
'Zweidimensionales Array, welches alle Informationen über einen Knoten enthält.
'    1. Wert: Knotennummer
'2. Wert: -1: Zugewiesene Gruppennummer des Knotens
'         0: Anzahl der Verknüpfungen des Knotens zu anderen Knoten
'      Ab 1: Knotenverknüpfungen
'
'Das Array gruppe
'Zweidimensionales Array, welches alle Informationen über eine Gruppe enthält.
'    1. Wert: Gruppennummer
' 2. Wert: 0: Anzahl der Knoten in der Gruppe
'      Ab 1: Enthaltene Knoten in der Gruppe
'
Option Explicit
Option Base 1
Public anz_knoten As Integer, anz_gruppen As Integer
Public k As Variant, knoten As Variant, gruppe As Variant
Public adj As Variant, MMG As Variant, mmg_direkt As Variant
```

# C Anhang zum Christofides-Algorithmus

Die benutzerdefinierte Funktion MST

Die benutzerdefinierte Funktion MST wird aus dem Tabellenblatt aufgerufen mit der Distanzmatrix als Übergabearray. Sie ermittelt den Minimalen Spannbaum und gibt denselben als Rückgabewert als Matrix zurück. Rekursive Funktionen rufen sich selbst immer wieder auf, bis eine Lösung gefunden ist.

Variablen

Tabelle 41 Variablen benutzerdefinierte Funktion MST

Variablenname	Datentyp	Definition
wf	Object	Abkürzung für Application.WorksheetFunction
matrix_MST	Variant	In dieses Array wird der ermittelte Minimale Spannbaum geschrieben, der am Ende der Funktion zurückgegeben wird.
temp	Integer	Dient zur Zwischenspeicherung beim Sortiervorgang.
x	Integer	Zählvariable für For-Schleife.
y	Integer	Zählvariable für For-Schleife.
count	Integer	Zählvariable für For-Schleife.
dist	Variant	Enthält die Werte aus der Distanzmatrix.

C Anhang zum Christofides-Algorithmus

Struktogramm

Public Function MST(distanz As Variant) As Variant
wf As Object matrix_MST As Variant, temp(1 To 2) As Variant, dist As Variant x As Integer, y As Integer, count As Integer
dist = distanz anz_knoten = UBound(dist) dist = distanz anz_knoten = UBound(dist) anz_gruppen = 0
ReDim matrix_MST(1 To anz_knoten, 1 To anz_knoten) As Variant ReDim k(1 To wf.CountIf(distanz, "<>0") / 2, 1 To 2) ReDim kante(1 To anz_knoten, -1 To anz_knoten) ReDim knoten(1 To anz_knoten, -1 To anz_knoten)
ReDim gruppe(1 To anz_knoten, 0 To anz_knoten)
count = 0

(Nested structogram follows)

```
x = 1; anz_knoten - 1; x++
    y = x; anz_knoten; y++
        dist(x, y) <> 0 And dist(x, y) <> ""
        J                                    N
        count = count + 1
        k(count, 1) = x
        k(count, 2) = y
    x = 1; UBound(k); x++
        y = x + 1; UBound(k); y++
            dist(k(x, 1), k(x, 2)) > dist(k(y, 1), k(y, 2))
            J                                              N
            temp(1) = k(x, 1)
            temp(2) = k(x, 2)
            k(x, 1) = k(y, 1)
            k(x, 2) = k(y, 2)
            k(y, 1) = temp(1)
            k(y, 2) = temp(2)
    x = 1; UBound(k); x++
        "1"        "2a"                        "2b"                       "3a"   "3b"   check_kante(x)
        Call       Call append_knoten(x,"2a")  Call append_knoten(x,"2b")                Call merge_groups(x)
        new_group(x)
    x = 1; anz_knoten; x++
        y = 1; knoten(x,0); y++
            matrix_MST(x, knoten(x, y)) = 1
    MST = matrix_MST
```

Abbildung 82 Struktogramm benutzerdefinierte Funktion MST

Programmcode für die benutzerdefinierte Funktion MST

```vb
'---------------------------------------------------------------------------
' Procedure : MST
' Author    : Christoph Wille
' Date      : 01.07.2009
' Purpose   : Hier wird der Minimale Spannbaum ermittelt und in der Matrix ausgegeben
'---------------------------------------------------------------------------
'
Public Function MST(distanz As Variant) As Variant
          'Variablendeklaration
          Dim wf As Object
10        Set wf = Application.WorksheetFunction
```

C Anhang zum Christofides-Algorithmus

```
            Dim matrix_MST As Variant, temp(1 To 2) As Variant
            Dim x As Integer, y As Integer, count As Integer
            Dim dist As Variant
20          dist = distanz          'Distanzmatrix in Array dist einlesen

30          anz_knoten = UBound(dist)       'Anzahl der Knoten bestimmen
40          anz_gruppen = 0

50          ReDim matrix_MST(1 To anz_knoten, 1 To anz_knoten) As Variant
60          ReDim k(1 To wf.CountIf(distanz, "<>0") / 2, 1 To 2)
70          ReDim kante(1 To anz_knoten, -1 To anz_knoten)
80          ReDim knoten(1 To anz_knoten, -1 To anz_knoten)
90          ReDim gruppe(1 To anz_knoten, 0 To anz_knoten)

            'Kanten aus Matrix dist aufsteigend sortiert in Array k schreiben
100         count = 0
110         For x = 1 To anz_knoten - 1
120             For y = x To anz_knoten
130                 If dist(x, y) <> "0" And dist(x, y) <> "" Then
140                     count = count + 1
150                     k(count, 1) = x
160                     k(count, 2) = y
170                 End If
180             Next y
190         Next x
            'Aufsteigendes Sortieren des Arrays k
200         For x = 1 To UBound(k)
210             For y = x + 1 To UBound(k)
220                 If dist(k(x, 1), k(x, 2)) > dist(k(y, 1), k(y, 2)) Then
230                     temp(1) = k(x, 1)
240                     temp(2) = k(x, 2)
250                     k(x, 1) = k(y, 1)
260                     k(x, 2) = k(y, 2)
270                     k(y, 1) = temp(1)
280                     k(y, 2) = temp(2)
290                 End If
300             Next y
310         Next x

            'Minimalen Spannbaum ermitteln
320         For x = 1 To UBound(k)
330             Select Case check_kante(x)
                    Case "1":                       'Fall 1 (Beide Knoten der Kante x gehören noch zu keiner Gruppe
340                     Call new_group(x)
350                 Case "2a":                      'Fall 2a (Der erste Knoten der Kante x gehört zu einer Gruppe, der zweite nicht)
360                     Call append_knoten(x, "2a")
370                 Case "2b":                      'Fall 2b (Der zweite Knoten der Kante x gehört zu einer Gruppe, der erste nicht)
380                     Call append_knoten(x, "2b")
390                 Case "3a":                      'Die Kante x würde einen Kreis schließen-->nicht aufnehmen
400                 Case "3b":                      'Beide Knoten der Kante x gehören zu verschiedenen Gruppen und die Kante würde keinen Kreis schließen-->beide Gruppen verbinden
410                     Call merge_groups(x)
420             End Select
430         Next x

            'Ergebnis ausgeben und Array mst (Adjazenz-Matrix für den minimal spannenden Baum) setzen
440         For x = 1 To anz_knoten
450             For y = 1 To knoten(x, 0)
460                 matrix_MST(x, knoten(x, y)) = 1
470             Next y
480         Next x

490         MST = matrix_MST       'Ausgabe der MST-Matrix
End Function
```

Zeilenweise Erläuterung

Zeile 10:	Setzen der Abkürzung für `Application.WorksheetFunction`.
Zeile 20:	Die Matrix `distanz` wird vom Datentyp Range in den Datentyp Variant umgewandelt und in das Array `dist` geschrieben.
Zeile 30:	Bestimmen der Knotenanzahl.
Zeile 40:	Zurücksetzen der Variable `anz_gruppen` auf 0.
Zeile 50:	Das Array `matrix_MST` wird entsprechend der mit dem Funktionsaufruf übergebenen Quellmatrix dimensioniert.
Zeile 60:	Das Array `k` wird entsprechend der mit dem Funktionsaufruf übergebenen Quellmatrix dimensioniert (die mittlere Diagonale der Matrix mit Nullen soll nicht berücksichtigt werden).
Zeile 70-90:	Das Arrays `matrix_MST`, `knoten` und `gruppe` werden entsprechend der mit dem Funktionsaufruf übergebenen Quellmatrix dimensioniert.
Zeile 100:	Zurücksetzen der Variable `count` auf 0.
Zeile 110-190:	Sämtliche Entfernungen aus dem Array `dist` werden in das Array `k` geschrieben.
Zeile 200-310:	Aufsteigendes Sortieren des Arrays `k`.
Zeile 320:	For-Schleife: Sämtliche Distanzen aus dem Array `k` sollen abgearbeitet werden.
Zeile 330:	Die Funktion `check_kante` überprüft den Status der gerade abgefragten Distanz aus dem Array `k`.
Zeile 340:	Die Funktion `check_kante` hat „1" zurückgeliefert, Aufruf der Prozedur `new_group` mit der gerade abgefragten Distanz als Übergabeargument.
Zeile 350-360:	Die Funktion `check_kante` hat „2a" zurückgeliefert, Aufruf der Prozedur `append_knoten` mit der gerade abgefragten Distanz und „2a" als Übergabeargument.
Zeile 370-380:	Die Funktion `check_kante` hat „2b" zurückgeliefert, Aufruf der Prozedur `append_knoten` mit der gerade abgefragten Distanz und „2b" als Übergabeargument.
Zeile 390:	Die Funktion `check_kante` hat „3a" zurückgeliefert, keine Aktion wird ausgeführt.

C Anhang zum Christofides-Algorithmus

Zeile 400-410:	Die Funktion `check_kante` hat „3b" zurückgeliefert, Aufruf der Prozedur `merge_groups` mit der gerade abgefragten Distanz als Übergabeargument.
Zeile 420-430:	Ende der Schleifen.
Zeile 440-450:	Schreiben der Adjazenzmatrix für den Minimalen Spannbaum in das Array `matrix_MST` (Quelldaten in Array `knoten`).
Zeile 490:	Setzen des Rückgabewertes der Funktion.

Die Funktion check_kante

Die Funktion check_kante wird von der Funktion `MST` aufgerufen und übergibt als Rückgabewert den Status der Kante (siehe Zeilen 330-430 Funktion `MST`).

Variablen

Tabelle 42 Variablen Funktion check_kante

Variablenname	Datentyp	Definition
kanten_nr	Integer	Wird beim Aufruf der Funktion übergeben.
kante1	Integer	Beinhaltet die erste zu überprüfende Kante.
kante2	Integer	Beinhaltet die zweite zu überprüfende Kante.
gruppe1	Integer	Beinhaltet die erste zu überprüfende Gruppe.
gruppe2	Variant	Beinhaltet die zweite zu überprüfende Gruppe.

Struktogramm

Function check_kante(kanten_nr As Integer) As String
kante1 As Integer, kante2 As Integer, gruppe1 As Integer, gruppe2 As Integer
kante1 = k(kanten_nr, 1) kante2 = k(kanten_nr, 2) gruppe1 = knoten(kante1, -1) gruppe2 = knoten(kante2, -1)

```
           gruppe1 = 0 And gruppe2 = 0
    J                              N
check_kante = "1"
           gruppe1 <> 0 And gruppe2 = 0
    J                              N
check_kante = "2b"
           gruppe1 = 0 And gruppe2 <> 0
    J                              N
check_kante = "2a"
           gruppe1 <> 0 And gruppe2 <> 0
    J                              N
check_kante = "3b"
           gruppe1 = gruppe2
    J              N
check_kante =
"3a"
```

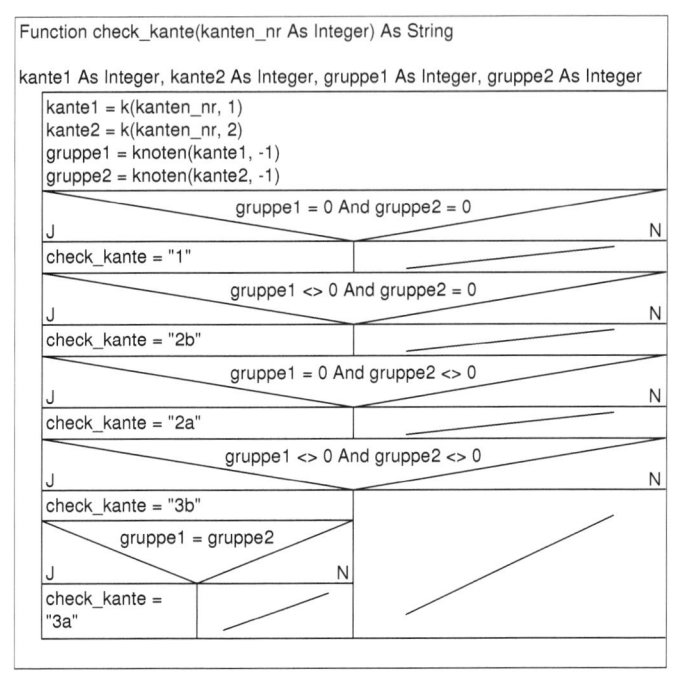

Abbildung 83 Struktogramm Funktion check_kante

Programmcode für die Funktion check_kante

```
'--------------------------------------------------------------------------
' Procedure : check_kante
' Author    : Christoph Wille
' Date      : 01.07.2009
' Purpose   : Hier werden die Fälle bei der Aufnahme einer Kante in den aktuellen Wald
'             unterschieden
'--------------------------------------------------------------------------

Function check_kante(kanten_nr As Integer) As String
    'Variablendeklaration
    Dim kante1 As Integer, kante2 As Integer, gruppe1 As Integer, gruppe2 As _
        Integer

10  kante1 = k(kanten_nr, 1)
20  kante2 = k(kanten_nr, 2)
30  gruppe1 = knoten(kante1, -1)      'Gruppennummer der ersten Kante
40  gruppe2 = knoten(kante2, -1)      'Gruppennummer der zweiten Kante

    'Unterscheiden der Gruppen und Erstellen des Rückgabewertes
50  If gruppe1 = 0 And gruppe2 = 0 Then check_kante = "1"
60  If gruppe1 <> 0 And gruppe2 = 0 Then check_kante = "2b"
70  If gruppe1 = 0 And gruppe2 <> 0 Then check_kante = "2a"
80  If gruppe1 <> 0 And gruppe2 <> 0 Then
90      check_kante = "3b"
100     If gruppe1 = gruppe2 Then check_kante = "3a"
110 End If
End Function
```

C Anhang zum Christofides-Algorithmus 189

Zeilenweise Erläuterung

Zeile 10:	Ermitteln der ersten zu überprüfenden Kante aus dem Array k (enthält die Distanzen aus der Distanzmatrix aufsteigend sortiert).
Zeile 20:	Ermitteln der ersten zu überprüfenden Kante aus dem Array k.
Zeile 30:	Ermitteln der Gruppe der ersten zu überprüfenden Kante.
Zeile 40:	Ermitteln der Gruppe der zweiten zu überprüfenden Kante.
Zeile 50-110:	Ermitteln des Rückgabewerts, abhängig davon, die erste(n) und/oder zweite(n) zu überprüfende(n) Kante(n) Gruppen(n) zugewiesen sind.

Die Prozedur new_group

Die Prozedur new_group erstellt eine neue Gruppe mit den beiden Knoten, die die im Übergabeargument kanten_nr mitgelieferte Kante verbindet.

Variablen

Tabelle 43 Variablen Prozedur new_group

Variablenname	Datentyp	Definition
kanten_nr	Integer	Wird beim Aufruf der Funktion übergeben.
kante1	Integer	Beinhaltet die erste zu überprüfende Kante.
kante2	Integer	Beinhaltet die zweite zu überprüfende Kante.

Struktogramm

new_group(kanten_nr As Integer)
kante1 As Integer, kante2 As Integer
kante1 = k(kanten_nr, 1)
kante2 = k(kanten_nr, 2)
anz_gruppen = anz_gruppen + 1
knoten(kante1, 0) = knoten(kante1, 0) + 1
knoten(kante2, 0) = knoten(kante2, 0) + 1
knoten(kante1, (knoten(kante1, 0))) = kante2
knoten(kante2, (knoten(kante2, 0))) = kante1
knoten(kante1, -1) = anz_gruppen
knoten(kante2, -1) = anz_gruppen
gruppe(anz_gruppen, 1) = kante1
gruppe(anz_gruppen, 2) = kante2
gruppe(anz_gruppen, 0) = 2

Abbildung 84 Struktogramm Prozedur new_group

Programmcode für die Prozedur new_group

```
'-----------------------------------------------------------------
' Procedure : new_group
' Author    : Christoph Wille
' Date      : 01.07.2009
' Purpose   : Hier wird eine neue Gruppe erstellt
'-----------------------------------------------------------------

Sub new_group(kanten_nr As Integer)
            'Variablendeklaration
            Dim kante1 As Integer, kante2 As Integer

10          kante1 = k(kanten_nr, 1)
20          kante2 = k(kanten_nr, 2)
30          anz_gruppen = anz_gruppen + 1

            'Anzahl der Verknüpfungen für die Knoten
40          knoten(kante1, 0) = knoten(kante1, 0) + 1
50          knoten(kante2, 0) = knoten(kante2, 0) + 1

            'Knotenverknüpfungen setzen
60          knoten(kante1, (knoten(kante1, 0))) = kante2
70          knoten(kante2, (knoten(kante2, 0))) = kante1

            'Zuweisen der Gruppe zu den Knoten
80          knoten(kante1, -1) = anz_gruppen
90          knoten(kante2, -1) = anz_gruppen

            'Zuweisen der Knoten zu der Gruppe
100         gruppe(anz_gruppen, 1) = kante1
110         gruppe(anz_gruppen, 2) = kante2

            'Anzahl der Knoten für die Gruppe setzen
120         gruppe(anz_gruppen, 0) = 2
End Sub
```

C Anhang zum Christofides-Algorithmus

Zeilenweise Erläuterung

Zeile 10:	Ermitteln der ersten zu überprüfenden Kante aus dem Array k (enthält die Distanzen aus der Distanzmatrix aufsteigend sortiert).
Zeile 20:	Ermitteln der zweiten zu überprüfenden Kante aus dem Array k.
Zeile 30:	Variable anz_gruppen um 1 erhöhen.
Zeile 40-50:	Anzahl der Knotenverknüpfungen für beide Knoten im Array knoten um 1 erhöhen.
Zeile 60-70:	Setzen der Knotenverknüpfungen für beide Knoten im Array knoten.
Zeile 80-90:	Zuweisen der Gruppe zu beiden Knoten.
Zeile 100-110:	Zuweisen der Knoten zu den Gruppen.
Zeile 120:	Anzahl der Knoten für die Gruppe auf 2 setzen.

Die Prozedur append_knoten

Die Prozedur append_knoten fügt der Gruppe (abhängig vom in der übergebenen Variable fall unterschiedenen Fall) die Kante kanten_nr hinzu.

Variablen

Tabelle 44 Variablen Prozedur append_knoten

Variablenname	Datentyp	Definition
kanten_nr	Integer	Wird beim Aufruf der Funktion übergeben.
kante1	Integer	Beinhaltet die erste zu überprüfende Kante.
kante2	Integer	Beinhaltet die zweite zu überprüfende Kante.
gruppen_nr	Integer	Beinhaltet die Nummer der Gruppe, zu der der Knoten hinzugefügt werden soll.

Struktogramm

Sub append_knoten(kanten_nr As Integer, fall As String)
kante1 As Integer, kante2 As Integer, gruppen_nr As Integer
kante1 = k(kanten_nr, 1) kante2 = k(kanten_nr, 2)

"2a"	"2b"	fall
gruppen_nr = knoten(kante2, -1) knoten(kante1, 0) = 1 knoten(kante2, 0) = knoten(kante2, 0) + 1 knoten(kante1, 1) = kante2 knoten(kante2, knoten(kante2, 0)) = kante1 knoten(kante1, -1) = gruppen_nr gruppe(gruppen_nr, gruppe(gruppen_nr, 0) + 1) = kante1 gruppe(gruppen_nr, 0) = gruppe(gruppen_nr, 0) + 1	gruppen_nr = knoten(kante1, -1) knoten(kante1, 0) = knoten(kante1, 0) + 1 knoten(kante2, 0) = 1 knoten(kante1, knoten(kante1, 0)) = kante2 knoten(kante2, 1) = kante1 knoten(kante2, -1) = gruppen_nr gruppe(gruppen_nr, gruppe(gruppen_nr, 0) + 1) = kante2 gruppe(gruppen_nr, 0) = gruppe(gruppen_nr, 0) + 1	

Abbildung 85 Struktogramm Prozedur append_knoten

Programmcode für die Prozedur append_knoten

```
'-------------------------------------------------------------------
' Procedure : append_knoten
' Author    : Christoph Wille
' Date      : 01.07.2009
' Purpose   : Hier wird die Kante kanten_nr zu je nach im Fall unterschiedenen Gruppe
'             hinzugefügt
'-------------------------------------------------------------------

Sub append_knoten(kanten_nr As Integer, fall As String)
         'Variablendeklaration
         Dim kante1 As Integer, kante2 As Integer, gruppen_nr As Integer

10       kante1 = k(kanten_nr, 1)
20       kante2 = k(kanten_nr, 2)

         'Hinzufügen des Knoten zur Kante x
30       Select Case fall
             Case "2a": 'Fall 2a (Der erste Knoten der Kante x gehört zu einer Gruppe, der zweite nicht)
40               gruppen_nr = knoten(kante2, -1)

                 'Anzahl der Verknüpfungen für die Knoten
50               knoten(kante1, 0) = 1
60               knoten(kante2, 0) = knoten(kante2, 0) + 1

                 'Knotenverknüpfungen setzen
70               knoten(kante1, 1) = kante2
80               knoten(kante2, knoten(kante2, 0)) = kante1

                 'Zuweisen der Gruppe zu dem Knoten
90               knoten(kante1, -1) = gruppen_nr

                 'Zuweisen der Knoten zu der Gruppe
100              gruppe(gruppen_nr, gruppe(gruppen_nr, 0) + 1) = kante1

                 'Anzahl der Knoten für die Gruppe setzen
110              gruppe(gruppen_nr, 0) = gruppe(gruppen_nr, 0) + 1
120          Case "2b": 'Fall 2b (Der zweite Knoten der Kante x gehört zu einer Gruppe, der erste nicht)
130              gruppen_nr = knoten(kante1, -1)

                 'Anzahl der Verknüpfungen für die Knoten
140              knoten(kante1, 0) = knoten(kante1, 0) + 1
150              knoten(kante2, 0) = 1
```

C Anhang zum Christofides-Algorithmus 193

```
                    'Knotenverknüpfungen setzen
160                 knoten(kante1, knoten(kante1, 0)) = kante2
170                 knoten(kante2, 1) = kante1

                    'Zuweisen der Gruppe zu dem Knoten
180                 knoten(kante2, -1) = gruppen_nr

                    'Zuweisen des Knotens zu der Gruppe
190                 gruppe(gruppen_nr, gruppe(gruppen_nr, 0) + 1) = kante2

                    'Anzahl der Knoten für die Gruppe setzen
200                 gruppe(gruppen_nr, 0) = gruppe(gruppen_nr, 0) + 1
210         End Select
End Sub
```

Zeilenweise Erläuterung

Zeile 10:	Ermitteln der ersten zu überprüfenden Kante aus dem Array k (enthält die Distanzen aus der Distanzmatrix aufsteigend sortiert).
Zeile 20:	Ermitteln der ersten zu überprüfenden Kante aus dem Array k.
Zeile 30:	Falls Variable fall = "2a" (der erste Knoten der Kante x gehört zu einer Gruppe, der zweite nicht):
Zeile 40:	Bestimmen der Gruppen-Nr.
Zeile 50-60:	Anzahl der Verknüpfungen für die Knoten setzen.
Zeile 70-80:	Setzen der Verknüpfungen für die Knoten.
Zeile 90:	Zuweisen der Gruppe zu dem Knoten.
Zeile 100:	Zuweisen des Knotens zu der Gruppe.
Zeile 110:	Setzen der Anzahl der Knoten für die Gruppe.
Zeile 120:	Falls Variable fall = "2b" (der zweite Knoten der Kante x gehört zu einer Gruppe, der erste nicht):
Zeile 130:	Bestimmen der Gruppen-Nr.
Zeile 140-150:	Anzahl der Verknüpfungen für die Knoten setzen.
Zeile 160-170:	Setzen der Verknüpfungen für die Knoten.
Zeile 180:	Zuweisen der Gruppe zu dem Knoten.
Zeile 190:	Zuweisen des Knotens zu der Gruppe.
Zeile 200:	Setzen der Anzahl der Knoten für die Gruppe.
Zeile 210:	Ende der Select-Abfrage.

Die Prozedur merge_groups

Die Prozedur merge_groups fasst zwei Gruppen zusammen. Diese werden aus der im übergebenen Argument kanten_nr genommen, denn daraus lassen sich die beiden anliegenden Kanten ableiten, woraus sich wiederum deren beiden Gruppen ableiten lassen.

Variablen

Tabelle 45 Variablen Prozedur merge_groups

Variablenname	Datentyp	Definition
kanten_nr	Integer	Wird beim Aufruf der Funktion übergeben.
x	Integer	Zählvariable für For-Schleife.
kante1	Integer	Beinhaltet die erste zu überprüfende Kante.
kante2	Integer	Beinhaltet die zweite zu überprüfende Kante.
gruppe1_nr	Integer	Beinhaltet die erste zusammenzufassende Gruppe.
gruppe2_nr	Variant	Beinhaltet die zweite zusammenzufassende Gruppe.

C Anhang zum Christofides-Algorithmus

Struktogramm

merge_groups(kanten_nr As Integer)
kante1 As Integer, kante2 As Integer, gruppe1_nr As Integer, gruppe2_nr As Integer x As Integer
kante1 = k(kanten_nr, 1) kante2 = k(kanten_nr, 2) gruppe1_nr = knoten(kante1, -1) gruppe2_nr = knoten(kante2, -1) knoten(kante1, 0) = knoten(kante1, 0) + 1 knoten(kante2, 0) = knoten(kante2, 0) + 1 knoten(kante1, knoten(kante1, 0)) = kante2 knoten(kante2, knoten(kante2, 0)) = kante1
x = 1; gruppe(gruppe2_nr, 0); x++
knoten(gruppe(gruppe2_nr, x), -1) = gruppe1_nr
gruppe(gruppe1_nr, 0) = gruppe(gruppe1_nr, 0) + gruppe(gruppe2_nr, 0) gruppe(gruppe2_nr, 0) = 0

Abbildung 86 Struktogramm Prozedur merge_groups

Programmcode für die Prozedur merge_groups

```
'-------------------------------------------------------------------
' Procedure : merge_groups
' Author    : Christoph Wille
' Date      : 01.07.2009
' Purpose   : Hier werden zwei Gruppen zusammengefasst
'-------------------------------------------------------------------

Sub merge_groups(kanten_nr As Integer)
        'Variablendeklaration
        Dim kante1 As Integer, kante2 As Integer, gruppe1_nr As Integer, gruppe2_nr _
            As Integer
        Dim x As Integer

10      kante1 = k(kanten_nr, 1)
20      kante2 = k(kanten_nr, 2)
30      gruppe1_nr = knoten(kante1, -1)
40      gruppe2_nr = knoten(kante2, -1)

        'Gruppe2 zu Gruppe1 hinzufügen
        '----------------------------

        'Anzahl der Verknüpfungen für die Knoten
50      knoten(kante1, 0) = knoten(kante1, 0) + 1
60      knoten(kante2, 0) = knoten(kante2, 0) + 1

        'Knotenverknüpfungen setzen
70      knoten(kante1, knoten(kante1, 0)) = kante2
80      knoten(kante2, knoten(kante2, 0)) = kante1

        'Zuweisen der Gruppen zu den Knoten
90      For x = 1 To gruppe(gruppe2_nr, 0)
100         knoten(gruppe(gruppe2_nr, x), -1) = gruppe1_nr
110     Next x

        'Zuweisen der Knoten zu den Gruppen
120     For x = 1 To gruppe(gruppe2_nr, 0)
130         gruppe(gruppe1_nr, gruppe(gruppe1_nr, 0) + x) = gruppe(gruppe2_nr, x)
140     Next x

        'Anzahl der Knoten für die Gruppen setzen
150     gruppe(gruppe1_nr, 0) = gruppe(gruppe1_nr, 0) + gruppe(gruppe2_nr, 0)
160     gruppe(gruppe2_nr, 0) = 0
```

End Sub

Zeilenweise Erläuterung

Zeile 10: Ermitteln der ersten zu überprüfenden Kante aus dem Array k (enthält die Distanzen aus der Distanzmatrix aufsteigend sortiert).

Zeile 20: Ermitteln der ersten zusammenzufassenden Kante aus dem Array k.

Zeile 30: Ermitteln der Gruppe der ersten zusammenzufassenden Gruppe.

Zeile 40: Ermitteln der Gruppe der zweiten zu überprüfenden Gruppe.

Zeile 50-60: Anzahl der Verknüpfungen für die Knoten setzen.

Zeile 70-80: Setzen der Verknüpfungen für die Knoten.

Zeile 90-110: Zuweisen der Gruppen zu den Knoten (Aktualisierung des Arrays knoten).

Zeile 120-140: Zuweisen der Knoten zu den Gruppen (Aktualisierung des Arrays gruppe).

Zeile 150-160: Setzen der Anzahl der Knoten für die Gruppen.

Das Modul Modul_MMG

Das Modul Modul_MMG beinhaltet den Programmcode zur Berechnung der MMG.

Die benutzerdefinierte Funktion MMG

Die benutzerdefinierte Funktion MMG wird aus dem Tabellenblatt aufgerufen mit der Distanzmatrix und der MST-Matrix als Übergabeargumente. Sie ermittelt die Matchings Minimalen Gewichts und gibt denselben im Rückgabewert als Array zurück.

C Anhang zum Christofides-Algorithmus

Variablen

Tabelle 46 Variablen benutzerdefinierte Funktion MMG

Variablenname	Datentyp	Definition
distanz	Variant	Beinhaltet die Ausgabe der Funktion `distanzmatrix`. Wird beim Aufruf der Funktion übergeben.
MST	Variant	Beinhaltet die Ausgabe der Funktion `MST`. Wird beim Aufruf der Funktion übergeben.
wf	Object	Abkürzung für `Application.WorksheetFunction`.
ungerade_punkte	Variant	Array für die Speicherung der Indizes der ungeraden Knoten.
dist	Integer	Identisch mit `distanz`, jedoch als Array.
matrix_MMG	Variant	Enthält die MMG-Matrix, wird am Ende der Funktion als Rückgabewert zurückgeliefert.
minsp	Variant	Identisch mit `MST`, jedoch als Array.
temp	Variant	Dient zur Zwischenspeicherung beim Sortiervorgang.
mmg_direkt	Variant	In dieses Array werden die Matchings Minimalen Gewichts als Liste geschrieben (keine Matrixform).
x	Integer	Zählvariable für For-Schleife.
y	Integer	Zählvariable für For-Schleife.
anz_kanten	Integer	Enthält die Anzahl der Kanten (ergibt sich aus der Größe des Arrays `minsp`).
anz_verbindungen	Variant	Enthält die Anzahl der abgehenden Kanten für den knoten `x`.
xcount	Integer	Zählvariable für For-Schleife
flag	Variant	Wenn auf `True` gesetzt, so wurde entsprechender Punkt schon verbunden.

Struktogramm

Public Function MMG(distanz As Variant, MST As Variant) As Variant
wf As Object ungerade_punkte As Variant, dist As Variant, matrix_MMG As Variant, minsp As Variant, temp(1 To 2) As Variant x As Integer, y As Integer, anz_kanten As Integer, anz_verbindungen As Integer
dist = distanz minsp = MST anz_kanten = UBound(minsp) ReDim matrix_MMG(1 To anz_kanten, 1 To anz_kanten) ReDim ungerade_punkte(0 To 0)
x = 1; anz_kanten; x++
anz_verbindungen = 0   anz_verbindungen = wf.Sum(wf.index(minsp, x))
J — anz_verbindungen Mod 2 = 1 — N
ReDim Preserve ungerade_punkte(UBound(ungerade_punkte) + 1)   ungerade_punkte(UBound(ungerade_punkte)) = x
J — UBound(ungerade_punkte) Mod 2 = 1 — N
MsgBox "Die Anzahl der Punkte mit ungerader Anzahl von Nachbarn ist nicht gerade!"   Exit Function
x = 1; UBound(ungerade_punkte) - 1; x++
y = x + 1; UBound(ungerade_punkte); y++
matrix_MMG(ungerade_punkte(x), ungerade_punkte(y)) = 1   matrix_MMG(ungerade_punkte(y), ungerade_punkte(x)) = 1

Abbildung 87 Struktogramm benutzerdefinierte Funktion MMG

Programmcode für die benutzerdefinierte Funktion MMG

```
'-------------------------------------------------------------------------------
' Procedure : MMG
' Author    : Christoph Wille
' Date      : 15.07.2009
' Purpose   : Hier werden die Matchings Minimalen Gewichts ermittelt und in der
'             Matrix ausgegeben
'-------------------------------------------------------------------------------
Public Function MMG(distanz As Variant, MST As Variant) As Variant
        'Variablendeklaration
        Dim wf As Object
10      Set wf = Application.WorksheetFunction
        Dim ungerade_punkte As Variant, dist As Variant, matrix_MMG As Variant, _
            minsp As Variant, temp(1 To 2) As Variant
        Dim x As Integer, y As Integer, anz_kanten As Integer, anz_verbindungen As _
            Integer
20      dist = distanz      'Distanzmatrix in Array dist einlesen (wird als Adjazenz-Matrix benötigt)
30      minsp = MST         'Minimaler Spannbaum Matrix in Array minsp einlesen
40      anz_kanten = UBound(minsp)  'Anzahl Kanten

50      ReDim matrix_MMG(1 To anz_kanten, 1 To anz_kanten)
60      ReDim ungerade_punkte(0 To 0)

70      For x = 1 To anz_kanten
```

C Anhang zum Christofides-Algorithmus

```
80          anz_verbindungen = 0
90          anz_verbindungen = wf.Sum(wf.index(minsp, x))    'Anzahl der abgehenden Kanten für den
knoten x bestimmen
100         If anz_verbindungen Mod 2 = 1 Then      'Anzahl der Knoten mit ungerader Anzahl von
abgehenden Kanten bestimmen
110             ReDim Preserve ungerade_punkte(UBound(ungerade_punkte) + 1)
120             ungerade_punkte(UBound(ungerade_punkte)) = x
130         End If
140     Next x

        'Überprüfen, ob geschlossene Tour gefunden werden kann (Königsberger Brücken Sachverhalt)
150     If UBound(ungerade_punkte) Mod 2 = 1 Then
160         MsgBox _
                "Die Anzahl der Punkte mit ungerader Anzahl von Nachbarn ist nicht gerade!"
170         Exit Function
180     End If

        'Mögliche Paarkombinationen ermitteln
190     For x = 1 To UBound(ungerade_punkte) - 1
200         For y = x + 1 To UBound(ungerade_punkte)
210             matrix_MMG(ungerade_punkte(x), ungerade_punkte(y)) = 1
220             matrix_MMG(ungerade_punkte(y), ungerade_punkte(x)) = 1
230         Next y
240     Next x

        'Bestimmen der Paarkombinationen
        'Setzen des Arrays mmg_direkt
        Dim xcount As Integer
250     ReDim mmg_direkt(1 To wf.Sum(matrix_MMG) / 2, 1 To 2)
        Dim flag As Variant
260     ReDim flag(1 To anz_kanten) As Boolean
270     xcount = 1
280     For x = 1 To anz_kanten
290         For y = x + 1 To anz_kanten
300             If matrix_MMG(x, y) = 1 Then
310                 mmg_direkt(xcount, 1) = x
320                 mmg_direkt(xcount, 2) = y
330                 xcount = xcount + 1
340             End If
350         Next y
360     Next x
        'Aufsteigendes Sortieren des Arrays mmg_direkt
370     For x = 1 To UBound(mmg_direkt)
380         For y = x + 1 To UBound(mmg_direkt)
390             If dist(mmg_direkt(x, 1), mmg_direkt(x, 2)) > dist(mmg_direkt(y, 1), _
                    mmg_direkt(y, 2)) Then
400                 temp(1) = mmg_direkt(x, 1)
410                 temp(2) = mmg_direkt(x, 2)
420                 mmg_direkt(x, 1) = mmg_direkt(y, 1)
430                 mmg_direkt(x, 2) = mmg_direkt(y, 2)
440                 mmg_direkt(y, 1) = temp(1)
450                 mmg_direkt(y, 2) = temp(2)
460             End If
470         Next y
480     Next x
490     ReDim matrix_MMG(1 To anz_kanten, 1 To anz_kanten)
500     x = 0
510     y = 0
520     Do
530         x = x + 1
540         If flag(mmg_direkt(x, 1)) = False And flag(mmg_direkt(x, 2)) = False _
550             Then
                If wf.Sum(wf.index(minsp, mmg_direkt(x, 1))) = 1 Or _
                    wf.Sum(wf.index(minsp, mmg_direkt(x, 2))) = 1 Then      'Nur _
                    ungerade Punkte verbinden, wenn einer der beiden Punkte 1 Kante hat
560                 matrix_MMG(mmg_direkt(x, 1), mmg_direkt(x, 2)) = 1
570                 matrix_MMG(mmg_direkt(x, 2), mmg_direkt(x, 1)) = 1
580                 flag(mmg_direkt(x, 1)) = True
590                 flag(mmg_direkt(x, 2)) = True
600                 y = y + 1
610             End If
620         End If
630     Loop Until y = UBound(ungerade_punkte) / 2

640     MMG = matrix_MMG
End Function
```

Zeilenweise Erläuterung

Zeile 10:	Setzen der Abkürzung für `Application.WorksheetFunction`.
Zeile 20:	Einlesen der Distanzmatrix (aus Übergabewert `distanz`) in das Array `dist`.
Zeile 30:	Einlesen der MST-Matrix (aus Übergabewert `MST`) in das Array `minsp`.
Zeile 40:	Bestimmen der Kantenanzahl (ergibt sich aus den Dimensionen des Arrays `minsp`).
Zeile 50:	Dimensionierung des Arrays `matrix_MMG`.
Zeile 60:	Dimensionierung des Arrays `ungerade_punkte`.
Zeile 70-140:	In das Array `ungerade_punkte` werden selbige Punkte geschrieben.
Zeile 150-180:	Es wird überprüft, ob die Anzahl der ungeraden Punkte gerade ist. Wenn nicht, wird entspr. Meldung ausgegeben und die Funktion beendet.
Zeile 190-240:	In das Array `matrix_MMG` werden sämtliche möglichen Paarkombinationen geschrieben.
Zeile 250-360:	In das Array `matrix_MMG` werden die vorher gefundenen Paarkombinationen aus `matrix_MMG` in Listenform geschrieben.
Zeile 370-480:	Das Array `mmg_direkt` wird aufsteigend sortiert.
Zeile 490:	Das Array `matrix_MMG` wird neu initialisiert.
Zeile 500:	Die Variable `x` wird auf 0 gesetzt.
Zeile 510:	Die Variable `y` wird auf 0 gesetzt.
Zeile 520-630:	In das Array `matrix_MMG` werden die Paarkombinationen des Minimalen Spannbaumes geschrieben.
Zeile 640:	Setzen des Rückgabewertes der Funktion.

C Anhang zum Christofides-Algorithmus

Das Modul Modul_Eulermatrix

Das Modul `Modul_Eulermatrix` beinhaltet den Programmcode zur Berechnung der Eulertour.

Variablen

Tabelle 47 Variablen Modul_Eulermatrix

Variablenname	Datentyp	Definition
graph	Variant	Beinhaltet die Summe der Matrizen aus `MST` und `MMG` als Array.
distanz	Variant	Beinhaltet die Ausgabe der Funktion `distanzmatrix`. Wird beim Aufruf der Funktion übergeben.
rt1	Variant	Zwischenspeicher für Rundtour.
rt1t	Variant	Zwischenspeicher für Rundtour mit umgekehrter Reihenfolge.
rt_inv	Variant	Zwischenspeicher für umgekehrte Reihenfolge.
richtung	Integer	Zwischenspeicher für den nächsten Knoten, der angefahren werden soll.
besucht	Variant	Beinhaltet die Information für jeden Knoten, ob er in der bereits gefundenen Gesamttour schon angefahren wird.
besucht_temp	Variant	Beinhaltet die Information für jeden Knoten, ob er in der gerade untersuchten Tour schon angefahren wird.

Programmcode für das Modul Modul_Eulermatrix

```
'------------------------------------------------------------
' Module   : Modul_Eulermatrix
' Author   : Christoph Wille
' Date     : 10.07.2009
' Purpose  : In diesem Modul wird die Eulertour berechnet
'------------------------------------------------------------

Option Explicit
Option Base 1
Public graph As Variant, distanz As Variant
Public rt1 As Variant, rt1t As Variant
Public rt_inv As Variant

Public richtung As Integer
Public besucht As Variant, besucht_temp As Variant
```

Die benutzerdefinierte Funktion eulermatrix

Die benutzerdefinierte Funktion `eulermatrix` wird aus dem Tabellenblatt aufgerufen mit der Summe aus MST- und MMG-Matrix sowie der Distanzmatrix. Sie ermittelt die Eulertour und gibt diese als Rückgabewert als Matrix zurück.

Variablen

Tabelle 48 Variablen benutzerdefinierte Funktion eulermatrix

Variablenname	Datentyp	Definition
matrix	Variant	Beinhaltet die Summe der Matrizen aus `MST` und `MMG` als Array.
dist	Variant	Beinhaltet die Ausgabe der Funktion `distanzmatrix`. Wird beim Aufruf der Funktion übergeben.
rt2	Variant	Zwischenspeicher für Rundtour.
x	Variant	Zählvariable für For-Schleife.
matrix_eulertour	Integer	Dient zur Zwischenspeicherung beim Sortiervorgang.

Struktogramm

```
eulermatrix(matrix As Variant, dist As Variant) As Variant
rt2 As Variant, matrix_eulertour As Variant
x As Integer
    graph = matrix
    distanz = dist
    ReDim besucht(1 To UBound(graph)) As Integer
    ReDim matrix_eulertour(UBound(graph), UBound(graph))
    nächster_knoten(1)
    x = LBound(rt1); UBound(rt1) - 1; x++
        matrix_eulertour(rt1(x), rt1(x + 1)) = 1
        matrix_eulertour(rt1(x + 1), rt1(x)) = 1
    eulermatrix = matrix_eulertour
```

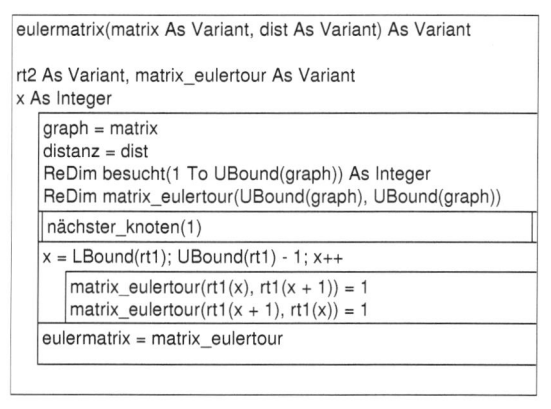

Abbildung 88 Struktogramm benutzerdefinierte Funktion eulermatrix

C Anhang zum Christofides-Algorithmus

Programmcode für die benutzerdefinierte Funktion eulermatrix

```
'----------------------------------------------------------------
' Procedure : Eulermatrix
' Author    : Christoph Wille
' Date      : 10.07.2009
' Purpose   : Hier wird ermittelte Eulertour in der Matrix ausgegeben
'----------------------------------------------------------------

Function eulermatrix(matrix As Variant, dist As Variant) As Variant
            'Variablendeklaration
            Dim rt2 As Variant
10          rt1 = rt2
            Dim x As Integer
            Dim matrix_eulertour As Variant
20          graph = matrix
30          distanz = dist
40          ReDim besucht(1 To UBound(graph)) As Integer
50          ReDim matrix_eulertour(UBound(graph), UBound(graph))

            'Aufruf der Prozedur zum Suchen der Eulertour, Startknoten: 1
60          Call nächster_knoten(1)

            'Rückgabewert der Funktion aus Array rt1 generieren
70          For x = LBound(rt1) To UBound(rt1) - 1
80              matrix_eulertour(rt1(x), rt1(x + 1)) = 1
90              matrix_eulertour(rt1(x + 1), rt1(x)) = 1
100         Next x

110         eulermatrix = matrix_eulertour    ''Ausgabe der Eulermatrix
End Function
```

Zeilenweise Erläuterung

Zeile 10:   Das globale Array `rt1` wird geleert.

Zeile 20:   Die Matrix `matrix` wird vom Datentyp Range in den Datentyp Variant umgewandelt und in das Array `graph` geschrieben.

Zeile 30:   Die Matrix `dist` wird vom Datentyp Range in den Datentyp Variant umgewandelt und in das Array `distanz` geschrieben.

Zeile 40:   Dimensionierung des Arrays `besucht` gemäß den Dimensionen des Arrays `graph`.

Zeile 50:   Dimensionierung des Arrays `matrix_eulertour` gemäß den Dimensionen des Arrays `graph`.

Zeile 60:   Aufruf der rekursiven Funktion `nächster_knoten` und dem Argument 1(Startpunkt).

Zeile 70-100:   Die von der Funktion `nächster_knoten` in das Array `rt1` geschriebene Tour wird in die Matrix `matrix_eulertour` geschrieben.

Zeile 110: Setzen des Rückgabewertes der Funktion.

Die rekursive Funktion nächster_knoten

Die rekursive Funktion nächster_knoten ermittelt ausgehend von dem Knoten, der im Übergabeargument angegeben ist, den nächsten verfügbaren Knoten.

Variablen

Tabelle 49 Variablen benutzerdefinierte Funktion eulermatrix

Variablenname	Datentyp	Definition
wf	Variant	Beinhaltet die Summe der Matrizen aus MST und MMG als Array.
x	Variant	Zählvariable für For-Schleife.
rt2	Variant	Zwischenspeicher für Rundtour.

C Anhang zum Christofides-Algorithmus

Struktogramm

```
nächster_knoten(aktueller_knoten As Integer)
─────────────────────────────────────────────
wf As Object
x As Integer
rt2 As Variant, rt2t As Variant
─────────────────────────────────────────────
ReDim besucht_temp(1 To UBound(graph)) As Boolean
─────────────────────────────────────────────
        wf.Sum(wf.index(graph, aktueller_knoten)) = 2 And graph(aktueller_knoten,
               nächster_verfügbarer_knoten(aktueller_knoten)) = 2
 J ─────────────────────────────────────────────────────────────────── N
 ReDim rt2(1 To 3)                    │ ReDim rt2(1 To 1)
 rt2(1) = aktueller_knoten            │ rt2(1) = aktueller_knoten
 rt2(2) = nächster_verfügbarer_knoten │ ─────────────────────────────────
         (aktueller_knoten)           │ richtung = nächster_verfügbarer_knoten(CInt(rt2(UBound(rt2))))
 rt2(3) = aktueller_knoten            │         richtung = 0
 besucht(aktueller_knoten) = 1        │  J ───────────────────────────── N
 besucht(nächster_verfügbarer_knoten  │ richtung =      │ graph(rt2(UBound(rt2)), richtung) = graph(rt2(UBound(rt2)), richtung) - 1
  (aktueller_knoten)) = 1             │ sackgasse_zurück│ graph(richtung, rt2(UBound(rt2))) = graph(richtung, rt2(UBound(rt2))) - 1
 graph(rt2(1), rt2(2)) = 0            │    (rt2)        │ ReDim Preserve rt2(UBound(rt2) + 1)
 graph(rt2(2), rt2(3)) = 0            │                 │ rt2(UBound(rt2)) = richtung
                                      │                 │ besucht_temp(richtung) = True
                                      │                 │ besucht(richtung) = 1
                                      │ Until rt2(1) = rt2(UBound(rt2))
─────────────────────────────────────────────────────────────────────────
                                  │ IsEmpty(rt1)
 J ────────────────────────────── N ──────────────────────────────────
 rt1 = rt2                        │ umgekehrte_reihenfolge(rt1)
                                  │ rt11 = rt_inv
                                  │ umgekehrte_reihenfolge(rt2)
                                  │ rt2t = rt_inv
                                  │ Dim möglichkeit1 As Variant
                                  │ Dim möglichkeit2 As Variant
                                  │ Dim möglichkeit3 As Variant
                                  │ Dim möglichkeit4 As Variant
                                  │ möglichkeit1 = Split(mergetours(rt1, rt2), ",")
                                  │ möglichkeit2 = Split(mergetours(rt11, rt2), ",")
                                  │ möglichkeit3 = Split(mergetours(rt1, rt2t), ",")
                                  │ möglichkeit4 = Split(mergetours(rt11, rt2t), ",")
                                  │ kleinste_tour(möglichkeit1, möglichkeit2, möglichkeit3, möglichkeit4)
─────────────────────────────────────────────────────────────────────────
                    wf.Sum(besucht) = UBound(graph)
 J ─────────────────────────────────────────────────────────────────── N
 Exit Function                        │ x = 0
                                      │ ─────────────────────────────
                                      │ x = x + 1
                                      │ Until wf.Sum(wf.index(graph, rt1(x))) <> 0
                                      │ nächster_knoten(CInt(rt1(x)))
```

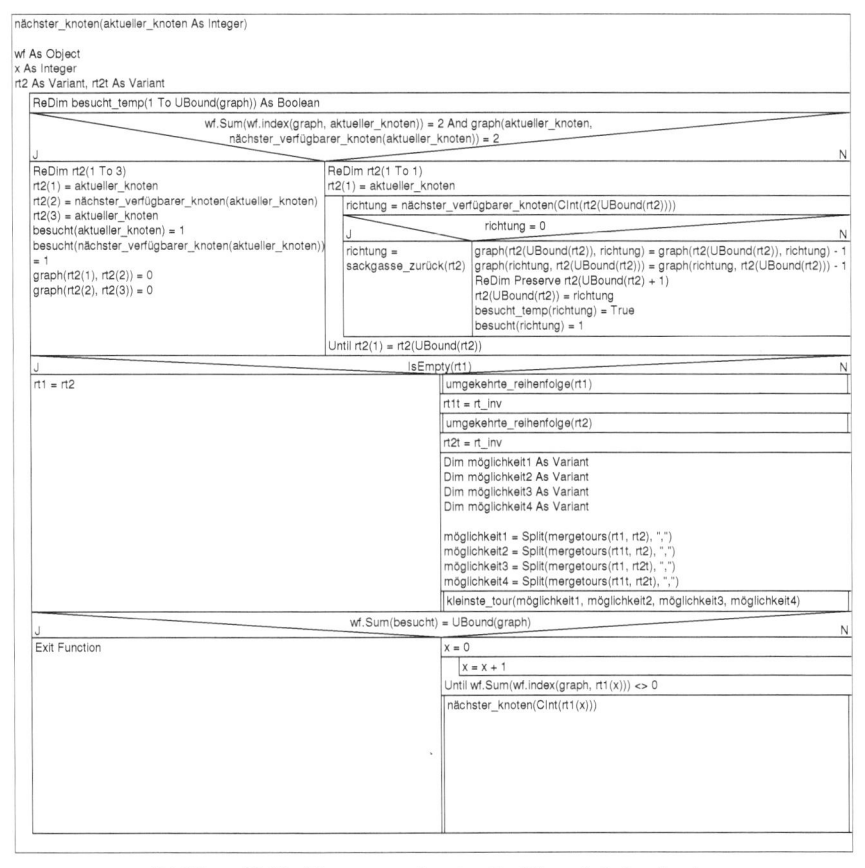

Abbildung 89 Struktogramm rekursive Funktion nächster_knoten

Programmcode für die rekursive Funktion nächster_knoten

```
'--------------------------------------------------------------------
' Procedure  : nächster_knoten
' Author     : Christoph Wille
' Date       : 15.07.2009
' Purpose    : Hier wird der jeweils nächste mögliche Knoten für die Eulertour gesucht
'              ausgehend vom Knoten aktueller_knoten
'              Dies ist eine rekursive Funktion, die sich solange selbst wieder aufruft,
'              bis alle Punkte angefahren wurden
'--------------------------------------------------------------------

Function nächster_knoten(aktueller_knoten As Integer)
        'Variablendeklaration
        Dim wf As Object
10      Set wf = Application.WorksheetFunction
        Dim x As Integer
        Dim rt2 As Variant, rt2t As Variant
20      ReDim besucht_temp(1 To UBound(graph)) As Boolean
```

```
                'Überprüfen, ob A-B-A Tour gebildet werden kann
30              If wf.Sum(wf.index(graph, aktueller_knoten)) = 2 And graph(aktueller_knoten, _
                    nächster_verfügbarer_knoten(aktueller_knoten)) = 2 Then
40                  ReDim rt2(1 To 3)
50                  rt2(1) = aktueller_knoten
60                  rt2(2) = nächster_verfügbarer_knoten(aktueller_knoten)
70                  rt2(3) = aktueller_knoten
80                  besucht(aktueller_knoten) = 1
90                  besucht(nächster_verfügbarer_knoten(aktueller_knoten)) = 1
100                 graph(rt2(1), rt2(2)) = 0
110                 graph(rt2(2), rt2(3)) = 0
                'Wenn keine A-B-A Tour gebildet werden kann
120             Else
130                 ReDim rt2(1 To 1)
140                 rt2(1) = aktueller_knoten
150                 Do
160                     richtung = nächster_verfügbarer_knoten(CInt(rt2(UBound(rt2))))
170                     If richtung = 0 Then          'In einer Sackgasse gelandet
180                         richtung = sackgasse_zurück(rt2)
190                     Else
200                         graph(rt2(UBound(rt2)), richtung) = graph(rt2(UBound(rt2)), _
                                richtung) - 1
210                         graph(richtung, rt2(UBound(rt2))) = graph(richtung, _
                                rt2(UBound(rt2))) - 1
220                         ReDim Preserve rt2(UBound(rt2) + 1)
230                         rt2(UBound(rt2)) = richtung
240                         besucht_temp(richtung) = True
250                         besucht(richtung) = 1
260                     End If
270                 Loop Until rt2(1) = rt2(UBound(rt2))           'Rundtour suchen
280             End If

                'Gesamttour(rt1) und neu gefundene Tour (rt2) zusammenfügen
290             If IsEmpty(rt1) Then       'Falls die gefundene Tour (rt2) die erste Tour ist
300                 rt1 = rt2
310             Else                       'Falls es schon eine Tour (rt1) gibt
                    'Prüfen, wie neue Tour (rt2) an Gesamttour (rt1) angefügt werden kann
320                 Call umgekehrte_reihenfolge(rt1)
330                 rt1t = rt_inv
340                 Call umgekehrte_reihenfolge(rt2)
350                 rt2t = rt_inv

                    'Kürzeste mögliche Tourkombination herausfinden und in Array rt1 schreiben
                    Dim möglichkeit1 As Variant
                    Dim möglichkeit2 As Variant
                    Dim möglichkeit3 As Variant
                    Dim möglichkeit4 As Variant

360                 möglichkeit1 = Split(mergetours(rt1, rt2), ",")
370                 möglichkeit2 = Split(mergetours(rt1t, rt2), ",")
380                 möglichkeit3 = Split(mergetours(rt1, rt2t), ",")
390                 möglichkeit4 = Split(mergetours(rt1t, rt2t), ",")

                    'Diejenige Tour der vier Möglichkeiten mit der kleinsten Distanz in das Array rt1
schreiben
400                 Call kleinste_tour(möglichkeit1, möglichkeit2, möglichkeit3, _
                        möglichkeit4)
410             End If

                'Überprüfen, ob alle Punkte angefahren wurden
420             If wf.Sum(besucht) = UBound(graph) Then
430                 Exit Function
440             Else
                    'Punkt mit freier Kante auf aktueller Gesamttour (rt1) suchen und Funktion erneut
aufrufen
450                 x = 0
460                 Do
470                     x = x + 1
480                 Loop Until wf.Sum(wf.index(graph, rt1(x))) <> 0
490                 Call nächster_knoten(CInt(rt1(x)))
500             End If

End Function
```

C Anhang zum Christofides-Algorithmus

Zeilenweise Erläuterung

Zeile 10:	Setzen der Abkürzung für `Application.WorksheetFunction`.
Zeile 20:	Dimensionierung des Arrays `besucht_temp` gemäß den Dimensionen des Arrays `graph`.
Zeile 30:	If-Abfrage: Überprüfen, ob eine doppelte Verbindung vom aktuellen Knoten zu einem anderen Knoten besteht. Dies ist üblicherweise der Fall, wenn ein Knoten im MST nur eine einzige Kante hatte und durch die MMG eine weitere Kante hinzugefügt wurde.
Zeile 40-70:	Hinzufügen der Tour A-B-A zum Array `rt2`.
Zeile 80-90:	Aktualisieren des Arrays `besucht` für beide Knoten.
Zeile 100-110:	Aktualisieren des Arrays `graph`.
Zeile 120:	If-Abfrage: Überprüfen, ob es sich um keine Doppelt-Verbindung handelt.
Zeile 130:	Aktualisieren des Arrays `rt2`.
Zeile 140:	Aufrufen der Funktion `nächster_verfügbarer_knoten`, um den nächsten Knoten in der Tour zu finden.
Zeile 150:	Do-Schleife: Loop solange, bis eine (Teil-)Rundtour gefunden wurde.
Zeile 160-180:	Falls die Funktion `nächster_verfügbarer_knoten` keinen verfügbaren Knoten gefunden hat, so wird die Funktion `sackgasse_zurück` durch die Loop-Schleife solange aufgerufen, bis wieder ein Knoten mit freier Kante gefunden wurde.
Zeile 190:	If-Abfrage: Falls ein verfügbarer Knoten gefunden wurde-.
Zeile 200-210:	Aktualisieren des Arrays `graph`.
Zeile 220-230:	Aktualisieren des Arrays `rt2`.
Zeile 240:	Aktualisieren des Arrays `besucht_temp`.
Zeile 250:	Aktualisieren des Arrays `besucht`.
Zeile 260-280:	Beenden der If-Abfragen und Loop-Schleife.
Zeile 290-300:	If-Abfrage: Falls die gefundene Tour (`rt2`) die erste Tour ist, das Array `rt1` in das Array `rt1` schreiben.
Zeile 310:	If-Abfrage: Falls es schon eine Tour (rt1) gibt.
Zeile 320-390:	Die neue Tour (`rt1`) an die bestehende Gesamttour (`rt1`) anhängen. Dabei wird die Reihenfolge beider Touren umgekehrt und alle vier

	Möglichkeiten des Anhängens in die entsprechenden Arrays geschrieben.
Zeile 490:	Die Prozedur `kleinste_tour` überprüft, welche der vier Möglichkeiten die kleinste Gesamtlänge der Tour bildet. Das Ergebnis wird in das Array `rt1` geschrieben.
Zeile 500:	Ende der If-Abfrage.

Die Funktion nächster_verfügbarer_knoten

Die Funktion `nächster_verfügbarer_knoten` wird von der Funktion `nächster_knoten` aufgerufen, um ausgehend von dem im Argument `aktueller_knoten` übergebenden Knoten den nächsten Knoten mit einer freien Kante zu finden. Dieser wird als Rückgabewert zurückgeliefert.

Variablen

Tabelle 50 Variablen Funktion nächster_verfügbarer_knoten

Variablenname	Datentyp	Definition
aktueller_knoten	Integer	Beim Aufruf der Funktion übergebenes Argument. Beinhaltet den Knoten, von dem ausgehend gesucht werden soll.
x	Integer	Zählvariable für For-Schleife.

C Anhang zum Christofides-Algorithmus 209

Struktogramm

```
nächster_verfügbarer_knoten(aktueller_knoten
As Integer) As Integer

x As Integer

x = 1; UBound(graph); x++
                    graph(aktueller_knoten, x)
              J                              N
                    besucht_temp(x) = False
              J                              N
              nächster_verfügbarer_knoten
              = x
              Exit For
```

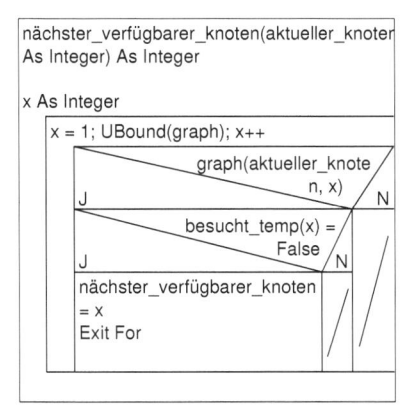

Abbildung 90 Struktogramm Funktion nächster_verfügbarer_knoten

Programmcode für die Funktion nächster_verfügbarer_knoten

```
'----------------------------------------------------------------------
' Procedure : nächster_verfügbarer_knoten
' Author    : Christoph Wille
' Date      : 15.07.2009
' Purpose   : Hier wird, ausgehend vom Knoten aktueller_knoten, der nächste Knoten
'             gesucht, der noch nicht in der bestehenden Teiltour angefahren wurde
'----------------------------------------------------------------------
Function nächster_verfügbarer_knoten(aktueller_knoten As Integer) As Integer
         'Variablendeklaration
         Dim x As Integer

         'Suchen des nächsten verfügbaren Knotens
10       For x = 1 To UBound(graph)
20           If graph(aktueller_knoten, x) Then
30               If besucht_temp(x) = False Then
40                   nächster_verfügbarer_knoten = x
50                   Exit For
60               End If
70           End If
80       Next x
End Function
```

Zeilenweise Erläuterung

Zeile 10: For-Schleife: Alle Knoten sollen durchlaufen werden.

Zeile 20: If-Abfrage: Überprüfen, ob auf dem MST oder MMG eine Verbindung für den aktuellen Knoten besteht.

Zeile 30: If-Abfrage: Überprüfen, ob der aktuelle Knoten noch nicht angefahren wurde.

Zeile 40-50: Falls die oberen beiden If-Abfragen zutreffen, so wurde ein freier Knoten gefunden. Dieser wird als Rückgabewert der Funktion übergeben und die Funktion wird beendet.

Zeile 60-78: Beenden der If-Abfragen und For-Schleife.

Die Funktion sackgasse_zurück

Die Funktion `sackgasse_zurück` wird von der rekursiven Funktion `nächster_knoten` aufgerufen, falls bei der Überprüfung des aktuellen Knotens sich ergeben hat, dass dieser keine freie Kante mehr hat. Die Funktion geht auf der Tour zurück, bis ein Knoten mit noch freier Kantenverbindung gefunden wurde.

Variablen

Tabelle 51 Variablen Funktion sackgasse_zurück

Variablenname	Datentyp	Definition
rt2	Variant	Beim Aufruf der Funktion übergebenes Argument. Beinhaltet die aktuelle Tour, auf der besagter Knoten gefunden werden soll.
wf	Object	Abkürzung für `Application.WorksheetFunction`
x	Integer	Zählvariable für For-Schleife.
y	Integer	Zählvariable für For-Schleife.

C Anhang zum Christofides-Algorithmus

Struktogramm

```
sackgasse_zurück(rt2 As Variant) As Integer

wf As Object
x As Integer, y As Integer
x = UBound(rt2) - 1; 1; x--
                    wf.Sum(wf.index(graph,
             J                  rt2(x)))        N
                    nächster_verfügbarer_knote
                         n(CInt(rt2(x))) <>
                                  0
                    J                    N
             sackgasse_zurück
             = rt2(x)
             Exit For
y = x + 1; UBound(rt2); y++
    graph(rt2(y), rt2(y - 1)) = graph(rt2(y), rt2(y -
    1)) + 1
    graph(rt2(y - 1), rt2(y)) = graph(rt2(y - 1),
    rt2(y)) + 1
    besucht(rt2(y)) = False
ReDim Preserve rt2(1 To x)
```

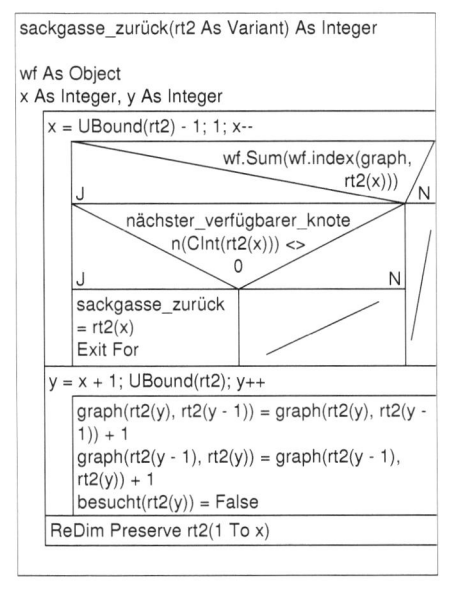

Abbildung 91 Struktogramm Funktion sackgasse_zurück

Programmcode für die Funktion sackgasse_zurück

```vb
'----------------------------------------------------------------
' Procedure : sackgasse_zurück
' Author    : Christoph Wille
' Date      : 15.07.2009
' Purpose   : Falls bei der Suche nach einer Tour an einem Punkt angelangt wird, der
'             keine Verbindung zu einem noch nicht angefahrenen Punkt hat, auf der
'             bestehenden Tour zurückgehen und den letzten Punkt mit einer solchen
'             Verbindung suchen
'----------------------------------------------------------------

Function sackgasse_zurück(rt2 As Variant) As Integer
           'Variablendeklaration
           Dim wf As Object
10         Set wf = Application.WorksheetFunction
           Dim x As Integer, y As Integer

           'Solange auf der Tour (rt2) zurückgehen, bis ein Punkt mit
           'einer Verbindung zu einem freien Punkt gefunden wird
20         For x = UBound(rt2) - 1 To 1 Step -1
30             If wf.Sum(wf.index(graph, rt2(x))) Then 'Die Zeilensumme der Matrix gibt die Anzahl
               der Verbindungen zu freien Punkten an
40                 If nächster_verfügbarer_knoten(CInt(rt2(x))) <> 0 Then
50                     sackgasse_zurück = rt2(x)
60                     Exit For
70                 End If
80             End If
90         Next x
           'Falls voriger gefundener Punkt keine freie Kante hat-->zurückgehen
100        For y = x + 1 To UBound(rt2)
110            graph(rt2(y), rt2(y - 1)) = graph(rt2(y), rt2(y - 1)) + 1
120            graph(rt2(y - 1), rt2(y)) = graph(rt2(y - 1), rt2(y)) + 1
130            besucht(rt2(y)) = False
140        Next y
150        ReDim Preserve rt2(1 To x)
```

```
End Function
```

Zeilenweise Erläuterung

Zeile 10:	Setzen der Abkürzung für `Application.WorksheetFunction`.
Zeile 20-90:	For-Schleife: Solange auf der Tour (`rt2`) zurückgehen, bis ein Punkt mit einer Verbindung zu einem freien Punkt gefunden wird.
Zeile 100-140:	Aktualisieren der Arrays `graph` und `besucht`. Wenn die Tour teilweise rückgängig gemacht wird, müssen die bei der Entstehung der Tour gemachten Änderungen an diesen Arrays wieder rückgängig gemacht werden, damit später im Programm diese Knoten wieder in die Tour aufgenommen werden können.
Zeile 150:	Aktualisierung der Dimensionen des Arrays `rt2.ie` bei der Entstehung der Tour gemachten Änderungen an diesen Arrays wieder rückgängig gemacht werden, damit später im Programm diese Knoten wieder in die Tour aufgenommen werden können.
Zeile 150:	Aktualisierung der Dimensionen des Arrays `rt2`.

Die Prozedur umgekehrte_reihenfolge

Die Prozedur `umgekehrte_reihenfolge` kehrt die Reihenfolge der im Übergabewert mitgelieferten Array `tour` um und schreibt diese in das Array `rt_inv`.

Variablen

Tabelle 52 Variablen Prozedur umgekehrte_reihenfolge

Variablenname	Datentyp	Definition
tour	Variant	Beim Aufruf der Funktion übergebenes Argument. Beinhaltet die aktuelle Tour, deren Reihenfolge umgekehrt werden soll.
x	Integer	Zählvariable für For-Schleife.

C Anhang zum Christofides-Algorithmus

Struktogramm

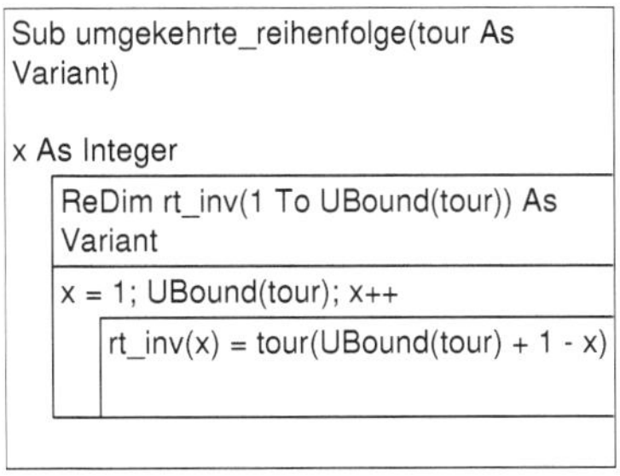

Sub umgekehrte_reihenfolge(tour As Variant)
x As Integer
ReDim rt_inv(1 To UBound(tour)) As Variant
x = 1; UBound(tour); x++
rt_inv(x) = tour(UBound(tour) + 1 - x)

Abbildung 92 Struktogramm Prozedur umgekehrte_reihenfolge

Programmcode für die Prozedur umgekehrte_reihenfolge

```
'------------------------------------------------------------------
' Procedure : umgekehrte_reihenfolge
' Author    : Christoph Wille
' Date      : 15.07.2009
' Purpose   : Der Reihenfolge der im Argument übergebenen Tour tour umkehren und in das
'             Array rt_inv schreiben
'------------------------------------------------------------------

Sub umgekehrte_reihenfolge(tour As Variant)
        'Variablendeklaration
        Dim x As Integer
10      ReDim rt_inv(1 To UBound(tour)) As Variant

        'Umkehrung durchführen
20      For x = 1 To UBound(tour)
30          rt_inv(x) = tour(UBound(tour) + 1 - x)
40      Next x
End Sub
```

Zeilenweise Erläuterung

Zeile 10:   Das Array `rt_inv` wird entsprechend der Dimensionen des Arrays tour dimensioniert.

Zeile 20-40:   For-Schleife: Die umgekehrte Reihenfolge des Arrays `tour` wird in das Array `rt_inv` geschrieben.

Die Funktion mergetours

Die Funktion `mergetours` wird von der Funktion `nächster_knoten` aufgerufen und verbindet die beiden in den Argumenten übergebenen Touren `tour1` und `tour2` und gibt diese als Rückgabewert zurück.

Variablen

Tabelle 53 Variablen Funktion mergetours

Variablenname	Datentyp	Definition
tour1	Variant	Beim Aufruf der Funktion übergebenes Argument. Beinhaltet die erste Tour.
tour2	Variant	Beim Aufruf der Funktion übergebenes Argument. Beinhaltet die zweite Tour.
x	Integer	Zählvariable für For-Schleife.
y	Integer	Zählvariable für For-Schleife.
zaehler	Integer	Zählvariable für Ausgabe in Array.
temp	Variant	Temporäre Variable für das Zusammenfügen der Touren.
flag	Boolean	Wenn True, so stimmen Punkte beider Touren überein.

C Anhang zum Christofides-Algorithmus

Struktogramm

Function mergetours(tour1 As Variant, tour2 As Variant) As String
Dim x As Integer, y As Integer, zaehler As Integer Dim temp As Variant Dim flag As Boolean
ReDim temp(1 To 1) zaehler = 0
x = LBound(tour1); UBound(tour1); x++
CInt(tour1(x)) <> CInt(tour2(1)) J / N
J: zaehler = zaehler + 1 ReDim Preserve temp(1 To zaehler) temp(zaehler) = tour1(x)
flag = False J / N
y = LBound(tour2); UBound(tour2) - 1; y++
x <> UBound(tour1) J / N
tour1(x + 1) <> tour2(y)   J / N
J: zaehler = zaehler + 1 ReDim Preserve temp(1 To zaehler) temp(zaehler) = tour2(y) flag = True	N: zaehler = zaehler + 1 ReDim Preserve temp(1 To zaehler) temp(zaehler) = tour2(y) flag = True
temp(UBound(temp)) <> tour1(LBound(tour1)) J / N
ReDim Preserve temp(UBound(temp) + 1) temp(UBound(temp)) = tour1(LBound(tour1))
x = 1; UBound(temp); x++
mergetours = mergetours & "," & temp(x)
mergetours = Mid(mergetours, 2, Len(mergetours) - 1)

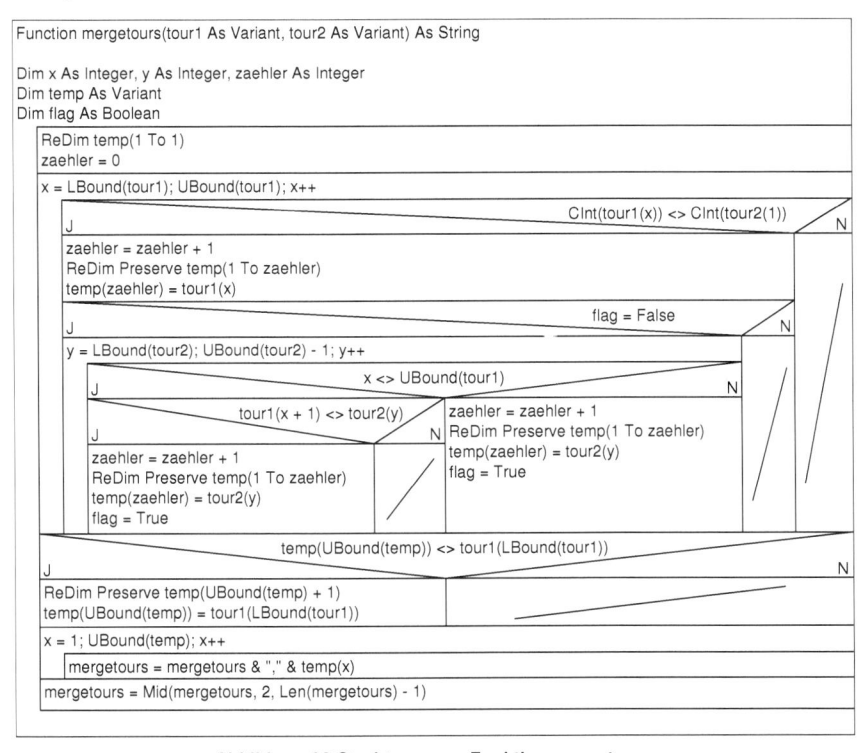

Abbildung 93 Struktogramm Funktion mergetours

Programmcode für die Funktion mergetours

```
'--------------------------------------------------------------------
' Procedure : mergetours
' Author    : Christoph Wille
' Date      : 15.07.2009
' Purpose   : Verbindet die beiden den Übergabewerten tour1 und tour2 übergebenen
'             Touren. Dabei werden verschiedene Kombinationen gebildet und die
'             Kombination mit der kürzesten Tour als Rückgabe in das Array rt1
'             geschrieben
'--------------------------------------------------------------------

Function mergetours(tour1 As Variant, tour2 As Variant) As String
          'Variablendeklaration
          Dim x As Integer, y As Integer, zaehler As Integer
          Dim temp As Variant
          Dim flag As Boolean
10        ReDim temp(1 To 1)

20        zaehler = 0
30        For x = LBound(tour1) To UBound(tour1)
40            If CInt(tour1(x)) <> CInt(tour2(1)) Then      'Punkte der beiden Touren stimmen
nicht überein
50                zaehler = zaehler + 1
60                ReDim Preserve temp(1 To zaehler)
70                temp(zaehler) = tour1(x)
```

```
80          ElseIf flag = False Then                'Punkte der beiden Touren stimmen
überein-->tour2 einfügen
90          For y = LBound(tour2) To UBound(tour2) - 1
100             If x <> UBound(tour1) Then
110                 If tour1(x + 1) <> tour2(y) Then
120                     zaehler = zaehler + 1
130                     ReDim Preserve temp(1 To zaehler)
140                     temp(zaehler) = tour2(y)
150                     flag = True
160                 End If
170             Else
180                 zaehler = zaehler + 1
190                 ReDim Preserve temp(1 To zaehler)
200                 temp(zaehler) = tour2(y)
210                 flag = True
220             End If
230         Next y
240     End If
250 Next x

260 If temp(UBound(temp)) <> tour1(LBound(tour1)) Then
270     ReDim Preserve temp(UBound(temp) + 1)
280     temp(UBound(temp)) = tour1(LBound(tour1))
290 End If

    'Array temp in String mergetours schreiben
300 For x = 1 To UBound(temp)
310     mergetours = mergetours & "," & temp(x)
320 Next x

    'Erstes Komma entfernen
330 mergetours = Mid(mergetours, 2, Len(mergetours) - 1)
End Function
```

Zeilenweise Erläuterung

Zeile 10:	Anpassen der Dimensionen des Arrays `temp`.
Zeile 20:	Setzen der Variable `zaehler` auf 0.
Zeile 30:	For-Schleife: Alle Knoten der `tour1` sollen überprüft werden.
Zeile 40-70:	Zunächst werden alle Knoten der `tour1` durchlaufen, bis ein identischer Knoten mit dem ersten Knoten der `tour2` gefunden wurde.
Zeile 80-160:	Ab diesem Zeitpunkt wird die `tour2` angehängt, bis diese komplett angehängt wurde.
Zeile 170-220:	Ab diesem Zeitpunkt wird der Rest der `tour1` angefügt.
Zeile 230-250:	Beenden der If-Abfragen und For-Schleife.
Zeile 260-290:	Der erste Punkt der Tour soll auch der letzte sein.
Zeile 300-320:	Die erzeugte Tour im Array `temp` wird in den String `mergetours` geschrieben, wobei die Knoten durch Kommata getrennt werden.
Zeile 330:	Das erste Komma im String wird entfernt.

C Anhang zum Christofides-Algorithmus

Die Prozedur kleinste_tour

Die Prozedur `kleinste_tour` überprüft die Tourlänge der aller in den Übergabeargumenten mitgelieferten Touren und schreibt die kleinste Tour in das Array rt1.

Variablen

Tabelle 54 Variablen Prozedur kleinste_tour

Variablenname	Datentyp	Definition
tour1	Variant	Beim Aufruf der Funktion übergebenes Argument. Beinhaltet die erste Tour.
tour2	Variant	Beim Aufruf der Funktion übergebenes Argument. Beinhaltet die zweite Tour.
tour1	Variant	Beim Aufruf der Funktion übergebenes Argument. Beinhaltet die dritte Tour.
tour2	Variant	Beim Aufruf der Funktion übergebenes Argument. Beinhaltet die vierte Tour.

Struktogramm

```
kleinste_tour(m1 As Variant, m2 As Variant, m3 As
Variant, m4 As Variant)
    rt1 = m1
    If tourlaenge(m2) < tourlaenge(rt1) Then rt1 = m2
    If tourlaenge(m3) < tourlaenge(rt1) Then rt1 = m3
    If tourlaenge(m4) < tourlaenge(rt1) Then rt1 = m4
```

Abbildung 94 Struktogramm Prozedur kleinste_tour

Programmcode für die Prozedur kleinste_tour

```
'-----------------------------------------------------------------
' Procedure : kleinste_tour
' Author    : Christoph Wille
' Date      : 15.07.2009
' Purpose   : überprüft die Tourlänge der aller in den Übergabeargumenten
'             mitgelieferten Touren und schreibt die kleinste Tour
'             in das Array rt1.
'-----------------------------------------------------------------
Sub kleinste_tour(m1 As Variant, m2 As Variant, m3 As Variant, m4 As Variant)
10      rt1 = m1
20      If tourlaenge(m2) < tourlaenge(rt1) Then rt1 = m2
30      If tourlaenge(m3) < tourlaenge(rt1) Then rt1 = m3
40      If tourlaenge(m4) < tourlaenge(rt1) Then rt1 = m4
End Sub
```

Zeilenweise Erläuterung

Zeile 10-40: Die kleinste Tour wird gesucht, in dem für jede der übergebenen Touren der Wert der Funktion `tourlaenge` in Verbindung mit der entsprechenden Tour abgefragt wird.

Das Modul eulertour

Die benutzerdefinierte Funktion Eulertour

Die benutzerdefinierte Funktion `Eulertour` wird aus dem Tabellenblatt aufgerufen mit dem Startknoten und der Eulermatrix als Übergabewerte. Sie wandelt die Eulermatrix in eine von Menschen leichter lesbare Form um, die die Knoten der Tour hintereinander durch Semikolon getrennt in einer Zelle anzeigt.

Variablen

Tabelle 55 Variablen Funktion Eulertour

Variablenname	Datentyp	Definition
startpunkt	Integer	Beim Aufruf der Funktion übergebenes Argument. Beinhaltet den Startpunkt.
eulermatrix	Variant	Beim Aufruf der Funktion übergebenes Argument. Beinhaltet die Eulermatrix.
x	Integer	Zählvariable für For-Schleife.
y	Integer	Zählvariable für For-Schleife.
index	Integer	Zählvariable für das Schreiben in den String.
matrix_euler	Variant	Identisch mit `eulermatrix`, jedoch als Array.
euler_array	Variant	Array für die Tour. Der Inhalt wird am Ende der benutzerdefinierten Funktion durch Semikolon getrennt als Rückgabewert geliefert.

C Anhang zum Christofides-Algorithmus

Struktogramm

Function Eulertour(startpunkt As Integer, eulermatrix As Variant) As String
x As Integer, y As Integer, index As Integer matrix_euler As Variant, euler_array As Variant
matrix_euler = eulermatrix ReDim euler_array(0 To 1) As Integer index = startpunkt euler_array(1) = index
y = 0
y = y + 1
While matrix_euler(euler_array(UBound(euler_array)), y) = 0
J : y = euler_array(UBound(euler_array)) - 1 / N
y = y + 1
While matrix_euler(euler_array(UBound(euler_array)), y) = 0
ReDim Preserve euler_array(UBound(euler_array) + 1) euler_array(UBound(euler_array)) = y
Until euler_array(UBound(euler_array)) = euler_array(1)
x = 1; UBound(euler_array); x++
Eulertour = Eulertour & ";" & euler_array(x)
Eulertour = Mid(Eulertour, 2, Len(Eulertour) - 1)

Abbildung 95 Struktogramm benutzerdefinierte Funktion eulertour

Programmcode für die benutzerdefinierte Funktion eulertour

```
'------------------------------------------------------------------
' Procedure : Eulertour
' Author    : Christoph Wille
' Date      : 01.07.2009
' Purpose   : Hier wird die Eulertour ermittelt und in der Zelle ausgegeben
'------------------------------------------------------------------

Public Function Eulertour(startpunkt As Integer, eulermatrix As Variant) As _
    String
            'Variablendeklaration
            Dim x As Integer, y As Integer, index As Integer
            Dim matrix_euler As Variant, euler_array As Variant
10          matrix_euler = eulermatrix
20          ReDim euler_array(0 To 1) As Integer
30          index = startpunkt
40          euler_array(1) = index

            'Ermitteln der Eulertour aus der Eulermatrix
50          Do
60              y = 0
70              Do
80                  y = y + 1
90              Loop While matrix_euler(euler_array(UBound(euler_array)), y) = 0
100             If y = euler_array(UBound(euler_array)) - 1) Then
110                 Do
120                     y = y + 1
130                 Loop While matrix_euler(euler_array(UBound(euler_array)), y) = 0
140             End If
150             ReDim Preserve euler_array(UBound(euler_array) + 1)
160             euler_array(UBound(euler_array)) = y
170         Loop Until euler_array(UBound(euler_array)) = euler_array(1)
```

```
            'Rückgabe der Funktion für den Ausgabewert
180         For x = 1 To UBound(euler_array)
190             Eulertour = Eulertour & ";" & euler_array(x)
200         Next x

            'Erstes Semikolon entfernen
210         Eulertour = Mid(Eulertour, 2, Len(Eulertour) - 1)
End Function
```

Zeilenweise Erläuterung

Zeile 10: Die Matrix `eulermatrix` wird vom Datentyp Range in den Variant-Datentyp umgewandelt und in das Array `matrix_euler` geschrieben.

Zeile 20: Das Array `euler_array` wird dimensioniert und als Datentyp Integer deklariert.

Zeile 30-40: Initialisierung der Variablen

Zeile 50-170: Die Matrix `martix_euler`, die die Eulertour enthält, wird durchlaufen. Dabei wird die erste Zeile spaltenweise durchlaufen, bis eine Kante gefunden wurde. Als nächstes wird in den Zeilenindex dieser Kante gesprungen, diese Zeile wird wiederum durchlaufen bis die nächste Spalte mit Kante gefunden wurde usw. Dabei wird die Eulertour in das Array `euler_array` geschrieben.

Zeile 180-200: Das Array `euler_array` wird hintereinander in den String `Eulertour` geschrieben, die einzelnen Felder jeweils durch Semikolon getrennt.+

Zeile 210: Das erste Semikolon im String `Eulertour` wird entfernt.

Das Objekt DieseArbeitsmappe

Das Objekt `DieseArbeitsmappe` enthält die initialisierenden Befehle, die beim Aufruf der Excel-Datei ausgeführt werden.

Programmcode für das Objekt DieseArbeitsmappe

```
'-----------------------------------------------------------------
' Module    : DieseArbeitsmappe
' Author    : Christoph Wille
' Date      : 15.07.2009
' Purpose   : Stellt den Status der automatischen Aktualisierung her
'-----------------------------------------------------------------
Option Explicit

'-----------------------------------------------------------------
' Procedure : Workbook_Open
' Author    : Christoph Wille
' Date      : 15.07.2009
' Purpose   : Stellt den Status ein für
'             Application.EnableEvents
'             Application.Calculation
'-----------------------------------------------------------------
'
```

C Anhang zum Christofides-Algorithmus

```
Private Sub Workbook_Open()
10      Application.Calculation = xlCalculationManual
20      Application.EnableEvents = True
End Sub
```

Zeilenweise Erläuterung:

Zeile 10: Abschalten der automatischen Berechnung der Formeln im Tabellenblatt

Zeile 20: Aktivieren der Events, sodass das Ereignis Worksheet_Change ausgeführt wird.

Das Objekt Tabelle_Christofides

Das Objekt Tabelle_Christofides enthält den Code für das Tabellenblatt, dieser beinhaltet den Code für die beiden Befehlsschaltflächen „Automatische Aktualisierung an/aus", „Manuelles Berechnen" sowie für das Ereignis Worksheet_Change.

Das Ereignis cmd_Aktualisieren_Click

Das Ereignis cmd_Aktualisieren_Click wird ausgeführt, wenn auf die Befehlsschaltfläche „Automatische Aktualisierung an/aus" geklickt wird. Hier wird lediglich die Caption-Eigenschaft des Buttons geändert. Diese Eigenschaft wird beim Worksheet_Change-Ereignis ausgelesen.

Programmcode für das Ereignis cmd_Aktualisieren_Click

```
'----------------------------------------------------------------
' Procedure : cmd_Aktualisieren_Click
' Author    : Christoph Wille
' Date      : 15.07.2009
' Purpose   : Enthält den Programmcode des Buttons "Aktualisieren"
'----------------------------------------------------------------
Private Sub cmd_Aktualisieren_Click()
10      If cmd_Aktualisieren.Caption = "Automatische Aktualisierung aus" Then
20          cmd_Aktualisieren.Caption = "Automatische Aktualisierung an"
30      Else
40          cmd_Aktualisieren.Caption = "Automatische Aktualisierung aus"
50      End If
End Sub
```

Zeilenweise Erläuterung

Zeile 10-50: Dieser Code funktioniert wie ein Wippschalter: Entweder die Caption-Eigenschaft des Buttons lautet „Automatische Aktualisierung aus" oder „Automatische Aktualisierung an".

Programmcode für das Ereignis cmd_Manuell_Berechnen_Click

Das Ereignis cmd_Manuell_Berechnen_Click wird beim Klick auf die Befehlsschaltfläche „Manuelles Berechnen" ausgelöst. Sie führt eine komplette Neuberechnung der Daten aus sowie eine Aktualisierung der Diagramme. Es handelt sich hierbei um eine geordnete Neuberechnung der Matrizen in der richtigen Reihenfolge, um Mehrfachberechnungen der Matrizen, wie dies Excel mit der Einstellung Application.Calculation = xlCalculationAutomatic durchführen würde, zu verhindern. Im Grunde genommen ist es eine eigene Programmierung für xlCalculationAutomatic.

Programmcode für das Ereignis cmd_Manuell_Berechnen_Click

```
'---------------------------------------------------------------------------
' Procedure : cmd_Manuell_Berechnen_Click
' Author    : Christoph Wille
' Date      : 15.07.2009
' Purpose   : Diese Prozedur wird nach Klick auf die Schaltfläche "Manuelles Berechnen"
'             ausgeführt und führt eine komplette Neuberechnung der Daten aus sowie eine
'             Aktualisierung der Diagramme
'
'             Es handelt sich hierbei um eine geordnete Neuberechnung der Matrizen
'             in der richtigen Reihenfolge, um Mehrfachberechnungen der Matrizen,
'             wie dies Excel mit der Einstellung
'             Application.Calculation = xlCalculationAutomatic
'             durchführen würde, zu verhindern.
'
'             Im Grunde genommen ist es eine eigene xlCalculationAutomatic-Programmierung
'---------------------------------------------------------------------------
'
Private Sub cmd_Manuell_Berechnen_Click()
10      Application.EnableEvents = False

20      Call renew_matrizen 'Aktualisierung der Dimensionen der Matrizen
        'Aktualisierungen der Matrizen durchführen
30      Evaluate("M_Distanz").Calculate
40      Evaluate("M_MST").Calculate
50      Evaluate("M_MMG").Calculate
60      Evaluate("M_MST_MMG").Calculate
70      Evaluate("M_Eulermatrix").Calculate
80      Evaluate("M_Tourlänge").Calculate
90      Evaluate("M_MMGLänge").Calculate
100     Call renew_diagrams 'Aktualisierung der Verbindungslinien der Diagramme

110     Application.EnableEvents = True
End Sub
```

C Anhang zum Christofides-Algorithmus 223

Zeilenweise Erläuterung

Zeile 10: Die Events werden ausgeschaltet, damit bei der Aktualisierung der Zellen und Diagramme dieses Ereignis nicht mehrfach ausgeführt wird.

Zeile 20: Die Prozedur `renew_matrizen` wird aufgerufen, um die Dimensionen der Matrizen im Tabellenblatt zu aktualisieren.

Zeile 30-90: Sämtliche Matrizen werden neu berechnet.

Zeile 100: Die Prozedur `renew_diagrams` wird aufgerufen, um die Verbindungslinien der Diagramme nach der Neuberechnung der Matrizen in den letzten Schritten entsprechend anzupassen. Die Punkte in den Diagrammen werden dabei von Excel automatisch aktualisiert, weil sich die Quelldatenbereiche der Diagramme auf die benannten Zellen beziehen und die Namen in der Prozedur `renew_matrizen` aktualisiert wurden.

Zeile 110: Die Events werden wieder eingeschaltet, damit bei der Aktualisierung der Zellen und Diagramme dieses Ereignis wieder ausgeführt wird.

Das Ereignis Worksheet_Change

Das Ereignis `Worksheet_Change` wird jedes Mal aufgerufen, wenn im Tabellenblatt Daten geändert werden. Falls die Caption-Eigenschaft der Befehlsschaltfläche `cmd_Aktualisieren` auf „Automatische Aktualisierung aus" steht, so wird das Ereignis `cmd_Manuell_Berechnen_Click` ausgeführt.

Programmcode für das Ereignis Worksheet_Change

```
'-----------------------------------------------------------------
' Procedure : Worksheet_Change
' Author    : Christoph Wille
' Date      : 15.07.2009
' Purpose   : Diese Prozedur wird jedes Mal aufgerufen, wenn im Tabellenblatt Daten geändert
'             werden und führt (falls Berechnung in cmd_Aktualisieren eingeschaltet)
'             - eine komplette Neuberechnung des Algorithmus
'             - eine Aktualisierung der Dimensionen der Matrizen
'             - eine Aktualisierung der Verbindungslinien der Diagramme durch
'-----------------------------------------------------------------
Private Sub Worksheet_Change(ByVal Target As Range)
10      If cmd_Aktualisieren.Caption = "Automatische Aktualisierung aus" Then
20          Call cmd_Manuell_Berechnen_Click
30      End If
End Sub
```

Das Modul Tabellenblatt

Der Programmcode im Modul Tabellenblatt ist nicht für die eigentliche Berechnung des Algorithmus zuständig, sondern sorgt für die Ausgabe im Tabellenblatt „Christofides".

Die Prozedur renew_matrizen

Die Prozedur renew_matrizen enthält den Code zur Anpassung der Größe und der Überschriften der Matrizen.

Variablen

Tabelle 56 Variablen Prozedur renew_matrizen

Variablenname	Datentyp	Definition
Ch	Worksheet	Abkürzung zum Ansprechen des Tabellenblatts.
x	Integer	Zählvariable für For-Schleife.
y	Integer	Zählvariable für For-Schleife.
anz_knoten	Integer	Variable für die Knotenanzahl.

Programmcode für die Prozedur renew_matrizen

```
'-------------------------------------------------------------------
' Procedure : renew_matrizen
' Author    : Christoph Wille
' Date      : 15.07.2009
' Purpose   : Hier wird die Größe der Matrizen angepasst und die Überschriften
'             für die Matrizen gesetzt
'-------------------------------------------------------------------

Sub renew_matrizen()
10      Application.ScreenUpdating = False    'Bildschirmaktualisierung ausschalten
20      Application.EnableEvents = False      'Ereignisse ausschalten
30      On Error GoTo fehler

        'Variablendeklaration
        Dim Ch As Worksheet
40      Set Ch = Sheets("Christofides")
        Dim x As Integer, anz_knoten As Integer

        'Ermitteln der Anzahl der Knoten
50      x = 4
60      Do
70          x = x + 1
80      Loop While Ch.Cells(x, 1) <> ""
90      anz_knoten = x - 5

        'Setzen der Namen
100     ActiveWorkbook.Names.Add Name:="M_Punkte", RefersToR1C1:="=R5C1:R" & 5 + _
            anz_knoten - 1 & "C1"
110     ActiveWorkbook.Names.Add Name:="M_Knoten", RefersToR1C1:="=R5C2:R" & 5 + _
            anz_knoten - 1 & "C3"
120     ActiveWorkbook.Names.Add Name:="M_KnotenX", RefersToR1C1:="=R5C2:R" & 5 + _
            anz_knoten - 1 & "C2"
130     ActiveWorkbook.Names.Add Name:="M_KnotenY", RefersToR1C1:="=R5C3:R" & 5 + _
            anz_knoten - 1 & "C3"
140     ActiveWorkbook.Names.Add Name:="M_Distanz", RefersToR1C1:="=R11C11:R" & 11 _
            + anz_knoten - 1 & "C" & 11 + anz_knoten - 1
```

C Anhang zum Christofides-Algorithmus

```
150     ActiveWorkbook.Names.Add Name:="M_MST", RefersToR1C1:="=R" & 13 + _
            anz_knoten & "C11:R" & 13 + anz_knoten + anz_knoten - 1 & "C" & 11 + _
            anz_knoten - 1
160     ActiveWorkbook.Names.Add Name:="M_MMG", RefersToR1C1:="=R" & 15 + _
            anz_knoten * 2 & "C11:R" & 15 + anz_knoten * 2 + anz_knoten - 1 & "C" & 11 _
            + anz_knoten - 1
170     ActiveWorkbook.Names.Add Name:="M_MST_MMG", RefersToR1C1:="=R" & 17 + _
            anz_knoten * 3 & "C11:R" & 17 + anz_knoten * 3 + anz_knoten - 1 & "C" & 11 _
            + anz_knoten - 1
180     ActiveWorkbook.Names.Add Name:="M_Eulermatrix", RefersToR1C1:="=R" & 19 + _
            anz_knoten * 4 & "C11:R" & 19 + anz_knoten * 4 + anz_knoten - 1 & "C" & 11 _
            + anz_knoten - 1
190     ActiveWorkbook.Names.Add Name:="M_Tourlänge", RefersToR1C1:="=R" & 21 + _
            anz_knoten * 5 & "C11:R" & 21 + anz_knoten * 5 + anz_knoten - 1 & "C" & 11 _
            + anz_knoten - 1
200     ActiveWorkbook.Names.Add Name:="M_MMGLänge", RefersToR1C1:="=R" & 23 + _
            anz_knoten * 6 & "C11:R" & 23 + anz_knoten * 6 + anz_knoten - 1 & "C" & 11 _
            + anz_knoten - 1

        'Entfernen aller Matrizen
210     With Ch.Range("K11:AZ300")
220         .Value = ""
230         .Font.Bold = False
240     End With

        'Setzen der Dimensionen der Matrizen
250     Evaluate("M_Distanz").FormulaArray = "=Distanzmatrix(M_Knoten)" _
            'Distanzmatrix
260     Evaluate("M_MST").FormulaArray = "=MST(M_Distanz)" _
            'MST-Matrix
270     Evaluate("M_MMG").FormulaArray = "=MMG(M_Distanz,M_MST)" _
            'MST-Matrix
280     Evaluate("M_MST_MMG").FormulaArray = "=M_MST+M_MMG" _
            'MST+MMG-Matrix
290     Evaluate("M_Eulermatrix").FormulaArray = _
            "=Eulermatrix(M_MST_MMG,M_Distanz)"     'Matrix für Eulertour
300     Evaluate("M_Tourlänge").FormulaArray = "=M_Eulermatrix*M_Distanz" _
            'Matrix für Tourlänge
310     Evaluate("M_MMGLänge").FormulaArray = "=M_MMG*M_Distanz" _
            'Matrix für Länge der Minimalen Matchings
320     Evaluate("Z_Eulertour").FormulaArray = "=Eulertour(1,M_Eulermatrix)" _
            'Zelle für Ausgabe der Tour
330     Evaluate("Z_Tourlänge").FormulaArray = "=SUM(M_Tourlänge)" _
            'Zelle für Tourlänge
340     Evaluate("Z_MMGLänge").FormulaArray = "=sum(M_MMGLänge)" _
            'Zelle für MMGLänge

        'Setzen der Überschriften für die Matrizen
350     With Cells(Evaluate("M_Distanz").Row - 1, Evaluate("M_Distanz").Column)
360         .Value = "Distanzmatrix"
370         .Font.Bold = True
380     End With
390     With Cells(Evaluate("M_MST").Row - 1, Evaluate("M_MST").Column)
400         .Value = "MST"
410         .Font.Bold = True
420     End With
430     With Cells(Evaluate("M_MMG").Row - 1, Evaluate("M_MMG").Column)
440         .Value = "MMG"
450         .Font.Bold = True
460     End With
470     With Cells(Evaluate("M_MST_MMG").Row - 1, Evaluate("M_MST_MMG").Column)
480         .Value = "MST+MMG"
490         .Font.Bold = True
500     End With
510     With Cells(Evaluate("M_Eulermatrix").Row - 1, _
                Evaluate("M_Eulermatrix").Column)
520         .Value = "Eulermatrix"
530         .Font.Bold = True
540     End With
550     With Cells(Evaluate("M_Tourlänge").Row - 1, Evaluate("M_Tourlänge").Column)
560         .Value = "Matrix Tourlänge"
570         .Font.Bold = True
580     End With
590     With Cells(Evaluate("M_MMGLänge").Row - 1, Evaluate("M_MMGLänge").Column)
600         .Value = "Matrix Länge Minimale Matchings"
610         .Font.Bold = True
```

C Anhang zum Christofides-Algorithmus

```
620        End With

           'Entfernen aller Gitternetzlinien
630        With Ch.Cells
640            .Borders(xlEdgeLeft).LineStyle = xlNone
650            .Borders(xlEdgeTop).LineStyle = xlNone
660            .Borders(xlEdgeBottom).LineStyle = xlNone
670            .Borders(xlEdgeRight).LineStyle = xlNone
680            .Borders(xlInsideVertical).LineStyle = xlNone
690            .Borders(xlInsideHorizontal).LineStyle = xlNone
700        End With

           'Setzen der neuen Gitternetzlinien
710        Call set_formats("M_Knoten")          'Matrix für Eingabedaten
720        Call set_formats("M_Distanz")         'Distanzmatrix
730        Call set_formats("M_MST")             'MST-Matrix
740        Call set_formats("M_MMG")             'MMG-Matrix
750        Call set_formats("M_MST_MMG")         'MST+MMG-Matrix
760        Call set_formats("M_Eulermatrix")     'Matrix für Eulertour
770        Call set_formats("M_Tourlänge")       'Matrix für Tourlänge
780        Call set_formats("M_MMGLänge")        'Matrix für Länge der Minimalen Matchings

           'Ruft den XY Chart Labeler auf, um die Datenbeschriftungen im Diagramm vorzunehmen
           'Quelle: http://www.appspro.com/Utilities/ChartLabeler.htm
790        Call LabelChartSeries(Ch.ChartObjects("Diagramm 1").Chart.SeriesCollection(1), _
               Range("A5:A17"), xlLabelPositionAbove)

fehler:
800        Application.ScreenUpdating = True     'Bildschirmaktualisierung einschalten
810        Application.EnableEvents = True       'Ereignisse einschalten

ende:
           End Sub
```

Zeilenweise Erläuterung

Zeile 10:   Ausschalten der Bildschirmaktualisierung.

Zeile 20:   Ausschalten der Ereignisse (Worksheet_Change soll während der Ausführung nicht neu aufgerufen werden).

Zeile 30:   Fehlerbehandlung.

Zeile 40:   Setzen der Abkürzung für Ch.

Zeile 50-90:   Ermittlung der Anzahl der Knoten (in der vierten Zeile beginnen die Eingabedaten der Knoten im Tabellenblatt).

Zeile 100-200:   Aktualisieren der Namen für die Matrizen (entsprechend der Anzahl an Knoten).

Zeile 210-240   Die Zellenbereiche im Tabellenblatt mit den Matrizen werden entfernt.

Zeile 250-340:   Die Matrizen werden entsprechend den vorher aktualisierten Namen ins Tabellenblatt geschrieben.

350-620:   Die Überschriften für die Matrizen werden gesetzt.

Zeile 630-700:   Alle Gitternetzlinien im Tabellenblatt werden entfernt.

Zeile 710-780:   Die Gitternetzlinien für die Matrizen werden entsprechend ihrer Dimensionen neu gesetzt.

C Anhang zum Christofides-Algorithmus

Zeile 790:	Der XY Chart Labeler wird aufgerufen, um die Datenbeschriftungen im Diagramm zu aktualisieren.
Zeile 800:	Der Bildschirm wird aktualisiert.
Zeile 810:	Die Events werden wieder eingeschaltet.

Die Prozedur renew_diagrams

Die Prozedur renew_diagrams aktualisiert die Knotenverbindungen und die Achsenskalierungen der Diagramme bei jeder Neuberechnung.

Variablen

Tabelle 57 Variablen Prozedur renew_diagrams

Variablenname	Datentyp	Definition
Ch	Worksheet	Abkürzung zum Ansprechen des Tabellenblatts.
Wf	Object	Abkürzung für Application.WorksheetFunction.
matrix_MST	Variant	In dieses Array wird der ermittelte Minimale Spannbaum geschrieben, der am Ende der Funktion zurückgegeben wird.
matrix_MMG	Variant	Enthält die MMG-Matrix, wird am Ende der Funktion als Rückgabewert zurückgeliefert.
matrix_euler	Variant	Identisch mit eulermatrix, jedoch als Array.
x	Integer	Zählvariable für For-Schleife.
y	Integer	Zählvariable für For-Schleife.
z	Integer	Zählvariable für For-Schleife.
anz_knoten	Integer	Variable für die Knotenanzahl.

Programmcode für die Prozedur renew_diagrams

```
'----------------------------------------------------------------
' Procedure : renew_diagrams
' Author    : Christoph Wille
' Date      : 15.07.2009
' Purpose   : Hier werden die Knotenverbindungen und die Achsenskalierungen
'             der Diagramme bei jeder Neuberechnung aktualisiert
'----------------------------------------------------------------
Sub renew_diagrams()

10    On Error Resume Next              'Fehlerbehandlung
      Dim position As String
20    position = ActiveCell.Address     'Speichern der aktiven Zelle
```

```
30      Application.ScreenUpdating = False   'Bildschirmaktualisierung ausschalten

        'Variablendeklaration
        Dim Ch As Worksheet
        Dim wf As Object
40      Set Ch = Sheets("Christofides")
50      Set wf = Application.WorksheetFunction
        Dim matrix_koordinaten As Variant, matrix_MST As Variant, matrix_MMG As _
            Variant, matrix_euler As Variant
        Dim x As Integer, y As Integer, z As Integer, anz_knoten As Integer

        'Ermitteln der Anzahl der Knoten
60      x = 4
70      Do
80          x = x + 1
90      Loop While Ch.Cells(x, 1) <> ""
100     anz_knoten = x - 5

        'Einlesen der Matrizen
110     matrix_koordinaten = Evaluate("M_Knoten")
120     matrix_MST = Evaluate("M_MST")
130     matrix_MMG = Evaluate("M_MMG")
140     matrix_euler = Evaluate("M_Eulermatrix")

        'Linienverbindungen und Achsenskalierungen der Diagramme aktualisieren
        '------------------------------------------------------------------------

        'Neue Verbindungen erstellen (MST)
150     ActiveSheet.ChartObjects("Diagramm 1").Activate
        'Vorhandene Verbindungen entfernen
160     Call RemoveUnwantedSeries
170     z = 1
180     With ActiveChart
190         For x = 1 To UBound(matrix_MST) - 1
200             For y = x + 1 To UBound(matrix_MST)
210                 If matrix_MST(x, y) = 1 Then
220                     z = z + 1
230                     .SeriesCollection.NewSeries
240                     With .SeriesCollection(z)
250                         .XValues = "={" & matrix_koordinaten(x, 1) & "," & _
                                matrix_koordinaten(y, 1) & "}"
260                         .Values = "={" & matrix_koordinaten(x, 2) & "," & _
                                matrix_koordinaten(y, 2) & "}"
270                         .Name = "Verbindung" & x & "-" & y
280                         .MarkerBackgroundColorIndex = xlNone
290                         .MarkerForegroundColorIndex = 1
300                         .MarkerStyle = xlX
310                         .MarkerSize = 10
320                         With .Border
330                             .ColorIndex = 1
340                             .Weight = xlMedium
350                         End With
360                     End With
370                 End If
380             Next y
390         Next x
        'Achsenskalierungen bestimmen
400         With .Axes(xlCategory)
410             .MinimumScale = wf.Min(matrix_koordinaten) - 1
420             .MaximumScale = wf.Max(matrix_koordinaten) + 1
430             .MajorUnit = Round((wf.Max(matrix_koordinaten) - _
                    wf.Min(matrix_koordinaten)) / 10)
440             .MinorUnit = .MajorUnit / 5
450         End With
460         With .Axes(xlValue)
470             .MinimumScale = wf.Min(matrix_koordinaten) - 1
480             .MaximumScale = wf.Max(matrix_koordinaten) + 1
490             .MajorUnit = Round((wf.Max(matrix_koordinaten) - _
                    wf.Min(matrix_koordinaten)) / 10)
500             .MinorUnit = .MajorUnit / 5
510         End With
520     End With

        'Neue Verbindungen erstellen (MMG)
530     ActiveSheet.ChartObjects("Diagramm 2").Activate
        'Vorhandene Verbindungen entfernen
```

```
540         Call RemoveUnwantedSeries
550         z = 1
560         With ActiveChart
570             For x = 1 To UBound(matrix_MMG) - 1
580                 For y = x + 1 To UBound(matrix_MMG)
590                     If matrix_MST(x, y) = 1 Then
600                         z = z + 1
610                         .SeriesCollection.NewSeries
620                         With .SeriesCollection(z)
630                             .XValues = "={" & matrix_koordinaten(x, 1) & "," & _
                                    matrix_koordinaten(y, 1) & "}"
640                             .Values = "={" & matrix_koordinaten(x, 2) & "," & _
                                    matrix_koordinaten(y, 2) & "}"
650                             .Name = "Verbindung" & x & "-" & y
660                             .MarkerBackgroundColorIndex = xlNone
670                             .MarkerForegroundColorIndex = 1
680                             .MarkerStyle = xlX
690                             .MarkerSize = 10
700                             With .Border
710                                 .ColorIndex = 1
720                                 .Weight = xlMedium
730                             End With
740                         End With
750                     End If
760                 Next y
770             Next x
                'Achsenskalierungen bestimmen
780             With .Axes(xlCategory)
790                 .MinimumScale = wf.Min(matrix_koordinaten) - 1
800                 .MaximumScale = wf.Max(matrix_koordinaten) + 1
810                 .MajorUnit = Round((wf.Max(matrix_koordinaten) - _
                        wf.Min(matrix_koordinaten)) / 10)
820                 .MinorUnit = .MajorUnit / 5
830             End With
840             With .Axes(xlValue)
850                 .MinimumScale = wf.Min(matrix_koordinaten) - 1
860                 .MaximumScale = wf.Max(matrix_koordinaten) + 1
870                 .MajorUnit = Round((wf.Max(matrix_koordinaten) - _
                        wf.Min(matrix_koordinaten)) / 10)
880                 .MinorUnit = .MajorUnit / 5
890             End With
900         End With

            'Neue Verbindungen erstellen (MST+MMG)
910         ActiveSheet.ChartObjects("Diagramm 3").Activate
            'Vorhandene Verbindungen entfernen
920         Call RemoveUnwantedSeries
930         z = 1
940         With ActiveChart
950             For x = 1 To UBound(matrix_MMG) - 1
960                 For y = x + 1 To UBound(matrix_MMG)
                        'Minimal Spanning Tree
970                     If matrix_MST(x, y) = 1 Then
980                         z = z + 1
990                         .SeriesCollection.NewSeries
1000                        With .SeriesCollection(z)
1010                            .XValues = "={" & matrix_koordinaten(x, 1) & "," & _
                                    matrix_koordinaten(y, 1) & "}"
1020                            .Values = "={" & matrix_koordinaten(x, 2) & "," & _
                                    matrix_koordinaten(y, 2) & "}"
1030                            .Name = "Verbindung" & x & "-" & y
1040                            With .Border
1050                                .ColorIndex = 1
1060                                .Weight = xlMedium
1070                            End With
1080                            .MarkerBackgroundColorIndex = xlNone
1090                            .MarkerForegroundColorIndex = 1
1100                            .MarkerStyle = xlX
1110                            .MarkerSize = 10
1120                        End With
1130                    End If
                        'Matchings Minimalen Gewichts
1140                    If matrix_MMG(x, y) = 1 Then
1150                        z = z + 1
1160                        .SeriesCollection.NewSeries
1170                        With .SeriesCollection(z)
```

```
1180                    .XValues = "={" & matrix_koordinaten(x, 1) & "," & _
                            matrix_koordinaten(y, 1) & "}"
1190                    .Values = "={" & matrix_koordinaten(x, 2) & "," & _
                            matrix_koordinaten(y, 2) & "}"
1200                    .Name = "Verbindung" & x & "-" & y
1210                    With .Border
1220                      .ColorIndex = 3
1230                      .Weight = xlMedium
1240                      .LineStyle = xlDash
1250                    End With
1260                    .MarkerBackgroundColorIndex = xlNone
1270                    .MarkerForegroundColorIndex = 1
1280                    .MarkerStyle = xlX
1290                    .MarkerSize = 10
1300                  End With
1310                End If
1320              Next y
1330          Next x
              'Achsenskalierungen bestimmen
1340          With .Axes(xlCategory)
1350            .MinimumScale = wf.Min(matrix_koordinaten) - 1
1360            .MaximumScale = wf.Max(matrix_koordinaten) + 1
1370            .MajorUnit = Round((wf.Max(matrix_koordinaten) - _
                    wf.Min(matrix_koordinaten)) / 10)
1380            .MinorUnit = .MajorUnit / 5
1390          End With
1400          With .Axes(xlValue)
1410            .MinimumScale = wf.Min(matrix_koordinaten) - 1
1420            .MaximumScale = wf.Max(matrix_koordinaten) + 1
1430            .MajorUnit = Round((wf.Max(matrix_koordinaten) - _
                    wf.Min(matrix_koordinaten)) / 10)
1440            .MinorUnit = .MajorUnit / 5
1450          End With
1460        End With


            'Neue Verbindungen erstellen (Eulertour)
1470        ActiveSheet.ChartObjects("Diagramm 4").Activate
            'Vorhandene Verbindungen entfernen
1480        Call RemoveUnwantedSeries
1490        z = 1
1500        With ActiveChart
1510          For x = 1 To UBound(matrix_euler) - 1
1520              For y = x + 1 To UBound(matrix_euler)
1530                If matrix_euler(x, y) = 1 Then
1540                  z = z + 1
1550                  .SeriesCollection.NewSeries
1560                  With .SeriesCollection(z)
1570                    .XValues = "={" & matrix_koordinaten(x, 1) & "," & _
                            matrix_koordinaten(y, 1) & "}"
1580                    .Values = "={" & matrix_koordinaten(x, 2) & "," & _
                            matrix_koordinaten(y, 2) & "}"
1590                    .Name = "Verbindung" & x & "-" & y
1600                    With .Border
1610                      .ColorIndex = 1
1620                      .Weight = xlMedium
1630                    End With
1640                    .MarkerBackgroundColorIndex = xlNone
1650                    .MarkerForegroundColorIndex = 1
1660                    .MarkerStyle = xlX
1670                    .MarkerSize = 10
1680                  End With
1690                End If
1700              Next y
1710          Next x
              'Achsenskalierungen bestimmen
1720          With .Axes(xlCategory)
1730            .MinimumScale = wf.Min(matrix_koordinaten) - 1
1740            .MaximumScale = wf.Max(matrix_koordinaten) + 1
1750            .MajorUnit = Round((wf.Max(matrix_koordinaten) - _
                    wf.Min(matrix_koordinaten)) / 10)
1760            .MinorUnit = .MajorUnit / 5
1770          End With
1780          With .Axes(xlValue)
1790            .MinimumScale = wf.Min(matrix_koordinaten) - 1
1800            .MaximumScale = wf.Max(matrix_koordinaten) + 1
1810            .MajorUnit = Round((wf.Max(matrix_koordinaten) - _
```

C Anhang zum Christofides-Algorithmus

```
                wf.Min(matrix_koordinaten)) / 10)
1820            .MinorUnit = .MajorUnit / 5
1830        End With
1840    .End With


1850    Application.ScreenUpdating = True   'Bildschirmaktualisierung einschalten
1860    Ch.Range(position).Select           'Reaktivieren der aktiven Zelle

ende:
End Sub
```

Zeilenweise Erläuterung

Zeile 10:	Fehlerbehandlung.
Zeile 20:	Speichern der aktiven Zelle, damit die Cursorposition am Ende der Prozedur wieder an diese Position zurückgesetzt werden kann.
Zeile 30:	Ausschalten der Bildschirmaktualisierung.
Zeile 40:	Setzen der Abkürzung für Ch.
Zeile 50:	Setzen der Abkürzung für Wf.
Zeile 60-100:	Ermitteln der Knotenanzahl in die Variable anz_knoten.
Zeile 110-140:	Einlesen der Matrizen in die entsprechenden Arrays.
Zeile 150:	Setzen des Fokus auf das erste Diagramm (MST).
Zeile 160:	Aufruf der Prozedur RemoveUnwantedSeries. Diese löscht die vorhandenen Linienverbindungen zwischen den Punkten im Diagramm.
Zeile 170-390:	Die Verbindungen zwischen den Linien werden gemäß der Matrix matrix_MST neu gesetzt.
Zeile 400-520:	Die Achsenskalierungen des Diagramms werden neu gesetzt gemäß des minimalen und maximalen Werts in der Matrix matrix_MST.
Zeile 530-900:	Selbe Prozedur wie für das Diagramm MST (Zeile 150-520), jedoch diesmal für das Diagramm MMG mit den Werten der Matrix matrix_MMG.
Zeile 910-1460:	Selbe Prozedur wie für das Diagramm MST (Zeile 150-520), jedoch diesmal für das Diagramm MST+MMG mit den Werten der Matrix matrix_MST und matrix_MMG. Bei diesem Diagramm werden die Linien der MMG rot dargestellt.
Zeile 1470-1840:	Selbe Prozedur wie für das Diagramm MST (Zeile 150-520), jedoch diesmal für das Diagramm MMG mit den Werten der Matrix matrix_euler.
Zeile 1850:	Aktualisieren des Bildschirms.

C Anhang zum Christofides-Algorithmus

Zeile 1860: Reaktivieren der am Anfang der Prozedur aktivierten Zelle.

Die Prozedur RemoveUnwantedSeries

Die Prozedur `RemoveUnwantedSeries` entfernt sämtliche Linienverbindungen zwischen den Punkten im gerade aktivierten Diagramm.

Programmcode für die Prozedur RemoveUnwantedSeries

```
'-----------------------------------------------------------------------------
' Procedure : RemoveUnwantedSeries
' Author    : Christoph Wille
' Date      : 14.07.2009
' Purpose   : Wird für jedes Diagramm neu aufgerufen und löscht die Linienverbindungen
'-----------------------------------------------------------------------------
'
Sub RemoveUnwantedSeries()
10          With ActiveChart
20              Do Until .SeriesCollection.count = 1
30                  .SeriesCollection(2).Delete
40              Loop
50          End With
End Sub
```

Die Prozedur set_formats

Die Prozedur `set_formats` setzt die Gitternetzlinien für die von der Prozedur Worksheet_Change übergebenen Zellen.

Programmcode für die Prozedur set_formats

```
'-----------------------------------------------------------------------------
' Procedure : set_formats
' Author    : Christoph Wille
' Date      : 14.07.2009
' Purpose   : Setzen der Gitternetzlinien für die von der Prozedur Worksheet_Change
'             übergebenen Zellen
'-----------------------------------------------------------------------------
'
Sub set_formats(ziel As String)
            'Variablendeklaration
            Dim Ch As Worksheet
10          Set Ch = Sheets("Christofides")

            'Setzen der Gitternetzlinien
20          With Evaluate(ziel)
30              With .Borders(xlInsideVertical)
40                  .LineStyle = xlContinuous
50                  .Weight = xlThin
60              End With
70              With .Borders(xlInsideHorizontal)
80                  .LineStyle = xlContinuous
90                  .Weight = xlThin
100             End With
110             With .Borders(xlEdgeLeft)
120                 .LineStyle = xlContinuous
130                 .Weight = xlMedium
140             End With
150             With .Borders(xlEdgeTop)
160                 .LineStyle = xlContinuous
170                 .Weight = xlMedium
180             End With
```

C Anhang zum Christofides-Algorithmus

```
190             With .Borders(xlEdgeBottom)
200                 .LineStyle = xlContinuous
210                 .Weight = xlMedium
220             End With
230             With .Borders(xlEdgeRight)
240                 .LineStyle = xlContinuous
250                 .Weight = xlMedium
260             End With

270         End With

End Sub
```

Zeilenweise Erläuterung:

Zeile 10:   Setzen der Abkürzung für `Ch`.

Zeile 20-270:   Setzen der Gitternetzlinien für den in der Variable `ziel` übergebenen Bereich.

D Anhang zur verwendeten Software

Die im Rahmen dieses Buches verwendeten Software-Tools können unter folgenden Links heruntergeladen werden (Stand: 08.10.2009).

hus Struktorgrammer

http://www.dietmar-mueller.de/mediapool/18/188364/data/stgr32.zip

MZTools

http://www.mztools.com

Syntax Highlighter

www.tinyurl.com/st-to-vba

XYChartLabeler

http://www.appspro.com/Utilities/ChartLabeler.htm

Die erstellten VBA-Programme können hier heruntergeladen werden:

www.tinyurl.com/st-to-vba

Hinweis: Auf die in diesem Buch verlinken Seiten und ggf. weiteren Verlinkungen innerhalb dieser Seiten hat der Autor keinerlei Einfluss und distanziert sich daher vorsorglich von deren Inhalten.

Literaturverzeichnis

Aigner, Martin (2006). Diskrete Mathematik: Mit 600 Übungsaufgaben. 6., korrigierte Auflage. Vieweg+Teubner Verlag, Wiesbaden.

Arnold, Dieter et al. (2003). Handbuch Logistik. 2., aktualisierte und korrigierte Auflage 2004. Springer Verlag, Hamburg.

Arnold, Dieter et al. (2008). Handbuch Logistik. 3., neu bearbeitete Auflage. Springer Verlag, Hamburg.

Barreto, Humberto und Howland, Frank. Introductory Econometrics: Using Monte Carlo Simulation with Microsoft Excel. Cambridge University Press, Cambridge.

Boysen, Nils (2005). Variantenfließfertigung. Gabler Verlag, Wiesbaden.

Breden, Melanie und Schwimmer, Michael (2007). Das Excel-VBA Codebook, m. Interaktiv-CD-ROM. Addison-Wesley Verlag, München.

Casti, John L. (2007). Die großen Fünf. Mathematische Theorien, die unser Jahrhundert prägten. Birkhäuser Verlag, Basel.

Clarke, G. und J.W. Wright (1964). Scheduling of Vehicles from a Central Depot to a Number of Delivery Points. Operations Research 12.

Cummings, Steve (2002). VBA für DUMMIES. Programmieren wie ein Profi! Mitp-Verlag, Bonn.

Domschke, Wolfgang(1997). Logistik: Rundreisen und Touren. 4., völlig neu bearbeitete und erweiterte Auflage. R. Oldenbourg Verlag GmbH, München Wien.

Domschke, Wolfgang (2007). Logistik: Transport. Grundlagen, lineare Transport- und Umladeprobleme. R. Oldenbourg Verlag GmbH, München Wien.

Feige, Dieter und Klaus, Peter (2008). Modellbasierte Entscheidungsunterstützung in der Logistik. Deutscher Verkehrs-Verlag, Hamburg.

Ferschl, Franz (1985). Deskriptive Statistik. 3., korrigierte Auflage. Physica-Lehrbuch.

Gietz, Martin (1994). Computergestützte Tourenplanung mit zeitkritischen Restriktionen. Physica-Verlag, Heidelberg.

Göpfert, Ingrid (2008). Logistik der Zukunft - Logistics for the Future. 5. aktualisierte und überarbeitete Auflage. Gabler Verlag, Wiesbaden.

Green, John et al. (2007). Excel 2007 VBA Programmer's Reference (Programmer to Programmer). Wiley & Sons Verlag.

Gritzmann, Peter und Brandenberg, René (2005). Das Geheimnis des kürzesten Weges. Ein mathematisches Abenteuer. 3. Auflage. Springer Verlag, Berlin Heidelberg.

Harel, D. und Feldman, Y. (2004). Algorithmics – The Spirit of Computing. 3rd edition. Pearson.

Held, Bernd (2005a). Business-Tools programmieren mit Excel. Add-Ins, Tools und Workshops für Excel 97 – Excel 2003. Markt+Technik Verlag, München.

Held, Bernd(2005b). Excel-VBA in 14 Tagen. Schritt für Schritt zum Profi. Markt+Technik Verlag, München.

Held, ‚Bernd(2005c). VBA mit Excel. Mit kleinen Makros zaubern. Leicht, klar, sofort. Markt+Technik Verlag, München.

Hompel, Michael ten und Schmidt, Torsten (2008). Warehouse Management: Organisation und Steuerung von Lager- und Kommissioniersystemen (Intralogistik). 3., korrigierte Auflage. Wiley & Sons, Weinheim.

Heun, Volker (2003). Grundlegende Algorithmen. Einführung in den Entwurf und die Analyse effizienter Algorithmen. 2. Auflage. Vieweg+Teubner Verlag, Wiesbaden

Hubwieser, Peter und Aiglstorfer, Gerd (2004). Fundamente der Informatik: Ablaufmodellierung, Algorithmen und Datenstrukturen. Oldenbourg Wissenschaftsverlag, München.

Kofler, Michael (2004). Excel-VBA programmieren. Anwendungen entwickeln mit Excel 2000 bis 2003. Addison Wesley Verlag, München.

Literaturverzeichnis

Körn, Bert und Weber, Monika (2002). Das Excel-VBA Codebook. Addison-Wesley Verlag, München.

Koster, Paul (1986). Struktogramme. Top-Down-Technik. Frech Verlag, Stuttgart.

Krumke, Sven Oliver und Noltemeier, Hartmut (2005). Graphentheoretische Konzepte und Algorithmen. B.G. Teubner Verlag / GWV Fachverlage GmbH, Wiesbaden.

Kuncicky, David C. und Larsen, Ronald W. (2009). Introduction to Excel. 4. Auflage. Prentice Hall, New Jersey.

Lasch, Rainer und Schulte, Gregor (2006). Quantitative Logistik-Fallstudien. Aufgaben und Lösungen zu Beschaffung, Produktion und Distribution. Gabler Verlag, Wiesbaden.

Lau, Dietlinde (2009). Algebra und Diskrete Mathematik 2: Lineare Optimierung, Graphen und Algorithmen, Algebraische Strukturen und Allgemeine Algebra mit Anwendungen. Springer Verlag, Berlin.

Martin, René (2000). Workshop VBA. Addison-Wesley Verlag, München.

Nahrstedt, Harald (2008). EXCEL + VBA für Maschinenbauer: Programmieren erlernen und Problemstellungen lösen. Vieweg+Teubner Verlag, Wiesbaden.

Noack, Wilhelm (2008). Excel 2007 – Formeln und Funktionen clever nutzen. 2., veränderte Auflage. RRZN Handbücher der Leibniz Universität Hannover. Herdt-Verlag, Bodenheim.

Ohrt, Claudius (2008). Tourenplanung im Straßengüterverkehr. Gabler Verlag, Wiesbaden.

Phohl, Hans-Christian (1997). Informationsfluß in der Logistikkette. EDI - Prozeßgestaltung – Vernetzung. Erich Schmidt Verlag, Berlin.

Shepherd, Richard (2004). Excel VBA Macro Programming. Mcgraw-Hill Professional Verlag.

Steger, Angelika (2007). Diskrete Strukturen 1. Kombinatorik, Graphentheorie, Algebra. 2. Auflage. Springer Verlag, Berlin.

Suhl, Leena und Mellouli und Mellouli Taïeb (2006). Optimierungssysteme. Modelle, Verfahren, Software, Anwendungen. Springer Verlag, Berlin Heidelberg.

Vahrenkamp, Richard (2005). Logistik. Management und Strategien. 5., vollständig überarbeitete und erweiterte Auflage. Oldenbourg Wissenschaftsverlag, München.

Wagenknecht, Christian (2003). Algorithmen und Komplexität. Hanser Fachbuchverlag.

Walkenbach, John (2008). Excel 2007 VBA-Programmierung für DUMMIES. Mit VBA in den Makrokosmos. Wiley-VCH Verlag.

Wanka, Rolf (2006). Approximationsalgorithmen – Eine Einführung. B.G. Teubner Verlag / GWV Fachverlage GmbH, Wiesbaden.

Weber, Andreas (2007). Tourenplanung im Außendienst. Grin Verlag, München.

Internetquellen

Bartnick, Dr. Jürgen (2003). Skript zur EDV I (Elektronische Datenverarbeitung I). Hessische Verwaltungs- und Wirtschaftsakademie.
URL: http://user.uni-frankfurt.de/~bartnick/vwa1.html
[Zugriff: 02.06.2009]

Excel VBA Intersect Method. Using Intersect in Excel VBA.
URL: http://www.ozgrid.com/VBA/vba-intersect.htm
[Zugriff: 30.06.2009]

Julian's Excel Macro (VBA) Tips for Beginners.
URL: http://www.angelfire.com/biz7/julian_s/julian/julians_macros.htm
[Zugriff: 16.06.2009]

Larson, Richard C. and Odoni, Amedeo R. (1999).Urban Operations Research. Massachusetts Institute of Technology.
URL: http://web.mit.edu/urban_or_book/www/book/index.html
[Zugriff: 31.05.2009]

Literaturverzeichnis

Microsoft Excel 2003 Visual Basic Reference (2009). Microsoft Corporation.
URL: http://msdn.microsoft.com/en-us/library/aa272254(office.11).aspx
[Zugriff: 31.05.2009]

Microsoft Help and Support. How to create Visual Basic macros by using Excel Solver in Excel 97.
URL: http://support.microsoft.com/kb/843304
[Zugriff: 14.06.2009]

MZ-Tools - Productivity Tools for Visual Studio .NET (C#, VB.NET), Visual Basic and VBA.
URL: http://www.mztools.com/index.aspx
[Zugriff: 10.06.2009]

Online-Excel. Tipps und Tricks rund um Excel.
URL: http://www.online-excel.de/
[Zugriff: 15.06.2009]

Steck Hans-Ulrich. Private Homepage.
URL: http://www.huas.ch/wom/2906.html
[Zugriff: 03.06.2009]

Thomas Risi Softwareentwicklung.
URL: http://rtsoftwaredevelopment.de/
[Zugriff: 29.05.2009]

Transportoptimierung Tourenplanung - Software Lösungen IT-Anbieter Marktübersicht
URL: http://www.software-marktplatz.de/26000300-software-transportoptimierung-tourenplanung.html
[Zugriff: 30.07.2009]

VBA Seminar: Namen verwenden.
URL: http://www.frank-moehle.de/
computing/literatur/VBASeminar/VBA%20Seminar%20Namen%20verwenden.htm
[Zugriff: 20.06.09]

VBA Tips & Tricks. Highlight Color in Excel Cells.
URL: http://vbadud.blogspot.com/2007/06/colorindex-coloring-excel-sheet-cells.html
[Zugriff: 15.07.2009]

XY Chart Labeler.
URL: http://www.appspro.com/Utilities/ChartLabeler.htm
[Zugriff: 12.07.2009]

Andere Quellen

Microsoft Visual Basic-Hilfe (2006). Version 1024. Microsoft Corporation.

RRZN (2008). Excel 2007. Formeln und Funktionen clever nutzen. 2., veränderte Auflage. Regionales Rechenzentrum für Niedersachsen / Leibniz Universität Hannover.

Winkels, Heinz-Michael (2009). Modellbasiertes Logistikmanagement, Vorlesungsunterlagen zur gleichnamigen Vorlesung an der Fachhochschule Dortmund.

VSG
VDM Verlagsservicegesellschaft mbH

Die VDM Verlagsservicegesellschaft sucht für wissenschaftliche Verlage abgeschlossene und herausragende

Dissertationen, Habilitationen, Diplomarbeiten, Master Theses, Magisterarbeiten usw.

für die kostenlose Publikation als Fachbuch.

Sie verfügen über eine Arbeit, die hohen inhaltlichen und formalen Ansprüchen genügt, und haben Interesse an einer honorarvergüteten Publikation?

Dann senden Sie bitte erste Informationen über sich und Ihre Arbeit per Email an *info@vdm-vsg.de*.

Sie erhalten kurzfristig unser Feedback!

VDM Verlagsservicegesellschaft mbH
Dudweiler Landstr. 99   Telefon +49 681 3720 174
D - 66123 Saarbrücken   Fax   +49 681 3720 1749
www.vdm-vsg.de

Die VDM Verlagsservicegesellschaft mbH vertritt

VDM Verlag Dr. Müller | LAP LAMBERT Academic Publishing | SVH Südwestdeutscher Verlag für Hochschulschriften

Printed in Germany
by Amazon Distribution
GmbH, Leipzig